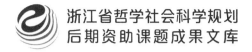

浙江省哲学社会科学规划
后期资助课题成果文库

基于族群凝聚视域的
浙江畲族档案记忆研究

余厚洪　著

ZHEJIANG UNIVERSITY PRESS
浙江大学出版社

图书在版编目（CIP）数据

基于族群凝聚视域的浙江畲族档案记忆研究 / 余厚洪著. —杭州：
浙江大学出版社，2020.11
ISBN 978-7-308-20728-7

Ⅰ.①基… Ⅱ.①余… Ⅲ.①畲族－民族历史－档案资料－研究－
浙江 Ⅳ.①K288.3

中国版本图书馆 CIP 数据核字（2020）第 208474 号

基于族群凝聚视域的浙江畲族档案记忆研究

余厚洪　著

责任编辑	陈　翩	
责任校对	丁沛岚	
封面设计	周　灵	
出版发行	浙江大学出版社	
	（杭州市天目山路 148 号　邮政编码 310007）	
	（网址：http://www.zjupress.com）	
排　　版	杭州好友排版工作室	
印　　刷	广东虎彩云印刷有限公司绍兴分公司	
开　　本	710mm×1000mm　1/16	
印　　张	20.5	
字　　数	342 千	
版 印 次	2020 年 11 月第 1 版　2020 年 11 月第 1 次印刷	
书　　号	ISBN 978-7-308-20728-7	
定　　价	68.00 元	

序

20 世纪末以来,无论是在西方还是在东方,"记忆"都是人们津津乐道的热门话题。档案作为记忆的重要媒介,其与记忆的关系被不断强化、深化和认同,档案记忆作为档案学一种新的理论研究范式,影响力日渐彰显。

畲族历史档案,是畲族社会生活的历史记忆,其间包含着畲族社会林林总总的原生态信息,这些信息由畲民在历史实践中形成和共享,它们作为畲族民间知识与经验的总和,是族群及其成员在观念上、行动上团结一致、和谐共处的社会基础,对于族群形成和发展具有重要的凝聚功能。

余厚洪博士以《基于族群凝聚视域的浙江畲族档案记忆研究》为题,对畲族历史档案与族群凝聚展开研究,全书以畲族历史档案为考察对象,运用社会学、文化人类学相关理论,从档案的记忆属性出发,从意识、行为、关系等不同层面,以理论阐释和实例论证相结合的方式,着力探讨档案记忆的族群意识强化功能、族群利益协调功能、族群冲突化解功能、族群规则维护功能,并从记忆主体与记忆客体的互构、自我归类与他者审视的互动、历史根基与现实逻辑的互渗、文本书写与意义诠释的互融、地方知识与文化秩序的互促等方面揭示档案记忆达成族群凝聚的规律,视角新颖,观点明确,学术价值和实践意义兼具。

本书之选题,并非一个单纯向后看的怀旧式命题,更是一个立足于现实的前瞻性课题。在写作过程中,作者紧紧抓住了当前档案学研究的热词——档案记忆，并以畲族历史档案为中介来考察其族群凝聚功能，表明作者具有较为敏锐的学术眼光和强烈的问题意识。书中作者对以下问题作了解答：一是档案记忆"为何而记"：畲族档案记忆的生成动因是什么？二是档案记忆"为谁而记"：畲族档案记忆的主体话语谁来说？三是档案记忆"以何为记"：畲族档案记忆的叙事内容有哪些？四是档案记忆"记之何为"：畲族档案记忆的主要功能在哪里？这些问题清楚地解析了档案记忆与族群凝聚之间的内在逻辑关系，较为深刻地阐释了档案记忆如何发挥族群凝聚作用这一学术问题。作者在充分吸收国内外社会记忆、历史记忆理论和已有研究成果的基础上，提出了一些创新性的见解和富有启发性的观点，学术探索精神值得肯定。

档案记忆与族群凝聚，本是一个错综复杂的过程，要考察两者的关联及其进程，需要长时间的学术积累。为了真实地而非抽象地、完整地而非闲散地理解畲族档案记忆，作者注重长期搜集和整理畲族档案记忆"碎片"，力求从档案记忆的不同形式和特点、从档案文献中记述的社会事实去寻求答案，学术钻研用心用力。本书写作中，作者有意将畲族历史档案当作"纸上田野"，突破单纯看待档案文本的局限，注重从畲族档案与畲族民间社会情境的关系来解读档案记忆，不只是看"中心点"，还看到"外围"；不只关注档案记忆的文本层面和内容层面，还看到文本背后的社会运作过程与运作机制，本着既不曲解亦不蠡测的理念，对畲族档案记忆作出了合乎情理的诠释。

每个族群的档案记忆都有一套内在而深刻的意义系统。本书作者对档案记忆的解读，除了理论化的阐释之外，也包含了对档案文本的感悟，而且是带着乡土情怀的感悟。作者深知畲族档案记忆研究其实是在解读"无语的往昔"，写作中致力于将问题放置在历史意识深处，引述档案记忆文本时，努力回归到具体的、不断变迁的历史情境中，据此对历史事实进行描述，并在现有的记忆框架内对其进行追溯和揣摩，细心地体认"难以言表"的事实真相，力求贴近畲族社会生活的原始样态，更好地探寻档案记忆的意义和价值。

　　本书似乎着意强调畲族档案记忆的正能量与和谐性,倘若对畲族档案记忆中可能存在的负能量与冲突性多加探索,则由此作出的分析和阐释或许会更加周全、严密。但本书基于族群凝聚视域探讨档案记忆,无疑为档案学研究打开了一个新的视角,将有助于推动档案学领域的学者去尝试一些新的研究视角和研究方法。

　　在此书出版之际,我谨表示热烈祝贺,并希望余厚洪博士始终保有人文关怀与学术追求之心,在学术道路上越走越宽广,不断取得新的收获。

目　录

3

第一章 绪 论

雅克·勒高夫在《历史与记忆》一书中指出，"有着历史经历的社群或者代代繁衍的群落，都会根据不同的用途建立各自的档案，从而形成了'记忆'"①。的确，在社会之中，各种各样的族群，毫无例外地保留着"关于过去的历史记录"，并"从中汲取力量，树立信心，形成凝聚力"。②

第一节 研究背景与研究意义

一、研究背景

1."记忆"视野中的档案学研究发展趋势

贝克尔说过，"历史是过去和做过的事情的记忆"③。记忆之于个人、集体、民族乃至人类社会都无疑是"最宝贵的精神资源"④，而档案是留存记忆最靠谱的媒介。

---

① 雅克·勒高夫：《历史与记忆》，方仁杰、倪复生译，中国人民大学出版社 2010 年版，第 57 页。
② 滕春娥：《档案记忆观视角下的档案与非物质文化遗产功能互动研究》，《档案管理》2017 年第 1 期，第 12 页。
③ 张广智：《西方史学史（第二版）》，复旦大学出版社 2004 年版，第 316 页。
④ 徐友渔：《记忆即生命》，《南方周末》2000 年 11 月 23 日第 23 版。

　　人物和事件总是处于一定的历史时空和社会结构中,有鉴于此,档案学领域普遍对档案与集体记忆、社会记忆、历史记忆的关系加以关注和深入思考,并于20世纪90年代初步形成了"档案记忆观"。基于对档案之记忆属性的本质认识,学者们将档案与"社会、国家、民族、家庭的历史记忆"联结起来①,其学术旨趣的一个核心点就是"充分认识和肯定档案作为社会记忆的一种形态"所具有的独特地位和价值②。21世纪以来,档案与记忆的关系"被不断强化、深化和认同"③,档案记忆研究作为一种新的理论研究范式,成为国内外档案学者的重要研究方向之一④,影响力日渐彰显。近年来,随着城乡"记忆工程"的推进,学者们将档案记忆研究不断推向深入。

　　时至今日,无论是档案理论还是档案实践,都经历着从"国家模式"到"社会模式"的范式变迁⑤,鼓舞和导引着社会对建立集体档案的认同。在档案记忆研究中,学者们更多地关注"历史与传统"在档案记忆中如何被记录、传承与转化,更多地关注档案记忆中所暗含的不同历史时期的社会制度和生活模式。档案学研究的这一发展趋势,使笔者从档案文献史料研究走向关注档案中人在过去生活中的文化实践,借此考察档案记忆的族群凝聚功能。

　　2."中心—边缘"史观下的族群研究反思

　　"'中国民族的起源'完全始于一个古老的'过去'……而更重要的'起源'发生于'华夏边缘'人群间的一些历史记忆与族群认同变化"⑥,当传统的历史书写从华夏的中心视野扩展到了边缘族群,则可从中寻找族群认同

----

① 丁华东:《档案记忆观的兴起及其理论影响》,《档案管理》2009年第1期,第16页。

② 丁华东:《论档案记忆研究的学术坐标》,《档案管理》2011年第2期,第9页。

③ 冯惠玲:《档案记忆观、资源观与"中国记忆"数字资源建设》,《档案学通讯》2012年第3期,第5页。

④ 吕颜冰:《国外档案记忆研究热点综述及启示》,《浙江档案》2014年第12期,第17页。

⑤ 张斌、徐拥军:《档案事业:从"国家模式"到"社会模式"》,《中国档案》2008年第9期,第8页。

⑥ 王明珂:《英雄祖先与弟兄民族:根基历史的文本与情境》,中华书局2009年版,第87页。

空间的边界,进而进入族群凝聚的核心地带。

20 世纪 80 年代起,历史档案在学术研究中的重要价值愈发为世人所关注,同时也出现了诸如在历史里"读到的多是社会上层结构的崩析与重组,重组复崩析,几乎看不到社会底层民众的真实生存状态和精神历程"①之类的抱怨。如果说没有普通民众参与的历史是不完整的历史,那么没有普通民众的记忆自然也不可能是完整的记忆。在畲族民间留存的载体多样的档案记忆,体现着畲族最原生态的样子,是畲族记忆最重要的组成部分。

毋庸置疑,我国的档案记忆是各民族"多元一体的系统",作为边缘族群的少数民族记忆是整个中华民族共同体记忆不可缺少的组成部分,少数民族档案在建构民族共同记忆中扮演重要角色。② 然而人们往往"强调并记住具有广泛社会影响力的重大事件",无形中淡化了"对特定群体社会生活史的还原"③,其实,少数民族的档案记忆,与重大事件记忆相比,更能体现一个民族在过去的时光里色彩斑斓、立体多面的社会记忆。对少数民族档案记忆进行深入探究,无疑是中国档案记忆研究体系的具体化,可在检视档案记忆研究理论之时增添多样化的实践案例。有鉴于此,本书着重选取来自畲族民间的档案作为考察对象,从边缘族群的传统历史书写出发,经由档案文本进入具体的社会历史情境,以求更好地理解畲民"为何记忆""以何记忆"以及"如何记忆",并探究畲族档案记忆凝聚族群的强大功能。

3. 先期开展畲族档案研究的多年积累

2013 年起,笔者开始参与收集、整理畲族民间古籍文献资料,对畲族档案的内容产生了浓厚兴趣,一心想着去探究畲族档案与畲族记忆的逻辑关联,试图从畲族档案中探寻畲民过去的记忆对于畲族发展的意义。

---

① 赵跃飞:《未见平民史》,《中国档案》1999 年第 1 期,第 28 页。
② 张静秋:《档案与少数民族记忆的建构和传承》,云南大学硕士学位论文,2014 年,第 2—25 页。
③ 马英杰:《从社会记忆的角度研究历史档案及其开发问题——以民国成都市房地档案为例》,《档案学通讯》2013 年第 1 期,第 38 页。

近年来,为响应"深入地方、研究地方、服务地方"的号召,笔者坚持对畲族档案进行收集、整理和研究,曾主持完成浙江省哲学社会科学规划课题"畲族契约多重文化价值研究——基于浙江畲族契约文书的考察"(15NDJC063YB),国家民委课题"瓯江流域的民族交融发展研究——基于民国畲族档案的考察"(2017-GMG-020),浙江省教育厅课题"丽水畲族民间契约文书的地域特色研究"(Y201329871),丽水市社科联课题"族群记忆视角下的松阳蓝氏分关书研究"(LB201621)、"基于建设大花园的丽水畲族乡村记忆研究"(LB201705)等,并参与国家社科基金重点项目"城乡档案记忆工程推进机制研究"(14ATQ009)。在此过程中,收集、整理了大量与本书相关的资料,并完成了一系列相关研究成果,为本书奠定了坚实基础。

由于内心始终有一种热爱乡村的情怀,笔者在学术研究时关注焦点始终在乡土社会,用细腻而敏感的心思去洞察乡土世界。本书的写作在很大程度上也是缘于这种乡土深情,缘于笔者与研究对象结下的特殊"情谊"。就像文学创作者喜欢描绘自己的乡土一样,笔者深深地迷上了畲族档案,将其视作一种记忆符号,致力于探寻其丰富而深刻的象征意义。

二、研究意义

作为记忆载体和工具的档案,既是"记忆之地",又是"记忆之源",对于族群而言,档案在书写记忆之时也增强了族群凝聚。本书以畲族档案为考察对象,将当下档案学所关注的档案记忆传承与发展引向对记忆建构主体的理解上去,以畲族乡村社会为切入点,采用自下而上的视角观察畲民如何参与到族群记忆的建构进程之中,将畲民个体和整个族群结合起来,理解畲族档案记忆的主体以及畲族档案记忆实践的意义,从族群意识提升、族群冲突化解、族群利益协调、族群规则维护等方面阐述畲族档案记忆的族群凝聚功能,进而探寻畲族档案记忆达成族群凝聚的规律。

1. 理论意义

第一，把社会记忆观融入档案学研究，从理性高度把握档案的记忆属性。畲族档案形成和保存的过程，其实就是畲族档案记忆传承和发展的过程。本书走进畲族社会"过去的故事"，探究畲民当时选择相关档案记忆的依据及其影响因素，考辨其真实性和建构性，旨在从记忆传承、认同构建的角度权衡畲族档案的功能，探究畲族档案如何形塑畲族族群，可谓档案记忆理论在畲族民间社会的拓展。本书对畲族档案中所蕴含的社会记忆的诠释，尤其是对畲族档案记忆之功能的诠释，赋予了畲族档案以社会学、人类学、文化学等多方面意义。

第二，以畲族民间社会为记忆平台，将目光投向畲族乡村社会，以畲民自身的视角去观察、分析畲民的日常生活如何参与到族群及地方社会记忆的建构进程之中，有助于探寻畲族档案中的"地方性知识"(local knowledge)[①]及其象征意义，可有效避免自上而下的分析路径所带来的主观偏见。

第三，在"历史现场"中解读畲族档案，从细微处探究畲族档案记忆，对畲族乡村的社会结构、经济关系、血缘关系、家庭制度、民众行为与观念、社会内部矛盾、乡村权力网络等进行多角度研究，探寻畲族档案记忆达成族群凝聚的规律，有助于丰富以往畲族研究因追求宏大叙事而缺失的多样化的民间社会图景。

2. 实践意义

第一，畲族档案本身具有极强的实践性，在探寻畲族档案记忆发挥族群凝聚作用及其规律时，通过深入的解读和诠释，挖掘其中蕴含的地方性知

[①] 克利福德·格尔茨提出"地方性知识"概念，强调"在知识的生成与辩护中所形成的特定的情境(context)，包括由特定的历史条件所形成的文化与亚文化群体的价值观，由特定的利益关系所决定的立场、视域等"，要求"对知识的考察与其关注普遍的准则，不如着眼于如何形成知识的具体的情境条件"。详见克利福德·格尔茨：《地方知识——阐释人类学论文集》，杨德睿译，商务印书馆2016年版。

识,取其精华,可为现如今的精神文明建设提供参照,也有助于引起人们对畲族档案的重视,对散存于畲族民间的档案信息进行抢救性收集与整理。

第二,深入开展田野调查,广泛搜寻散落的畲族档案文本,以记忆视角来看待畲族档案在民间的生产、传承、保管和利用的过程,追寻族群历史渊源,以了解、还原出更丰富的畲族百姓生活,有利于增强畲民的认同感和归属感,促使畲民自觉投身本民族优秀文化的弘扬和传承中去,进而在族群记忆的建构与传承中提升畲族档案的价值发挥空间。

第三,本书所分析的畲族谱牒祖图、契约账簿、科仪文书、日用杂书、乡规民约等档案史料,真实反映了畲族民间生活样态与仪俗文化,可与官藏档案互补、互证,可为畲族保持族群心性提供必要的支撑。在研究中强调少数民族档案在族群凝聚中的价值,或许可以为增强中华民族共同体的凝聚力以及海外华人的祖国认同感等提供一点参考。

三、研究创新

以畲族档案为素材的研究,可见于民族史、区域史、经济史、社会史、妇女史等领域,但将畲族档案与族群凝聚问题关联起来研究的论著尚不多见,档案学界以畲族档案为研究对象的成果亦是凤毛麟角,本书有意将档案与记忆的关联进行强化,以畲族档案为考察对象,关注畲民的思想观念和行为模式,探寻畲族档案记忆的族群凝聚功能及其实现规律,或许可为学界探析少数民族历史档案拓展出一条新的思路。

具体来说,本书的创新之处主要体现在三个方面。

第一,本书对畲族档案在畲族记忆传承中的重要地位给予充分肯定,以档案与记忆的关系为切入点,将畲族档案记忆所涉及的历史源流、地域分布、特点、形式、社会功能等统统作为考察对象,对这些零散而碎片化的档案记忆进行整合,在一个较长的历史时段中探讨畲族族群凝聚的历程,做到共时性与历时性相结合,文化整合与时空变迁相结合,阐明畲族档案可以成为族群记忆延续与建构的力量源泉,突出档案记忆在民族向心力和凝聚力形成中的作用。

第二,有意将畲族档案当作"纸上田野",突破了单纯看待档案文本的局限,更注重从畲族档案与畲族民间社会情境的关系来解读档案记忆。笔者致力于将畲族档案记忆与族群凝聚紧密结合,不仅将畲族档案看作畲族族群记忆进行探析,而且注重分析畲族档案记忆产生的社会历史情境和蕴含的族群认同情感。畲族档案记忆因其独特性和神秘感,至今有许多文化密码仍未破译,本书基于族群凝聚视域探讨畲族档案记忆,本着既不曲解回避亦不管窥蠡测的理念,力求作出合乎情理的诠释。

第三,本书是在拥有大量畲族档案的基础上写就的,且尝试"以主位和客位研究者的双重身份、双重视角"①对畲族档案进行全面而细致的考察。在研究过程中,注意站在民族文化立场上,格外尊重畲族档案记忆生产者与共享者的思想、情感和理念,注意到畲族档案与畲民的生活生产行为之间的互动关系,强调畲族档案作为畲族记忆的载体及其组成部分,与畲族生生不息的精神和文化有着密不可分的关联。与此同时,借鉴文化人类学对地方性知识的"深描"(thick description)原理,用畲族档案持有人和共享者的内部视角来理解当地人的思维观念和行为实践,这一更接近后现代传统的研究思路,较好地体现了档案学研究的发展新方向。

---

① 杨毅、张会超:《范式转换——民族档案学的学科建构之路》,《档案学通讯》2011 年第 1 期,第 28 页。

第二节　主要概念与理论基础

一、主要概念

1. 少数民族档案、畲族档案

少数民族档案,通常是指"各个少数民族和各个历史时期的国家机构、社会组织和个人在社会实践活动中形成的反映少数民族政治、经济、军事、历史、科技、文化、宗教和民俗等社会历史情况,具有保存价值的文字、声像、实物等不同形式的历史记录"①。从该表述可以推知,少数民族档案与其他档案的区别,不是档案由不同主体以不同载体、不同语言文字记录而成,而是档案本身所记述的内容与少数民族息息相关。

大而言之,畲族档案是指畲族在社会历史实践过程中创造的物质财富与精神财富的总和;小而论之,畲族档案是指自宋代有族群称谓以来,尤其是在清代至民国时期,畲族民众在政治、经济、文化等活动中形成的各种历史记录。

具体来说,畲族档案有三方面内涵:第一,畲族档案是综合性的概念,除官藏档案,也包括一切散落于畲族民间的种类繁杂的档案信息;第二,畲族档案是历时性的概念,指"形成时间较早,距当前较为久远"②的档案,在本书中主要指形成于清代和民国时期的档案;第三,畲族档案的实存形态具有多样性,包括文字类、图片类、声像类、碑铭类等各种原始记录。

2. 档案记忆、畲族档案记忆

"档案记忆"常与"社会记忆""历史记忆""集体记忆"等并行而用,属于

① 《云南少数民族档案抢救与保护方法研究》计划任务书,第3页。转引自张静秋:《档案与少数民族记忆的建构和传承》,云南大学硕士学位论文,2014年,第2页。
② 吴亚东:《明清时期徽州历史档案研究》,安徽大学博士学位论文,2013年,第6页。

档案领域的高频词。但"档案记忆"并非"档案"与"记忆"二词的简单相加，而是"对档案学领域内新思想的概念化和范畴化"，"对档案记忆观等档案记忆理论的语符化"。[①] 笔者认为，档案记忆是以档案为载体，将可塑的记忆、回溯的信息、固化的知识、独特的文化等糅合于一体的事物，它以语言和非语言、话语和非话语的象征为媒介，是人们在不断变化着的客观世界中进行体验性认知并对之进行编码加工的结果。

畲族档案记忆，是畲族在与自然界长期的生存斗争中，在与其他族群的长期交往、交流、交融过程中所形成的生存模式、生活样态、情感态度及思维方式的总和。笔者主张从档案内容来界定畲族档案记忆，既关注其来源，又关注档案的记忆属性及少数民族特性。从来源看，畲族档案记忆是畲族在社会实践活动中生产出来的；从档案的记忆属性来看，畲族档案记忆客观记录了畲族历史样貌和畲民的真情实感；从民族特性来看，畲族档案记忆中体现了畲族的精神内涵和文化特色。

本书所述档案记忆拥有明确的主体——畲民，本书所述畲族档案记忆是指由畲民在历史实践中所形成和共享的，并随着社会变迁不断调整、适应的畲族民间知识和经验的总和。相比较而言，本书所采用的档案记忆概念，在内涵上比较宽泛，既包括文字、图像等长时性的内容，又包括语言、身体实践等社会性或者交际性的内容，但在外延上，本书所称档案记忆专指以档案为外在表现形态的社会记忆和历史记忆。

3. 族群认同、族群凝聚、畲族族群凝聚

英文的"认同"为 identity，该单词有"使等同于、认为……一致；同一性、一致；身份、正身、本体、个性、特性"等含义。该概念最早由弗洛伊德提出，他把"认同"视作"一个心理过程"，是"个人向另一个人或团体的价值、规范与面貌去模仿、内化并形成自己的行为模式的过程"。[②] 认同作为"一种情

---

① 古同日：《"档案记忆"概念辨析》，《档案管理》2018 年第 5 期，第 34—35 页。
② 李素华：《对认同概念的理论述评》，《兰州学刊》2005 年第 4 期，第 201 页。

感、态度乃至认识的移入过程"①,通常是动态的;它"是一种集体现象,而绝不仅是个别现象"②,对于族群来说,认同是自然发生的集体行为。

族群认同,是族群成员个体或群体自身"对身份的追寻、确认"③。每个人的身份通常是"经由基型的发展加以认定的,因为这些基型决定了容易理解的世界"④。为了达成族群认同,人们往往会借助档案这一媒介来存储"想象的共同体"记忆,也就是说,档案的记忆属性,使得"通过对过去的有目的追忆来形塑认同"⑤成为可能。

族群凝聚,是指族群及其成员在观念、行动上的团结一致和协同并进。如果说族群认同是"一个人由于客观的血缘连带关系或者主观认定的族裔身份而对特定的族群所产生的一体感"⑥,那么族群凝聚的本质就是族群成员基于某种立场的归属。本书选用"族群凝聚"一词,而未选用"族群认同"这一常用词,并非为了标新立异,乃因族群凝聚不仅包含了族群认同,同时还体现了族群意识强化、族群冲突化解、族群利益协调、族群规则维护等,具有更深厚的学术内涵。具体来说,族群凝聚在族群认同的基础上,还强调族群发展过程中的如下变化:

首先,族群凝聚体现了由疏远向亲和的转变。畲民为了强固自身"与某一社会群体其他成员间的集体记忆"⑦,通常借助编修谱牒来敦亲睦族,即在认定血缘关系之时,通过寻祖问宗,加强族群成员的交流与沟通,增进族群成员的信任,提升族群认同感和凝聚力。

---

① 时蓉华主编:《社会心理学词典》,四川人民出版社 1988 年版,第 108 页。
② 吉姆·麦克盖根:《文化民粹主义》,桂万先译,南京大学出版社 2001 年版,第 228 页。
③ 王晓路:《文化批评关键词研究》,北京大学出版社 2007 年版,第 283 页。
④ 诺伯舒兹:《场所精神:迈向建筑现象学》,施植明译,华中科技大学出版社 2010 年版,第 21 页。
⑤ 赵琼:《国家认同建构中的历史记忆问题——以对共有祖先的追述为视角》,《中国政法大学学报》2014 年第 3 期,第 87 页。
⑥ 江宜桦:《自由主义、民族主义与国家认同》,扬智文化事业股份有限公司 1998 年版,第 15 页。
⑦ 王明珂:《华夏边缘:历史记忆与族群认同》,社会科学文献出版社 2006 年版,第 418 页。

其次,族群凝聚体现了由分裂向团结的转变。传统乡土社会中的主体记忆往往散落于不同地方,而且记忆主体常从各自所处场域来认知、建构并丰富记忆,从而使得不同时段、不同地方的记忆内容因阻隔而无法沟通,或者"发生变迁、(选择性)重构甚至被颠覆"①,为了确保记忆框架适应社会变迁和地方流通,需要不断对其进行调适和完善。综观畲族档案记忆,会发现原先各自独立的叙事模式逐渐表现出以地域或时段为单位的分裂性,随着畲民的迁徙以及彼此的交往、交流、交融,共享的记忆渐趋增多,呈现出族群团结的气息。

再次,族群凝聚体现了由淡漠向关心的转变。传统乡土社会,当其"社会结构能答复人们生活的需要时",其就是"一个最容易安定的社会"。② 在日常交往中,畲民的情感交流还体现在档案记忆资源的共享上,族群成员之间可通过族源叙事等模拟血缘继嗣活动来实现"亲亲性",形成同宗、同族之紧密关联;在互惠原则基础上,其"情感性交往关系"③还遵循着"回报"的原则,彼此之间显得格外包容、友爱。

最后,族群凝聚体现了由自发向自觉的转变。"并不是所有的价值都源于自觉的选择,因为我们的许多行动都只是习惯性的例行常规"④,族群记忆的理性内容维度源自有目的、有意识的主观心理,它内在地包括了对事物本质的认识和对客观规律的逻辑思辨。经由档案记忆,族群成员会通过内部"一起经历"的特定方式来推动族群从意识层面到实践层面的联合行动。

畲族族群凝聚,是指畲族族群及其成员在观念上、行动上显现出来的团结一致和协同并进,它既是畲族族群成员不断趋同的心理过程,又是畲族民

---

① 曾澜:《地方记忆与身份呈现——江西傩艺人身份问题的艺术人类学考察》,复旦大学博士学位论文,2012 年,第 32 页。

② 费孝通:《乡土中国(修订版)》,上海人民出版社 2013 年版,第 73 页。

③ 台湾学者黄国光把人际关系分为"情感性关系""工具性关系""混合性关系"三类。参见黄国光:《人情与面子:中国人的权力游戏》,中国人民大学出版社 2010 年版。

④ 齐格蒙特·鲍曼、蒂姆·梅:《社会学之思(第二版)》,李康译,社会科学文献出版社 2010年版,第 64 页。

间社会建制进行动员与整合的一项基本功能。在研究中,强调经由档案记忆达成的族群凝聚,包括意识与行为两大层面,鉴于"民族创造了文化,但民族亦由文化而融成"①,本书致力于探讨档案记忆作为族群文化所具有的内聚力与黏合力。

二、理论基础

本书基于族群凝聚视域来探究浙江畲族档案记忆,因此,不可避免地要运用到社会学、历史学、民族学、人类学、心理学、传播学等相关学科的知识和方法。

在本书中,笔者把记忆理论融入档案文献研究,始终以畲族档案和畲族记忆的关系作为支点,格外关注档案记忆中畲民的主体行为和观念,注重从社会记忆实践方式的微观视角去理解和诠释畲族档案,以理论援引与案例分析同步推进的形式对畲族档案记忆展开研究。

当讨论畲族档案与畲族记忆的关系时,会运用到雅克·勒高夫的历史记忆理论、莫里斯·哈布瓦赫的集体记忆理论、保罗·康纳顿的社会记忆理论、皮埃尔·诺拉的记忆之场理论等;当分析畲族档案记忆的生产、管理和使用时,神话传说、口述历史、信仰仪俗、文物文献等历史学和文化人类学的相关研究成果自然就成了重要的分析工具和参照基础,会运用到克里福德·格尔茨有关文化的解释、地方性知识的"深描"原理,扬·阿斯曼、阿莱达·阿斯曼的文化记忆理论等;当分析畲族档案对畲族民间社会记忆的生成与建构机制时,需要运用叙事学、民俗学等相关理论,包括特里·库克的"档案对社会记忆的建构"理论、王晓葵的民俗与记忆关系理论、龙迪勇的空间叙事理论、陈蕴茜的纪念空间理论等;当分析畲族档案记忆对族群凝聚的作用及其影响因素时,会运用到马格利特的记忆伦理理论、哈拉尔德·韦尔

---

① 钱穆:《民族与文化》,九州出版社 2011 年版,第 1 页。

策的记忆能量理论、米歇尔·福柯的记忆权力理论等。

　　基于族群凝聚视域探析浙江畲族档案记忆，旨在通过畲族档案记忆的个案来检视国内外档案记忆研究的相关理论，在推动理论创新之时，也为档案记忆研究增添具有民族特色的鲜活案例。为此，本书在广泛收集田野的和文本的第一手研究资料基础上，对畲族档案记忆的内涵及特点进行"深描"研究，诠释畲族档案记忆在历史学、人类学、文化学等方面的多重意义；同时在分析档案记忆的思维观念和行为实践中，揭示档案记忆的族群凝聚功能及其实现规律。

　　诚如胡鸿杰所言，中国档案学通过"对其他学科和研究领域的'靠近'和'入侵'，既可以使自身理论更加成熟，又能够强化本学科的学术地位及其尊严"①。本书写作过程中，笔者力图走进历史情境、社会语境来分析畲族档案记忆，挖掘档案记忆的凝聚族群功能，探寻档案记忆达成族群凝聚的实现规律，运用人类学田野调查的参与观察法等方法，以点面结合的畲族村落田野调查与相关畲族档案文献相互融合、彼此印证的方式，致力于将本研究从具体文本的解读上升到抽象理论的诠释。

第三节　研究思路与内容设计

一、研究思路

　　本书以浙江畲族档案为考察对象，立足于档案学理论，同时运用社会学、文化人类学理论，从档案的记忆属性出发，从畲族档案与畲族记忆的关系入手，有意将畲族档案当作纸上田野，并将研究对象置于历史脉络和社会情境中，从意识、行为两大层面，以"因何记""何为记""记何用"为线索，探讨

---

① 胡鸿杰：《论中国档案学的学术尊严》，《档案学通讯》2005 年第 5 期，第 10 页。

浙江畲族档案记忆的族群凝聚功能及其实现规律。

1. 研究史料多元化

为了让档案史料更好地呈现族群记忆,本书注重收集和整理有关畲族的文字、图片、音像、碑铭等不同形态的档案,形成了包括"刻写""话语""权力""仪式"等类型的多元立体的档案记忆。

本书把文字类档案置于优先地位,缘于畲族民间格外信任文字作为记忆力支撑的实用功能。所引述畲族档案有部分为图片形式,图片其实"比任何一个文本都滔滔不绝"①,也因其独特感染力而为本书增色添彩。同时,本书将口述类史料作为畲族档案记忆的有效补充,从而更好地接触多元的边缘记忆,借此"在一个与过去的事件和事物有因果联系的脉络中体验现在的世界"②。体化类档案史料则经过了"长时间的习惯、无意识的积淀","同时具备牢固性和不可支配性"③,可配合文献与考古资料等一起呈现过去社会与文化的基本结构和演化模式。此外,随着科技发展,声像档案为畲族记忆的延续提供了载体,为畲族文化延续、传承提供了可能,尤其是口述历史、民族节庆等鲜活的畲族记忆,均可通过声像档案等立体生动的形式来保存。

在研究中,笔者着重收集一些前人未收集或关注的新材料,将重点放在有关畲族思维方式、价值观念、民族性格、族群互动、文化象征等方面的档案信息上,以便将其"放回"到民间社会中去考察。本书所引述的畲族档案,有些可谓"有独无偶",具有稀缺性,本书也因分析对象之特色而具有了独特性。

2. 研究方法田野化

在历史学、人类学等人文社科领域,早有学者提出了文献与田野并重的

---

① 阿莱达·阿斯曼:《回忆空间:文化记忆的形式和变迁》,潘璐译,北京大学出版社 2016 年版,第 247 页。

② 保罗·康纳顿:《社会如何记忆》,纳日碧力戈译,上海人民出版社 2000 版,第 1 页。

③ 阿莱达·阿斯曼:《回忆空间:文化记忆的形式和变迁》,潘璐译,北京大学出版社 2016 年版,第 275 页。

研究方法①,所说的"文献"通常指历史文献,所说的"田野"通常指现实田野。

相比较而言,档案文献领域的学者们更乐意立足于文献本身,大多偏向于书斋式研究。张应强曾提出"民间文献与田野调查"方法论,强调"通过深入细致的田野调查结合民间文献"来"完成有意义的叙事"②,然其所称的田野调查亦侧重现实的田野。从一定程度上说,文献可以是现实的田野,但更是历史的田野。本书所称文献田野,强调以档案文献为田野,将畲族档案文献置于历史生成环境中,对其社会背景、形成意图及当事人的行为逻辑等进行深度考量,从而实现对档案文献的充分理解、深刻诠释和广泛运用。③

以文献为田野,即文本分析,其意义在于挖掘出文本背后的社会情境④。在研究过程中,笔者有意将畲族档案当作纸上田野,把畲族档案记忆放置于畲族发展历史脉络和具体的社会情境之中,勾勒出畲民如何从传统走向现代的嬗变,从而揭示畲族档案记忆的核心内容及其制作动力等,因而致力于探析畲族档案记忆如何形塑了现在以及如何用以诠释现在。在研究过程中,笔者注重对畲族档案记忆的识读、解释、诠释、考证,并结合多地点式的田野调查来发掘大量鲜活、系统的一手材料,从而对畲族档案记忆中的亲属制度、宗教信仰、经济生产和日常交往等不同领域的行动过程及畲民对社会关系、文化时空等的认知有较好的把握,对畲族档案记忆所蕴含的文化逻辑形成较为深入的思考。

---

① 赵世瑜:《田野工作与文献工作——民间文化史研究的一点体验》,《民俗研究》1996 年第 1 期,第 8—14 页;吴家虎:《文献与田野的融合——历史人类学与当代中国乡村研究》,《中国农业大学学报(社会科学版)》2001 年第 1 期,第 52—58 页;罗德胤、尹璐:《文献与田野的互动——以清湖码头的调查与研究为例》,《世界建筑》2011 年第 1 期,第 116—119 页。

② 张应强:《民间文献与田野调查:"清水江文书"整理研究的问题与方法论》,《安徽史学》2015 年第 6 期,第 19—22 页。

③ 余厚洪、丁华东:《文献田野与档案意义的发掘——谈少数民族档案研究方法》,《档案学研究》2017 年第 5 期,第 70 页。

④ 王明珂:《历史事实、历史记忆与历史心性》,《历史研究》2001 年第 5 期,第 137 页。

本书是在史学科学化范式下的档案研究,有意识地借鉴了人类学的田野调查法,走进畲族记忆的田野——畲族档案文本及其生成场域,将田野调查所得的口述史料、影音资料等都当作档案记忆的组成部分,用以与其他类型档案史料进行比较。在此过程中,通过畲族档案持有者、传承者的口述以及对他们的访谈,结合自己在田野调查中的参与式观察所得,再将畲族档案回归到它所属的地方文化背景之下,对留存至今的畲族档案类型和特点进行分析,用理论追寻畲族档案记忆与畲族乡土社会的内在关联;同时,在诠释畲族档案记忆之显现的场域和文本内容之时,根据对族群认同心理、意义体系与社会结构的理解,探析畲族档案记忆的族群凝聚功能。

3. 研究视角地方化

记忆总是产生于一定的地方,其"传统的意义在于它形成于过去却不断作用于现在"[①]。畲族档案作为畲族记忆的组成部分,自然是"当时"选择的产物,因此,要获得更客观、更理性的解读,就绝不能停留于档案记忆的文本内容,而要探究档案记忆主体即畲民的意图、情感以及档案记忆生成的社会情境,进而深切地体会潜藏于畲族档案记忆的族群历史心性。

在档案学研究中引入地方性视野,有助于推进实证分析。畲族谱牒、祖图、契约、账簿、歌言、碑铭等,但凡需要真正理解其生产、传承的机制与脉络,都无可避免地要深入畲族民间社会。本书有意追求在地化,将档案文本分析与现实田野调查结合起来,将社会结构分析与历史情境探析结合起来,通过回到历史现场以确保在谈论畲族档案记忆时不至于迷失在"空论的云雾"中。

诚如陈春声所言,"置身于历史人物活动和历史事件发生的具体的自然和人文场景之中……自然而然地就加深和改变了对历史记载的理解"[②],本书竭力走进历史现场去解读畲族档案,从细微处探究畲族档案记忆中的地

---

① 傅修延:《中国叙事学》,北京大学出版社 2015 年版,第 23 页。
② 陈春声:《走向历史现场》,《读书》2006 年第 9 期,第 27 页。

方性知识,以小见大地概括畲族档案记忆,通过意识强化、利益协调、冲突化解、规则维护等达成族群凝聚。

二、内容设计

本书共分九章(图 1-1),主要内容如下:

第一章,绪论。主要对研究背景与研究意义、主要概念与理论工具、研究思路与内容设计、研究方法与资料来源等进行介绍和说明。

第二章,文献综述。对国内外"畲族档案""档案与记忆的关系""族群与记忆的关系""档案记忆的族群凝聚功能"研究现状进行述评。

第三章,畲族档案与畲族记忆的关系。概述浙江畲族档案的留存情况,分析畲族档案的类型与特点,阐述畲族档案与畲族记忆之间的密切关系,强调畲族档案记忆在族群凝聚方面的重要功能。

第四章,浙江畲族档案记忆的族群凝聚表征。概述畲族起源与发展历程,揭示畲族档案记录畲族历史的作用,根据档案文献概括畲族族群的凝聚表征,为后文阐述畲族档案记忆的族群凝聚功能做铺垫。

第五章,浙江畲族档案记忆的族群意识强化功能。着重阐述畲族档案记忆在意识形态方面的凝聚功能。以畲族档案中的谱牒、祖图、神话传说等为例,探讨畲族族群起源、图腾崇拜、英雄神话等畲族族源叙事对畲族族群的凝聚作用。

第六章,浙江畲族档案记忆的族群利益协调功能。着重阐述畲族档案记忆在协调族群内部利益方面的凝聚功能。从族群利益协调对档案记忆的客观需求谈起,畲族以注重书契立约、嵌入互信机制、讲究经验意义为协调方式,呈现出遵循均分法则、推崇互惠理念、权衡利义关系、彰显人性色彩等族群利益协调特征。

第七章,浙江畲族档案记忆的族群冲突化解功能。着重阐述畲族档案记忆在族际关系方面的凝聚功能。从经济、政治、社会、生活等层面的族群

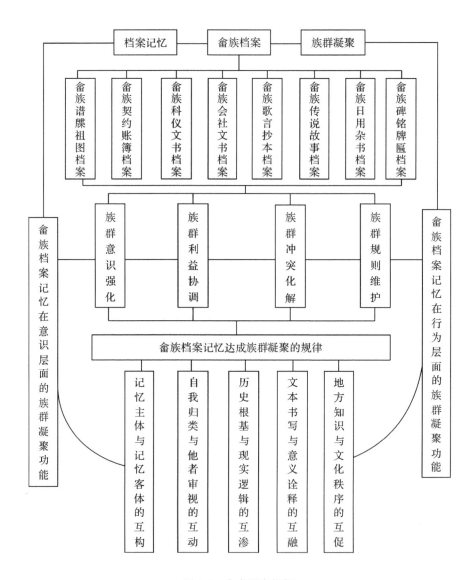

图 1-1　本书研究框架

冲突进行论述,分析了本地性与外来性、统治性与反抗性、合作性与竞争性、融合性与分裂性等冲突起因及特点,探讨畲族档案记忆化解族群冲突的路径。

第八章,浙江畲族档案记忆的族群规则维护功能。着重阐述畲族档案记忆在社会规则方面的凝聚功能。以畲族档案中乡规民约、族训家规、仪礼制度等有关畲族规训秩序方面的记忆为例,探讨畲族发展过程中所推崇和遵循的规则对畲族族群的凝聚功能。

第九章,畲族档案记忆达成族群凝聚功能的规律探寻。在第五章、第六章、第七章、第八章论述的基础上,探寻畲族档案记忆经由记忆主体与记忆客体的互构、自我归类与他者审视的互动、历史根基与现实逻辑的互渗、文本书写与意义诠释的互融、地方知识与文化秩序的互促而达成族群凝聚的规律。

第四节 研究方法与资料来源

一、研究方法

1. 文献研读法

根据研究主题和写作内容,以"档案记忆""族群凝聚""畲族档案"等为关键词,搜索、查阅相关书籍和期刊中与本书有关的文献资料,梳理国内外相关研究现状及理论成果;通过文献研读,加强理论知识储备,并在此基础上对相关理论知识进行分析和研究,借鉴其中合理、优秀的理论成果,融入本书写作中。

"文献是还原历史事实的重要依据"①,畲族档案是本书的分析对象,是本书展开论述的重要基础。在写作过程中,为了在文献记录中找寻历史的框架和记忆的变化,做到"以民俗乡例证史,以实物碑刻证史,以民间文献

———————

① 马云娜:《口述档案对于社会记忆建构的价值及实现过程》,东北师范大学硕士学位论文,2014年,第9页。

(契约文书)证史"①,笔者非常注重收集和利用丰富的文献资料来充实研究内容,注重对文献资料进行分类、鉴别、筛选,力求通过文献研读发现新的问题,在前人研究中尚未深入的知识点上多下功夫来寻得突破和创新。

2. 田野调查法

解读民间记忆,在拥有"田野工作"(field work)传统的人类学、民俗学、社会学等研究中是"相当流行的诠释社群文化的基本方式"②,将这种经验引入档案学研究,是为了通过田野调查更好地诠释档案文献。

档案研究资料,不单单是取自档案馆的馆藏,常会辅以田野调查所得。为了收集更多更丰富的研究资料,笔者自 2013 年起就开始在浙江境内畲族乡村开展调研。

本书的田野调查主要在浙江境内畲族乡村展开,以丽水为重点,重点调研乡村包括莲都区老竹镇沙溪村、大港头镇利山村、南明山街道山根村、联城街道下林村,景宁县鹤溪街道包凤村、东坑镇深垟村、郑坑乡吴布村,松阳县象溪镇村头村、板桥乡后塘村,遂昌县大柘镇后垄村、石练镇宏岗村,云和县雾溪乡坪垟岗村、元和街道沈岸村,龙泉市竹垟乡罗墩村等。同时还调研过温州的苍南县、泰顺县、文成县、平阳县,金华的武义县、婺城区、兰溪市,衢州的柯城区、龙游县等地的部分畲族村寨。这些村寨都保存了一定数量的畲族档案。在选定调查点后,笔者充分了解当地人口、历史、地理、特产等各方面情况,收集有关的文献资料和地方志资料。

本书的主要目的是探索档案记忆的族群凝聚功能,开展调研时注重参与式观察和深度访谈③,特别重视探究畲族档案记忆对畲民过往与当下生活的影响,从普通人的角度观察和体验畲民的日常生活,力求更好地理解畲

---

① 傅衣凌:《我是怎样研究中国社会经济史的?》,《文史哲》1983 年第 2 期,第 40 页。

② 朱小田:《民间记忆方式与社群关系的成长——以一个江南乡村庙会为例案的跨学科考察》,《史学理论研究》2003 年第 4 期,第 108 页。

③ 李亦园:《人类学的视野》,上海文艺出版社 1996 年版,第 12 页。

民思考问题的方式,并以此为基础深入分析和探讨档案记忆背后的象征体系、社会制度等。访谈对象包括畲族档案生产者、参与者或见证人,以及畲族档案持有者、传承者或保管者。

在畲族村寨进行观察体验、访耆问老的过程中,笔者不仅补充收集到了更多的畲族民间档案,更有幸倾听到有关畲族族源、族内与族际关系等内容的传说和故事,仿佛置身于畲族先民生活和思考着的历史情境中,催生了"只可意会,不可言传"的独特"异文化"体验。而更让人欣喜的是,这种体验又"往往能带来更加接近历史实际和古人情感的新的学术思想"①,意即获得多元立体的历史现场感,因为此时"环境、人际、氛围等外部因素以及视觉、触觉、意向、情感等诸多心理因素"②一并参与进来,有助于理解畲族档案产生的前因后果及档案文本内容之外的意义。

3. 文本分析法

文本产生于特定情境,"承载着某时代社会情境下人们的历史记忆,并因社会结构而遵照某种规范来记录而形成文类(文本结构)"③。在对畲族档案进行考察时,需要透过档案文本的表相去分析畲族社会情境的本相。

文本分析,就是"对历史文献进行人类学的解读和分析,这是一种文献中的田野"④。笔者曾与恩师丁华东教授撰文探讨过少数民族档案的研究方法——文献田野方法⑤,强调通过文献田野理解和阐释档案中的信息。本书所用档案包括馆藏畲族档案和田野调查所得畲族档案,研究中始终坚持以档案文本为依据,把所收集到的畲族档案置于历史情境中,对其产生背

①　陈春声:《走向历史现场》,《读书》2006 年第 9 期,第 21 页。
②　杨毅、张会超:《记录田野:民族档案重构的实现与突破》,《思想战线》2012 年第 6 期,第 30 页。
③　王明珂:《田野、文本与历史记忆——以滇西为例》,《思想战线》2017 年第 1 期,第 1 页。
④　卢卫红、刘兵:《人类学视角的引入对历史学研究的意义和价值》,《晋阳学刊》2006 年第 3 期,第 75 页。
⑤　余厚洪、丁华东:《文献田野与档案意义的发掘——谈少数民族档案研究方法》,《档案学研究》2017 年第 5 期,第 69—75 页。

景、生成意图及其所体现出的行动者的行为逻辑进行深度考察,以求得对畲族档案的充分理解、阐释和运用。本书通过对档案文本进行文献田野式考察,对相关文本及数据进行归纳统计,辅以横向(共时)比较或纵向(历时)比较,获得"对档案记忆真实属性的深入理解"以及"对档案意义的全面认知和对档案内涵的客观诠释"①。

　　档案作为一种"活着的过去",其实也是当下存在的一种资源,又是开拓未来的重要因素。一个族群的档案,其间至少包括"'自者'的自我表述和来自'他者'的艺术表述"②两方面的内容。诚如亨里埃塔·利奇所言,文本不仅指称书写语言,而且指称"能被作为参照物使用的各种知识的织体"③。在文本分析过程中,自然需要运用推论性解读方法并形成问题意识。本书以在田野中解读畲族档案为核心,将各类档案史料汇聚在一起,搭建出全面、立体的畲族历史。在此过程中,推论性地解读各种资料是本书的基本原则,因为畲族档案就像没有直接叙述意图以及无法直接观察的行为证据,本书就是借助其证据价值来阐明档案记忆达成族群凝聚的关键。

　　文本分析法的推论性解读,并非要收齐全部档案史料才开始,而是一边从公藏机构和畲族村寨中不断丰富研究材料,一边通过对畲族档案不同史料间的融会贯通来修正、完善甚或推翻先前的推测。诚如王明珂希望透过文本分析推行"一种反思性的研究",即"透过一些新方法、角度、概念来突破认知的'茧',因而能深入认识社会本相,也因此对社会本相有所反思与反应"④,本书致力于在细致研读的基础上解释档案文本,"不是把它们仅仅当作过去的死东西,而是看作来自以往的活生生的信息"⑤,使最终研究观点

---

① 余厚洪:《基于"真实"的档案记忆构建与识别》,《档案与建设》2017年第8期,第13页。
② 麻国庆:《生活的艺术化:自者的日常生活与他者的艺术表述》,《思想战线》2012年第1期,第4页。
③ 亨里埃塔·利奇:《他种文化展览中的诗学和政治学》,见斯图尔特·霍尔编:《表征:文化表征与意指实践》,徐亮、陆兴华译,商务印书馆2013年版,第241页。
④ 王明珂:《田野、文本与历史记忆——以滇西为例》,《思想战线》2017年第1期,第8页。
⑤ 恩斯特·卡西尔:《人论》,甘阳译,上海译文出版社2004年版,第244页。

或结论与现存档案史料保持内在一致性——或即使存在矛盾之处也能给以合理诠释，以及通过畲族档案中细微的地方性知识来挑战已认定的不言自明的普遍性结论。

二、资料来源

档案文献是开展研究的依据和基础，是提出问题、研究问题的前提和出发点。本书注重畲族档案的收集和整理，资料来源于三方面。

1. 在档案馆、畲族文献资料中心等机构查阅畲族档案

浙江丽水、温州、金华、衢州等地的档案馆均收存了一定数量的畲族档案。

丽水学院中国畲族文献资料中心收存的来自全国各地的畲族档案文献，有一部分为传统纸质载体档案原件，大部分为影印件。[①] 主要有：畲族谱牒146部，契约文书及契尾2000余张，票据80余张，收据90余张，证书60余张，神话传说100余份，歌言[②]抄本200余首；科仪文书[③]87部；经咒符牒[④]27份；太公画像[⑤]9张；仪式神画25张；碑铭牌匾图片75张。此外还有畲族祖图[⑥]等。

档案最重要的是"原汁原味"。本书在援引档案文献时，充分尊重原始档案，不做任何加工，而是对原件中有题目的，根据原有题目引述；对原件没有题目的，则根据档案内容拟写合适的标题。从一定程度上说，本书力求以最可靠的方式呈现原始档案，使其具有极强的说服力。

---

① 本书所引述的畲族档案文本，除特别说明其具体出处外，主要来源于丽水学院中国畲族文献资料中心，在此谨表谢意。

② 歌言是畲族人对畲歌的称呼，歌言抄本即畲族百姓所传唱、抄录歌曲的文本资料。

③ 科仪文书包括科仪经本和程式文书，是畲族民间做科仪时法师唱念诵读的抄本以及科仪过程的描述。

④ 经咒符牒是指畲族民间举行科仪活动所用的咒语、符号资料。

⑤ 太公画像是指畲族先祖画像，如"浙江畲族蓝氏家族太公画像"。

⑥ 畲族祖图全称为《盘瓠王开山祖图》，最早的祖图绘制于崇祯七年(1634)。

2. 深入畲族乡村调研民间保存的档案

前面提到本书运用了田野调查法,在畲族村寨开展田野调查时,除了以口述访谈、观察体验等方式形成对畲族档案及畲民的认识外,还致力于寻求档案馆、图书馆等公藏机构并未囊括的存世的契约文书、族谱家谱、礼俗账簿、歌言唱本、日用杂书、碑铭牌匾等,以及口耳相传的传说故事、衣食住行的人文资料,力求从普通人的角度观察和体验畲民的日常生活,采用民族志这种特殊文体再现畲族社会生活,并以此为基础深入分析和探讨档案记忆背后的象征体系、社会制度等。

3. 从前人收集整理或编纂的成果中寻找畲族档案

20 世纪 50 年代,国家开展民族识别工作,1953 年、1955 年、1958 年,国家民委先后派出调查组赴闽、浙、粤等地畲族村寨进行调查,调查内容涵盖人口和名称、民族关系、经济生活、社会组织与风俗习惯等方面,调查成果内容丰富,在调研报告中时常会提及或引述畲族档案。

2011 年、2012 年,吕立汉主编的《丽水畲族古籍总目提要》①和《浙江畲族民间文献资料总目提要》②相继出版,这是丽水学院畲族文化研究团队在浙江省境内畲族乡村开展长期、全面调研的成果,收录了很多极有价值的畲族民间古籍文献资料。

2017 年,由华东师范大学历史系、图书馆对浙江省文成县所保留的一大批畲族文书进行修复和整理的成果《文成畲族文书集萃》③出版,精选了300 件畲族文书,均为首次发表,无疑提供了重要的新史料。

---

① 吕立汉主编:《丽水畲族古籍总目提要》,民族出版社 2011 年版。
② 吕立汉主编:《浙江畲族民间文献资料总目提要》,民族出版社 2012 年版。
③ 冯筱才、周肖晓主编:《文成畲族文书集萃》,浙江大学出版社 2017 年版。

第二章　文献综述

本书以畲族档案为考察对象来探析档案记忆的族群凝聚功能。本章依次对国内外有关"畲族档案""档案与记忆的关系""族群与记忆的关系""档案记忆对族群的凝聚功能"研究现状进行述评。

第一节　畲族档案研究述评

畲族档案,是对畲族族群发展历史的最真实、最稳固、最靠谱的记录。

一、国外畲族档案研究述评

到目前为止,外国学者对我国畲族档案"少人问津",成果屈指可数。

德国学者哈·史图博和他的中国学生李化民于 1929 年夏在浙江景宁县敕木山做调查形成的《浙江景宁县敕木山畲民调查记》①,德文版最早载于 1932 年国立中央研究院社会科学研究所第六号专刊。该份调查文本在对畲族风土人情、畲族历史地理、畲族文化教育、畲族语言、畲汉关系等的描述中,有少量的信息呈现出畲族早期记忆给后人带来的影响。

虽然鲜有外国学者对畲族档案本身进行研究,但偶有学者以畲族档案

---

① 史图博、李化民:《浙江景宁敕木山畲民调查记》,中南民族学院民族研究所编印,1984 年。

或相关汇编资料作为研究畲族或其他学术问题的工具,如日本学者濑川昌久在研究中国华南客家时曾述及客家与畲族的关系,并认为"畲族在与客家的接触中,受到客家文化的同化",但畲族又意识到"与当地汉族其他民系文化之间的异质性",从而"构建及维持自己的族群认同意识"①。他还利用畲族族谱探讨过"河南传说"的特殊蕴意。②

二、国内畲族档案研究述评

在浙江,先后有《丽水畲族古籍总目提要》《浙江畲族民间文献资料总目提要》《文成畲族文书集萃》③等成果出版,目前国内学者对"畲族档案"的研究大多停留于收集和整理阶段④。

以畲族档案为素材,从民族史、经济史、社会史等学科视角进行研究的成果已有不少。例如,邱国珍《浙江畲族史》⑤运用了不少畲族档案;谢滨结合档案资料分析了60年前福建畲族的社会文化⑥;周晓景以闽浙畲族档案文献为分析对象,对畲族"三月三"节日的文化源流进行了考辨⑦;刘婷玉以畲、瑶家族文书为分析文本,探讨了民族史书写范式⑧;余厚洪、丁华东《符

①　濑川昌久:《客家——华南汉族のエスニシティとその境界》,东京风向社1993年版,第143页。

②　濑川昌久:《族谱:华南汉族的宗族·风水·移住》,钱杭译,上海书店出版社1999年版,第229页。

③　吕立汉主编:《丽水畲族古籍总目提要》,民族出版社2011年版;吕立汉主编:《浙江畲族民间文献资料总目提要》,民族出版社2012年版;冯筱才、周肖晓主编:《文成畲族文书集萃》,浙江大学出版社2017年版。

④　潘玲清:《畲族特色档案的收集要点》,《浙江档案》2012年第11期,第62页;潘玲玲:《加强畲族民间文化档案征集工作要务》,《浙江档案》2017年第1期,第57页。

⑤　邱国珍:《浙江畲族史》,杭州出版社2010年版。

⑥　谢滨:《从档案资料看60年前福建畲族的社会文化》,《宁德师范学院学报(哲学社会科学版)》2012年第1期,第5—10页。

⑦　周晓景:《闽东畲族"三月三"节日的文化源流考辨述略——基于闽浙畲族档案文献资料的分析引申》,《办公室业务》2017年第13期,第4—6页。

⑧　刘婷玉:《民族时间、家族时间及民族史书写范式反思——从畲、瑶家族文本研究出发》,《厦门大学学报(哲学社会科学版)》2012年第4期,第40—47页。

号与意义：乡村档案记忆解析》①和《文献田野与档案意义的发掘——谈少数民族档案研究方法》②中也有述及畲族档案。

直接以畲族档案为研究对象的，目前以对畲族契约文书的研究相对居多。周肖晓等对浙江文成县畲族文书进行了分类介绍，指出这些畲族文书是特殊的民族史，有利于畲民形成自我认同③；周肖晓对清代以来的畲族礼俗文书进行梳理，指出畲族礼俗文书体现出了畲族特色，他通过展示其民族性与基层性，对畲族乡村基层社会作了一些思考④；朱忠飞对畲族契约文书的现存状况进行调研统计，提出了一些研究路径⑤；蒋卉从伦理视角对畲族契约文书作了探析⑥；余厚洪曾对畲族契约文书的类型、内涵、价值、语言特色、缮写风格等做过一些探究⑦。畲族档案作为畲民日常实践产生的一手史料，其学术研究价值不言而喻。然而，迄今为止，除畲族契约文书以外的其他畲族档案研究成果甚少，仍有许多尚待挖掘的地方。

畲族档案保存了畲族社会生活的方方面面，是畲族社会器物、制度、观念等各种记忆的总汇，浸润、渗透着的无一不是畲族的观念、价值与情感。

---

①　余厚洪、丁华东：《符号与意义：乡村档案记忆解析》，《档案学通讯》2017年第2期，第4—9页。

②　余厚洪、丁华东：《文献田野与档案意义的发掘——谈少数民族档案研究方法》，《档案学研究》2017年第5期，第69—75页。

③　周肖晓、余康、苏青青：《新发现浙南畲族文书之概况与价值》，《图书馆杂志》2015年第11期，第99—105页。

④　周肖晓：《礼俗与社会：清代以来的畲族礼俗文书述论》，《图书馆杂志》2016年第5期，第101—105页。

⑤　朱忠飞：《畲族契约文书现存状况及其研究路径》，《贵州民族研究》2015年第8期，第128—132页。

⑥　蒋卉：《畲族契约文书的伦理思想分析》，浙江财经学院硕士学位论文，2012年。

⑦　余厚洪：《清代处州畲族民间田契的分类与特色探析》，《档案学通讯》2013年第2期，第100—104页；余厚洪：《丽水畲族民间山契类型及其内涵探析》，《档案管理》2014年第1期，第45—47页；余厚洪：《论丽水畲族民间契约文书的语言特色》，《档案管理》2014年第3期，第39—41页；余厚洪：《论浙江畲族契约的多重文化价值》，《档案管理》2015年第6期，第41—44页；余厚洪：《清代至民国时期浙江畲族婚契探析》，《档案管理》2016年第4期，第58—60页；余厚洪：《形式、内涵与规则：浙江畲族契约关系论析》，《云南民族大学学报（哲学社会科学版）》2018年第5期，第62—70页。

本书以浙江境内畲族档案为考察对象,以"基于族群凝聚视域的浙江畲族档案记忆研究"为论题,力求在档案与记忆的关系论析基础上,探寻畲族档案记忆的族群凝聚功能及其实现规律。

第二节　档案与记忆的关系研究述评

档案作为记忆最稳定、最牢固的载体,被视作社会、历史、文化的镜子。档案与记忆的关系,是档案实践工作和理论研究值得热议的论题。

一、国外档案与记忆的关系研究述评

因"历史记忆""集体记忆""社会记忆"等概念驳杂交融,学者们在较长时间里热衷讨论相关概念的特点与区别。在法国学者莫里斯·哈布瓦赫看来,"集体记忆"作为一个团体"连续的鲜活记忆",总在当前社会框架和认识中对过去进行重构,具有弥散性、模糊性、易变性;而"历史记忆"则与过去、现在保持距离,通过编年的文字方式将过去并不连续的事件整合联系起来,具有客观性、准确性、稳定性。[1] 美国学者保罗·康纳顿以"社会记忆"取代"集体记忆",强调要"把当事人的行为归位到他们的生活史中"以及"他们所属的那个社会场景下的历史中"[2],指明"社会记忆"的历史属性。随后,"历史记忆"运用边界不断扩展,大有涵盖一切人文社会科学领域之势。[3] 法国学者皮埃尔·诺拉主编的《记忆之场——法国国民意识的文化社会史》所使

---

[1] Halbwachs. *Collective Memory*, translated by Francis J. Ditter, Jr., Vida Yazdi Ditter, New York: Harper & Row Publishers, 1980, pp. 78-87, 105-107.

[2] 保罗·康纳顿:《社会如何记忆》,纳日碧力戈译,上海人民出版社 2000 年,第 18 页。

[3] Wulf Kansteiner. "Finding Meaning in Memory: A Methodological Critique of Collective Memory Studies", *History and Theory*, vol. 41, no. 2, 2002, pp. 179-180; Alon Confino. "Collective Memory and Cultural History: Problems of Method", *The American Historical Review*, vol. 102, no. 5, 1997, p. 138.

用的资料就囊括了口述史资料、日记、照片等。

20世纪80年代起,学者们对记忆所处时代文化的象征方法进行了探究和分析,在此情况下,记忆成了"新文化史中的主导词"①。这些研究格外注重分析传统中记忆的神秘要素并发现其隐含的论题。②

在国外的记忆研究中,档案不但没有缺席,而且引发了诸多学科对档案与记忆关系的关注。夏尔·布莱邦指出,档案是"一个国家的'记忆'","一个国家的历史证据和作为国家灵魂的材料"③,这是对档案与记忆的关系的首次谈论,在此之后时常被引述。法国历史学家雅克·勒高夫指出,"有着历史经历的社群或者代代繁衍的群落,都会根据不同的用途建立各自的档案,从而形成'记忆'"④,显然是把档案当成记忆的载体和源泉;法国历史学家皮埃尔·诺拉把档案当作记忆的呈现形式,指出档案"不再是一个存在过的记忆有意识的残余,而是一个流失了的记忆的有意识有组织的分泌","记忆以档案形式呈现,成为记忆的义务"⑤;美国地理学家肯尼斯·福特曾指出,"档案可以与口头表达、传统仪式等手段帮助人类维持社会记忆"⑥,将档案作为记忆的一种手段与其他记忆手段并置;德国的文化记忆研究学者阿莱达·阿斯曼对档案有较多论述,曾指出"档案的功能是对信息进行收集、编目并将它们以物化形态保存起来,这些信息不仅与社会认同的形成紧

---

① Kerwin Lee Klein. "On the Emergence of Memory in Historical Discourse", *Representations*, no. 69, *Special Issue : Grounds for Remembering*, 2000, pp. 127-150.

② Assmann Jan. *Moses the Egyptian : The Memory of Egypt in Western Monotheism*, Cambridge: Harvard University Press, 1997, p. 10.

③ 首届国际档案大会于1950年8月21—25日在法国首都巴黎召开,夏尔·布莱邦为国际档案理事会第二任主席、法国国家档案局局长,参见黄坤坊:《第一届国际档案大会(连载一)》,《档案》1995年第1期。

④ 雅克·勒高夫:《历史与记忆》,方仁杰、倪复生译,中国人民大学出版社2010年,第57页。

⑤ 皮埃尔·诺拉:《历史与记忆之间:记忆场》,韩尚译,杨欣校,见冯亚琳、阿斯特莉特·埃尔主编:《文化记忆理论读本》,余传玲等译,北京大学出版社2012年版,第102、104页。

⑥ Kenneth E. Foote. "To Remember and Forget: Archives, Memory and Culture", *American Archivist*, vol. 53, no. 3, 1990, pp. 378-392.

密相关,而且还有助于我们理解社会的历史和发展"①,把档案视为理解社会认同的媒介;俄罗斯哲学家亚历山大·L.尼基福罗夫认为,"个体建构关于过去的记忆图景不仅基于其亲身经历,而且基于从外部获得的信息,例如:其他人、媒体和文献"②,将档案当作记忆建构的信息来源;加拿大档案学家特里·库克指出,"记忆就像历史一样根植在档案之中",强调档案"是理解历史的基础"③。从这些论述可以看出,档案被视为记忆的手段和路径,被当成记忆的载体和源泉。

国外的记忆研究非常关注权力问题。雅克·勒高夫曾说过,"自古以来,掌权者决定谁可以说话,谁必须保持沉默,即使在档案材料中也是如此"④,说明在档案中存在着权力控制。威廉·赫斯特等在对集体记忆进行论述时指出,集体记忆事实上是"被广泛共享了的个体记忆",而能否被广泛分享,与讲述者的身份、权威有很大关系,其间也暗含着档案作为记忆在分享之时的权力因素。⑤ 贝克霍夫更直接地指出:"权力这一概念对于作为证据的史料和档案的性质而言意味着什么? ……被'留存'下来、置身于档案中,就系于过往和当今社会的权力关系。"⑥可见,无论是档案的留存还是档案的传播,都离不开权力。

当然,更重要的是,档案记忆并不限于客观地存储事实,而是在积极地

---

① 阿莱达·阿斯曼:《历史、记忆与见证的类型》,陈国战译,《首都师范大学学报(社会科学版)》2017 年第 5 期,第 106 页。

② 亚历山大·L.尼基福罗夫:《历史记忆:意识的建构》,冯红编译,《国外理论动态》2017 年第 12 期,第 95 页。

③ Joan M. Schwartz, Terry Cook. "Archives, Records, and Power: The Making of Modern Memory", *Archival Science*, vol. 2, no. 1-2, 2002, pp. 1-19.

④ 刘言:《从证据到记忆——档案学之逻辑起点与学科范式嬗变》,苏州大学硕士学位论文,2013 年,第 5 页。

⑤ William Hirst, Gerald Echterhoff. "Creating Shared Memories in Conversation: Toward a Psychology of Collective Memory", *Social Research*, vol. 75, no. 1, *Collective Memory and Collective Identity* (Spring, 2008), pp. 183-216.

⑥ Robert F. Berkhofer, Jr. *Beyond the Great Story: History as Text and Discourse*, Cambridge: The Belknap Press of Harvard University Press, 1995, p. 222.

创造意义。波尔泰利曾指出,口述史料"不仅告诉我们人们做了什么,而且还有他们想要做什么,他们相信自己在做什么,以及现在他们认为自己做了什么"①,从中可见口述档案记忆的多重价值。阿莱达·阿斯曼指出,作为"国家、民族、社会的机构化的记忆",档案"是一个集体的知识存储器……有三个特点最为重要:保存、选择和可通达性"②,对档案的特点和功能进行了揭示。特里·库克也强调,要发挥档案在建构社会和历史记忆中的积极作用。③ 毋庸置疑,档案与历史记忆、社会记忆是紧密地糅合在一起的,无论是其形成域、作用域和价值域,还是其内容的可靠性、主题的针对性、形式的系统性,均与记忆密切相关。这些有关档案在社会历史记忆中的功能和价值的论述,对在社会变迁中思考档案学发展具有启发意义。

其实,早在记忆理论形成之初,学者们就基于"建构论"或"工具论"去探讨历史记忆如何被"建构"和"发明",着重强调过去的记忆与当下的生活之间存在着紧密的勾连。雅斯贝斯指出,"历史是记忆,我们不仅懂得记忆,而且还根据它生活"④,说明了记忆对于当下社会生活的意义;哈布瓦赫强调,"关于过去的概念,是受我们用来解决现在问题的心智意象影响的",是"立足现在而对过去的一种重构"⑤,反映了个体依据当前需求对过去进行重构的客观事实;保罗·康纳顿通过事例证明,"历史重构的实践可以在主要方面从社会群体的记忆获得指导性动力,也可以显著地塑造他们的记忆"⑥。

---

① Alessandro Portelli. "What Makes Oral History Different", in Robert Perks, Alistair Thomson eds., *The Oral History Reader*, 2nd edition, London and New York: Routledge, 2010, p. 36.

② 阿莱达·阿斯曼:《回忆空间:文化记忆的形式和变迁》,潘璐译,北京大学出版社2016年版,第398—399页。

③ 特里·库克:《铭记未来——档案在建构社会记忆中的作用》,李音编译,《档案学通讯》2002年第2期,第74—78页。

④ 雅斯贝斯:《历史的起源与目标》,魏楚雄、俞新天译,华夏出版社1989年版。转引自章清:《"策问"中的"历史"——晚清中国"历史记忆"延续的一个侧面》,《复旦学报(社会科学版)》2005年第5期,第53—54页。

⑤ 莫里斯·哈布瓦赫:《论集体记忆》,毕然、郭金华译,上海人民出版社2002年版,第59页。

⑥ 保罗·康纳顿:《社会如何记忆》,纳日碧力戈译,上海人民出版社2000年版,第10页。

不难看出,已成过往的记忆不仅在历史进程中发挥了作用,即使进入了当今社会也依然在发挥着作用,人们通常借由储存了记忆的档案来满足多样化需求。据此可以推知,档案记忆可以通过重构或重塑等路径来生成指导性动力,以此来促成族群凝聚。

鉴于国外档案记忆研究思想资源的丰富性,丁华东曾对其进行了全方位的发掘和概括,从记忆的性质、形式和功能等角度,重点论述了德国阿莱达·阿斯曼的"存储记忆"观、德国哈拉尔德·韦尔策的"记忆能量"观、法国雅克·勒高夫的"记忆制度"观、美国保罗·康纳顿的"刻写记忆"观等,并提及法国莫里斯·哈布瓦赫的"集体记忆双重性质"观、法国米歇尔·福柯的"记忆权力"观、法国皮埃尔·诺拉的"记忆场所"观等[1],为本书提供了重要的参考和线索。

综观国外档案记忆研究现状,档案记忆的理论基础深厚、内涵丰富,不仅是档案学,也是历史学、社会学、政治学等领域非常关注的理论话题。与此同时,档案记忆因其公共性、实用性,成了跟所有人及其社会、集体有关的实践话题。从档案记忆里,可以找到历史如何形成以及如何建构等理论根源。

二、国内档案与记忆的关系研究述评

国内有关档案与记忆关系的研究,常把档案记忆当成集体记忆、历史记忆、社会记忆的子集,认为档案与记忆有着密不可分的关联,并认为"历史久远的档案能够得到非同一般的注意"[2]。

追溯我国档案界对记忆的最早研究,当数 1961 年中国人民大学历史档案系编印的《中国档案史讲义(初稿)》,书中言及"结绳"与"刻契"是"帮助人

---

① 丁华东:《档案记忆研究的思想资源发掘》,《档案学研究》2013 年第 5 期,第 4—8 页。
② 王新才:《记忆、注意与档案利用》,《档案学研究》2001 年第 6 期,第 27 页。

们记忆、处理事务的一种方法"①。因"结绳""刻契"素来被认为是原始的档案形态,上述论断就鲜明地强调了档案是用来帮助记忆的"客观存在物",其帮助记忆的作用不言自明。

　　档案作为记忆的重要载体,在具体表现形式上包括文本记录、仪式、文物等。王明珂将文献与口述历史视为记忆,并将历史事实、历史记忆、历史心性三者联系起来进行研究。他曾对社会记忆、集体记忆、历史记忆进行了区分,指出三者概念范围存在着由大到小的差异,并强调人们可以借由历史记忆来追溯"共同起源及其历史流变",进而"诠释或合理化当前的族群认同与相对应的资源分配、分享关系"。② 他由此提出了"民族、族群或社会群体的根基性情感联系(primordial attachments)"即"根基历史"之说。赵世瑜从后现代视角将传说和历史一并纳入历史记忆,认为"传说和小写的历史是用不同方式表达的历史记忆"③,这便涉及传说中的记忆如何表达历史之真实的话题。户华为把民间传说看作历史记忆的另一种呈现和表达方式,认为同样可以从民间传说中获取有价值的历史信息。④ 黄彩文等认为,民间传说与族谱、碑刻不仅成为祖源叙事的重要文本,也成为维持、重塑村落与族群的历史和文化的重要方式。⑤ 还有不少学者把"仪俗操演""纪念空间"等身体实践也纳入历史记忆的范畴。⑥ 丁华东考察了乡村档案记忆实存形态,将档案记忆划分为口头传承记忆、体化实践记忆、文献记载记忆、器物遗

① 王德俊:《当前国际档案界学术新动态、新观点概述》,《兰台世界》1998年第11期,第6页。

② 王明珂:《历史事实、历史记忆与历史心性》,《历史研究》2001年第5期,第138页。

③ 赵世瑜:《传说、历史、历史记忆——从20世纪的新史学到后现代史学》,《中国社会科学》2003年第2期,第176页。

④ 户华为:《虚构与真实——民间传说、历史记忆与社会史"知识考古"》,《江苏社会科学》2004年第6期,第162—166页。

⑤ 黄彩文、子志月:《历史记忆、祖源叙事与文化重构:永胜彝族他留人的族群认同》,《西南民族大学学报(人文社会科学版)》2017年第3期,第64—70页。

⑥ 纳日碧力戈:《作为操演的民间口述和作为行动的社会记忆》,《广西民族学院学报(哲学社会科学版)》2003年第3期,第6—9页;王丹:《清江流域土家族"打喜"仪式的历史记忆与文化表述》,《民族文学研究》2017年第5期,第153—160页;陈蕴茜:《纪念空间与社会记忆》,《学术月刊》2012年第7期,第134—137页。

迹记忆等不同形态。①

从上述研究成果不难看出,档案记忆传承的载体大致可分为文本与非文本两大类,前者包括宗族谱牒、地方史志、契约文书、科仪文本、歌言抄本、日用杂书等文字记录,后者则包括神话传说、仪俗活动、纪念场馆等记忆的表征物。学者们在开展研究时,通常借助档案记忆的某一种载体或某一种方式来描述档案记忆如何被生产、运用的起因、经过和结果。相较其他形式的记忆,档案因其客观、真实等优势,"确实是重构社会记忆中的重要工具和途径"②,可对记忆的形成甚或补正和校验等起到独特的作用,从而成为最靠谱的记忆,成为个人、集体、民族乃至人类社会最宝贵的精神资源③。在本书中,为了体现畲族档案记忆的丰富多样,也为了更好地揭示畲族档案记忆的意义和作用,除了以文本类档案记忆作为分析对象外,同时也兼顾非文本类档案记忆。

档案记忆与记忆主体等有着密不可分的关系,在很多时候,档案中的记忆被认为是"历史客体在历史认识主体中的反映"④,是"人们各种主观情感、偏见以及社会权力关系下的社会记忆产物"⑤。彭刚在论述档案在历史叙事中的作用时曾形象地指出,"在档案材料和其他史料的形成过程中,有资格、有能力留下文字记录或能够留存到后世的物质遗存,毕竟只是历史活动参与者中的一部分。史料本身也是由特定的人从特定的视角出发而传达出来的声音,而不是直接、清晰、透明地让我们看到过去的玻璃窗"⑥。档案

---

① 丁华东:《讲好乡村故事——论乡村档案记忆资源开发的定位与方向》,《档案学通讯》2016年第5期,第54页。

② 王文章主编:《非物质文化遗产概论(修订版)》,教育科学出版社2013年版,第75页。

③ 徐友渔:《记忆即生命》,《南方周末》2000年11月23日第23版。

④ 左玉河:《历史记忆、历史叙述与口述历史的真实性》,《史学史研究》2014年第4期,第12页。

⑤ 王明珂:《历史事实、历史记忆和历史心性》,《历史研究》2001年第5期,第138页。

⑥ 彭刚:《叙事的转向:当代西方史学理论的考察》,北京大学出版社2009年版,第123页。

与记忆之间,常呈现出承载关系、佐证关系、建构关系、控制关系、转化关系等。① 因此,要全面探究"档案记忆的形成主体、管理主体、利用主体及社会主体"②,深刻思考"记忆主体(个体或群体)的信仰、兴趣、愿望、知识、能力、利益、情感、伦理、社会权力结构"③对档案记忆的形成、传承以及建构力、控制力的影响。

探讨档案与记忆的关系,自然离不开其生成的具体社会情境。刘亚秋在对社会记忆理论与实例进行分析的基础上指出,记忆"可以生产和再生产某种意义,而这种生产本身离不开社会情境及其过程"④;罗彩娟在研究云南壮族社区"侬智高"时强调把相关的社会记忆还原到具体的历史脉络中⑤。为了强调两者的关联,学者们还曾对记忆如何再现历史情境⑥,如何成为群体象征及如何用于解决现实问题⑦等展开讨论。这些研究不乏人类学方面的案例,但对档案史料较少涉及,而且在这类研究中,大多强调基于当下的建构,本书则将重点放在探究畲族档案记忆的历史社会情境。

档案作为记忆的组成部分,意义深远。档案记忆在何种意义上能为现实服务的问题,引发了学者深入剖析档案记忆形成的社会机制。丁华东主持的 2010 年国家社科基金项目"传承、建构、控制:档案与社会记忆研究",

---

① 丁华东:《档案记忆观的兴起及其理论影响》,《档案管理》2009 年第 1 期,第 16—20 页;万启存、刘庆伟、张爱新:《历史的遗忘与记取——探析档案与社会记忆的关系》,《档案学研究》2015 年第 2 期,第 44—48 页。

② 万启存、刘庆伟、张爱新:《历史的遗忘与记取——探析档案记忆的主体》,《山西档案》2015 年第 2 期,第 89 页。

③ 丁华东:《走进记忆殿堂:论档案记忆研究的现实意义》,《档案学研究》2015 年第 4 期,第 73 页。

④ 刘亚秋:《从集体记忆到个体记忆——对社会记忆研究的一个反思》,《社会》2010 年第 5 期,第 217 页。

⑤ 罗彩娟:《社会记忆与历史表述——一个云南壮族社区中的"侬智高"》,中央民族大学博士学位论文,2008 年。

⑥ 王明珂:《历史事实、历史记忆和历史心性》,《历史研究》2001 年第 5 期,第 136—147 页。

⑦ 赵世瑜:《传说、历史、历史记忆——从 20 世纪的新史学到后现代史学》,《中国社会科学》2003 年第 2 期,第 176—188 页。

着眼于档案与社会记忆的关系，提出了档案对社会记忆的传承机制、建构机制和控制机制。房小可主持的2018年国家社科基金项目"面向社会记忆构建的档案资源检索研究"，将档案资源检索与社会记忆构建联系在一起。由于档案记忆的生产、管理和运用的社会机制具有其内在复杂性与彼此关联性，学者们在研究时，有的从档案作为记忆建构性资源的视角出发，阐述了档案对社会记忆、历史记忆的建构机制①；有的则从主体、权力、社会情境等因素入手，探究历史档案的选择机制②；还有的从"碎片到整体""潜在到显在"等方面分析历史档案的转化机制③，从"个体需求到社会发展""个体记忆到群体认同"等维度探讨历史档案的结合机制④，从"正向控制到反向控制""显性控制到隐性控制"等角度探讨历史档案的控制机制⑤。本书将结合具体实例，通过对畲族档案与记忆关系的解析，关注畲族档案记忆如何通过选择、建构、传承、控制、转化等方式来实现族群凝聚。

很显然，我国的档案记忆研究受到了西方记忆理论的启发，但学者们在研究过程中并不囿于对外来记忆理论的学习和借鉴，总是能够结合我国实际，对档案记忆进行恰当合理的重释与重构⑥。

---

① 尹雪梅、丁华东：《社会记忆视角下档案记忆建构探析》，《浙江档案》2009年第5期，第24—26页；丁华东：《昔日重现：论档案建构社会记忆的机制》，《档案学研究》2014年第5期，第29—34页；王玉龙、谢兰玉：《口述历史档案建构社会记忆的互构机制探论》，《档案学研究》2014年第5期，第40—44页；张静秋：《档案与少数民族记忆的建构和传承》，云南大学硕士学位论文，2014年；谢雨菲：《民间档案的社会记忆构建研究》，南昌大学硕士学位论文，2016年。

② 王玉龙：《口述历史档案建构社会记忆的选择机制探析》，《档案学通讯》2013年第5期，第101—104页；江燕：《档案文化的续写——略论社会记忆理论下档案的选择》，《浙江档案》2011年第2期，第20—22页。

③ 王玉龙：《口述历史档案建构社会记忆的转化机制探析》，《档案学研究》2013年第4期，第27—30页。

④ 王玉龙、谢兰玉：《论口述历史档案建构社会记忆的结合机制》，《档案与建设》2014年第8期，第8—12页；张燕：《城市文化与档案记忆重构的交互机制及演进路径》，《浙江档案》2015年第2期，第8—11页。

⑤ 丁华东：《论档案与社会记忆控制》，《档案学通讯》2011年第3期，第4—7页；韩云惠、丁华东：《档案公布与社会记忆的管控》，《档案与建设》2016年第2期，第4—7页。

⑥ 余厚洪：《互观＋互动："档案记忆"研究论析》，《档案管理》2017年第5期，第29页。

综观上述研究成果,记忆理论为档案研究提供了新视角和解释工具,档案记忆研究呈现出日渐综合与深入的特征,特别是从历史记忆、社会记忆研究的外在取向中可以看出,档案的认同功能日渐成为研究的重点。

学界对档案与记忆关系的认知大多停留于"情感性宣称"上,缺乏"论题或问题意识"。[①] 目前的档案记忆研究对畲族的关注十分有限,以畲族档案记忆为主题的期刊论文微乎其微,以畲族档案记忆为主题的学术著作尚付阙如。本书将基于畲族在历史发展过程中的长时段维度,考察畲族在族群发展过程中所留存下来的档案记忆,进而探究畲民如何生产、管理和运用档案记忆来达成族群凝聚。

第三节 族群与记忆的关系研究述评

因研究背景及视角的多样性,学界有关"族群"(ethnic group)的定义层出不穷。在本书中,笔者采信马克斯·韦伯于 1961 年所写"The Ethnic Group"一文的描述:族群是指"由于体质类型、文化的相似,或者由于迁移中的共同记忆,而对他们共同的世系抱有一种主观的信念"的群体[②]。在社会科学研究中,"族群认同""族群关系"等是学者们热衷探讨的重要话题,然而关于"族群凝聚"如何形成、维系与演进,目前尚未形成定论。

---

① 丁华东:《在社会记忆中思考档案——档案学界之外有关档案与社会记忆关系的学术考察》,《浙江档案》2010 年第 3 期,第 28 页。

② 原文为:Those human groups that entertain a subjective belief in their common descent—because of similiarities of physical type or of customs or both, or because of memories of colonization and migration—in such a way that this belief if important for the continuation of non-kindship communal relationship, we shall call "ethnic" groups, regardless of whether an objective blood relationship exists or not. (Marx Weber, "The Ethnic Group", in Parsons, Shilsetal eds. , *The Ories of Society*, vol. 1, Gleercol Illinois: The Free Press, 1961, p. 306.)转引自孙九霞:《试论族群与族群认同》,《中山大学学报(社会科学版)》1998 年第 2 期,第 24 页。

一、国外族群与记忆的关系研究述评

国外有关族群与记忆的论述,大多习惯于使用"认同"一词,当然,其也含"凝聚"之意。

首先,族群凝聚有赖于记忆的集体性。皮埃尔·诺拉曾形象地说,"记忆属于一个团体,它是这一团体的黏合剂"[①],强调团体当中的记忆具有与生俱来的黏合性。莫里斯·哈布瓦赫指出,任何一个社会组织或群体,总有其对应的集体记忆以凝聚此组织或群体成员,而这些记忆的存储和解释通常是根据现在的观念和需要对过去的主观建构。[②] 意即集体中的成员通过现在与过去的对置来重现集体思想,从而进一步强化自身的记忆。阿莱达·阿斯曼认为,只有"通过内在化和仪式化的参与",人们才能建立起对于"我们"的认同[③],这意味着集体认同感的生成是内化与外化共同作用的结果。斯蒂夫·芬顿也认为,族群认同并非"在实在的族体存在基础上自然而然发生的社会事实",而是"被构建起来的身份认同"[④],他强调了族群认同的建构性。这些观点较多地关注记忆在族群发展中如何生成、建构或整合,强调记忆受到主体想象与社会结构的限制,一定程度上忽略了媒介、时间等因素对记忆之客观影响;其实,档案中的记忆是能够突破同时段和同场域等限定的,相关研究对档案记忆的族群凝聚功能亦未述及。

其次,族群凝聚基于记忆的文化性。族群的最鲜明特点是族群成员拥有共同的文化,只有依靠文化认同本身的张力与导引,才能真正让族群成员的社会性凝聚不至流于空泛。马克思·韦伯曾指出,族群建立于成员"共享

---

① Nora Pierre. Entre Mémoire et Histoire, in Nora Pierre, *Les Lieux de Mémoire*(*vol. 1*), Paris: Gallimard,1984,pp. 23-43.

② 莫里斯·哈布瓦赫:《论集体记忆》,毕然、郭金华译,上海人民出版社 2002 年版,第 39 页。

③ Aleida Assmann. "Transformation Between History and Memory", *Social Research*, vol. 75,no. 1,2008,pp. 49-72.

④ 斯蒂夫·芬顿:《族性》,劳焕强等译,中央民族大学出版社 2009 年版,第 74 页。

某种信仰"的基础之上，这种信仰就是族群成员主观意识里"来源于同一祖先的认同"，这种信仰无疑是族群文化的核心内容。[①] 在安东尼·史密斯看来，"拥有共同的神话和祖先"的族群，在共享记忆时亦有"某种或更多的共享文化"[②]，从中可知记忆具有文化属性，族群记忆和族群文化可被族群成员共享。扬·阿斯曼指出，文字、图片等文化符号系统，存在着一种凝聚性结构，这些不同类型的记忆组合在一起，就形成了文化体系。[③] 由此说明，族群凝聚本身昭示着对族群文化的价值确认，基于文化认同而区分"我族"与"他族"的强大力量，成了"一种维护社会模式的工具"[④]，在文化存异中让每一个族群彰显自身的族性。

再次，族群凝聚关联记忆的历史性。在追溯群体起源的根基历史中，存在三个基本因素：血缘、空间领域资源，以及二者在时间中的延续变迁。[⑤] 此三者乃根基历史的叙事主轴，同时也是凝聚族群的线索。阿兰·梅吉尔提出了一条规则——"认同不定则记忆升值"[⑥]，意即历史记忆与族群认同紧密相连，一旦认同发生问题而形成争议，相关历史记忆将随之受到前所未有的关注。在族群发展过程中，在历史的具体语境下，由于历史和记忆、身份和权力之间"存在着一种类似的自我强化的关系"，历史就成了"制造政治记忆、身份认同和神话的材料"。[⑦]

当然，在记忆对族群凝聚发挥作用时，族群凝聚也会反作用于记忆。格

① Max Weber. *Economy and Society*，Berkeley：University of California Press，1978，pp. 335-396.

② 安东尼·史密斯：《民族主义——理论、意识形态、历史》，叶江译，上海人民出版社 2006 年版，第 14 页。

③ 黄晓晨：《文化记忆》，《国外理论动态》2006 年第 6 期，第 61—62 页。

④ 万俊人：《20 世纪西方伦理学经典（Ⅱ）》，中国人民大学出版社 2004 年版，第 38 页。

⑤ Henry S. Maine，*Ancient Law：Its Connection with the Early History of Society and Its Relation to Modern Ideas*，New York：Dorset Press，1986/1861.

⑥ Allan Megill. *Historical Knowledge，Historical Error：A Contemporary Guide to Practice*，Chicago：University of Chicago Press，2007，p. 43.

⑦ Aleida Assmann. "Transformation Between History and Memory"，*Social Research*，vol. 75，no. 1，2008，pp. 49-72.

利弗曾以东非两个牧民部落为例,论述了人们出于族群凝聚或合理化当前的族群关系的需要,"会选择性地建构历史和世系"。① 德力格尔通过对加拿大温尼伯地区的实证研究,发现领地控制、制度完备、文化认同、社会距离等因素凸显其族群性,而这种族群性会再造、重生,演变成包括意识形态神话、历史符号、魅力领袖、社会地位在内的新族群性,在异质性的社会环境中保存并传播族群的身份认同。② 从中可知,族群性的再造与重生,其实就是族群在互动中不断凝聚的过程,族群文化愈丰富,其族群再生能力愈强大。

国外学者在族群认同研究中,形成了原生论(primordialism)、工具论(instrumentalism)、建构论(constructivism)等理论。原生论又称根基论,认为族群认同主要来自"天赋或根基性的情感纽带"③,把族群认同视作天生的、既定的存在,其来源包括血缘、亲属和邻里关系,也包括语言、宗教、风俗和群体起源神话故事等,着重强调的是族群认同的固定性;工具论也称情境论,把族群认同视作面对外部环境变动及由此造成资源竞争时所作出的策略性选择④,将族群身份与社会、经济地位等联系在一起,强调族群认同的场景性(或称可变性);建构论认为,"要解释族群的形成、维持和变迁,必须归结到社会条件上"⑤,倾向于从社会结构与情境变化的视角来解释族群认同,强调了族群认同的多样性和变迁性。上述三种理论,其实在族群认同与凝聚中都有所体现,对本书均深有启发。

---

① Philip H. Gulliver. *The Family Herds*:*A Study of Two Pastoral Tribes in East Africa*, *the Jie and Turkana*, London:Routledge and Kegan Paul LTD Press,1955.

② Leo Driedger. "Toward a Perspective on Candeian Pluralism:Ethnic Identity in Winnipeg", *The Canadian Journal of Sociology/Cahiers Canadiensde Sociologie*, vol. 2,no. 1,1977.

③ May Stephen. *Language and Minority Rights*:*Ethnicity*, *Nationalism and the Politics of Language*, London and New York:Routledge, 2008;Andreas Wimmer. "The Making and Unmaking of Ethnic Boundaries", *American Journal of Sociology*, vol. 113, no. 4,2008, pp. 970-1022.

④ Cohn Abner. *Custom and Politics in Urban Africa*, Berkeley:University of California, 1969.

⑤ 王琪瑛:《西方族群认同理论及其经验研究》,《新疆社会科学》2014 年第 1 期,第 56 页。

二、国内族群与记忆的关系研究述评

我国学者在讨论族群时,首先立足于族群边界并关注其变化,认为族群边界的生成和变化总是与族群情感密切相关。

族群毕竟是属于有意识的群体,族群是"人们情感依归和心理认同的社会单位"[①]。因此,王希恩指出,认同有赖于对族群归属的认知和感情依附[②];张海熔认为,"无论是积极关系的族群融合还是消极关系的族群冲突,都会以族群成员对某一族群归属感的认同表现出来"[③];江杰英认为,"任何一则历史记忆都凝结着族群所特有的情感联系,并由所属的族群及其成员所分享和共有"[④];崔明直接指出,祖源记忆是族群最为重要的情感联系依据[⑤];宏英也发现了潜藏在无意识里的民族认同情感[⑥]。由上可知,族群凝聚离不开情感联系和精神力量。

由于族群是在历史发展过程中不断形成并最终得到确认的,因而具有"标志性和典型性意义的历史记忆在塑化该族群成员的族群认同意识之中起到了重要的作用"[⑦]。当历史记忆概念引入族群研究后,学者们纷纷强调历史记忆对族群认同的塑造与凝聚,认为一个族群"共同的历史记忆是族群

---

① 索端智:《历史事实·社会记忆·族群认同——以青海黄南吾屯土族为个案》,《青海民族学院学报(社会科学版)》2006 年第 1 期,第 91 页。

② 王希恩:《民族认同与民族意识》,《民族研究》1995 年第 6 期,第 17—21 页。

③ 张海熔:《文化视野下的四川客家族群认同》,《成都大学学报(社会科学版)》2012 年第 1 期,第 79 页。

④ 江杰英:《论历史记忆与族群认同》,《广州大学学报(社会科学版)》2012 年第 4 期,第 27 页。

⑤ 崔明:《历史记忆与族群重构研究——以"唐汪人"为例》,兰州大学博士学位论文,2016 年,第 87 页。

⑥ 宏英:《历史记忆与民族认同研究——以云南蒙古人的历史记忆为中心》,内蒙古大学博士学位论文,2009 年,第 132—133 页。

⑦ 王灿、李技文:《近十年我国族群认同与历史记忆研究综述》,《内蒙古民族大学学报(社会科学版)》2012 年第 3 期,第 23 页。

认同的基础要素"，每个族群的"历史和文化将会模塑他们的族群认同意识"①。由于意识到记忆之重要性，生活于社会之中不同层次的群体，都会"以各自不同的方式保留着他们关于过去的历史记录"，这些历史记录对于群体成员而言，最重要的地方就在于"从中汲取力量，树立信心，形成凝聚力"②。这些论述揭示了族群凝聚与历史记忆之间的密切关系，为本书探寻畲族档案记忆与族群凝聚找到了极其重要的理论依托。可以推知，畲族档案记忆可给畲民带来归属感和认同感，因而本书旨在探寻畲族如何通过保存、强化或重温档案记忆来达成族群凝聚。

当然，族群总与文化有关，族群最显著的特征通常借助其文化而得以体现，因此，族群在本质上是"对某些社会文化要素认同而自觉为我的一种社会实体"③，意即族群以文化认同为基础达成凝聚。在学术著作方面，直接论述"族群凝聚"的王小甫《中国中古的族群凝聚》④一书，研究了中国中古时期突厥、吐蕃、回鹘、契丹等族群的凝聚历程，着力强调民间宗教信仰是建构族群记忆、促进族群凝聚的重要资源，只可惜书中未述及畲族族群凝聚。毋庸置疑，上文述及凝聚族群所需的情感，在很大程度就是源自对族群文化的认同。李春宴曾以江西龙南县客家人的"祖先崇拜"为观察对象，从民间宗教文化视角探寻族群凝聚策略⑤；金晶从湘西古丈县土家族"跳马节"仪式的考察中，发现了民众对"和而不同"的价值追求以及由此建构当地社会日常生活秩序的民间智慧⑥。这些研究为本书将档案记忆视为一种特殊的

---

① 周大鸣：《论族群与族群关系》，见徐舜杰主编：《族群与族群文化》，黑龙江人民出版社 2006 年版，第 520 页。

② 滕春娥：《档案记忆观视角下的档案与非物质文化遗产功能互动研究》，《档案管理》2017 年第 1 期，第 12 页。

③ 徐杰舜：《论族群与民族》，《民族研究》2002 年第 1 期，第 15 页。

④ 王小甫：《中国中古的族群凝聚》，中华书局 2012 年版。

⑤ 李春宴：《族群凝聚的民间宗教文化核心——以江西省龙南县客家人祖先崇拜为例》，云南大学硕士学位论文，2011 年。

⑥ 金晶：《族群认同与族际关系的建构——湘西古丈县跳马节研究》，山东大学博士学位论文，2017 年。

具有资本属性的"族群力"提供了启示。张全海主持的 2018 年国家社科基金项目"基于国家认同视域的家族档案研究",将家族档案放在国家认同视域下进行研究,意味着学者已经开始关注档案与认同的关系,与本书将族群档案与族群凝聚联系起来进行研究可谓不谋而合。依据这些研究的做法和经验以及相关观点和结论,本书着力从畲族族源叙事、仪俗操演等不同层面的档案文本中探寻族群凝聚。

从国内已有研究成果可知,族群记忆因为综合了社会标准和文化标准,同时又渗透着情感,因而有效地达成了族群凝聚。本书所谈族群凝聚,侧重指同一族群的所有成员因共享档案记忆和精神文化而走向团结一致。

综上所述,族群凝聚涉及"过去如何塑造现在"和"现在如何塑造过去"的辩证关系。然而,现有研究成果大多从语言文字、信仰仪俗等方面进行考察,真正从档案本身出发进行思考的并不多见。而档案所具有的社会记忆属性和文化特性,足以令档案记忆内容作为社会现实与精神文化的隐喻注脚,有利于将档案记忆传送的符码论证为具有内聚性之标的。

第四节　档案记忆的族群凝聚功能研究述评

档案记忆"作为一种从中介角度切入的社会记忆形态……侧重于形成的社会框架和对意义的传承"[1],尤其是"对以往隐而未显的社会情境、权力、认同等各种因素的揭示,赋予了档案与档案工作实践新的内涵与意义"[2]。前文已述及档案记忆功能之多样性,本节着重对档案记忆的凝聚族群功能研究进行述评。

---

[1]　丁华东、张燕:《论新媒体传播与档案记忆的意义再生产》,《档案学通讯》2018 年第 3 期,第 62 页。

[2]　丁华东、张燕:《探寻意义:档案记忆观的学术脉络与研究图景》,《档案学研究》2018 年第 1 期,第 22 页。

一、国外档案记忆的族群凝聚功能研究述评

莫里斯·哈布瓦赫从完全不同的道路找出历史和记忆的区别之时,还发现了"共同的回忆作为凝聚力之最重要手段的意义",从而推导出一种"集体记忆"的存在。[①] 他将记忆视作一种集体社会行为,旨在强化其成员组合的凝聚。弗拉迪米尔·普洛普从结构主义叙事视角对俄罗斯民间故事的语料库进行分析,发现了隐含其中的纵聚合及横组合性操控规则。[②] 从他的观点可推知档案记忆亦有凝聚功能。

沃尔弗拉姆在分析传统中国社会的流动性时,乔安娜在分析中国族谱时,均认为其中的"追溯性建构"模式,是为了与更有势力的宗亲进行结盟,从而进一步加强家族的统一性。[③] 可以看出,族群档案记忆的建构,是出于族群统一的目的。对于族谱,莫里斯·弗里德曼曾有一段很动情的描述:"族谱如同一部宪章,一幅坐标图,一个镶嵌广泛社会组织的框架,一句政治性宣言,一张指导人们行动的蓝图。"[④]阿莱达·阿斯曼对档案的作用和状态进行了揭示,认为"档案是一个集体的知识存储器","档案作为一个城邦、国家、民族、社会的机构化的记忆,其状态应介于功能记忆和存储记忆之间"[⑤],从这些论述可知,族群记忆后面既非所谓的"集体灵魂",亦非纯粹的"客观精神",而是带有其不同标志和符号的"社会",族群成员在共享档案记忆之时实现了身份认同并达成族群凝聚。

---

① 阿莱达·阿斯曼:《回忆空间:文化记忆的形式和变迁》,潘璐译,北京大学出版社 2016 年版,第 143 页。

② 罗伯特·斯科尔斯等:《叙事的本质》,于雷译,南京大学出版社 2015 年版,第 301 页。

③ Eberhard Wolfram. *Social Mobility in Traditional China*, Leyden: Brill, 1962, pp. 206-208; Meskill Jonanna. "The Chinese Genealogy as a Research Source", in Maurice Freedman ed., *Family and Kinship in Chinese Society*, Stanford, Calif: Stanford University Press, 1970, p. 110.

④ Maurice Freedman. *Chinese Lineage and Society: Fukien and Kwangtung*, London: Athlone, 1966, p. 31.

⑤ 阿莱达·阿斯曼:《回忆空间:文化记忆的形式和变迁》,潘璐译,北京大学出版社 2016 年版,第 398—399 页。

查尔斯·梅尔认为记忆可以"激发历史行为活动"[①],扬·阿斯曼认为"实现群体认同的知识"在"构建统一体、提供行动指南方面"具有"存储、调取、传达"的作用,而"仪式性的重复在空间和时间上保证了群体的聚合性"[②]。从中可以推知,人们可借由档案记忆,从对外在事物的漠不关心,转向予以关注甚至青睐,为族群增加亲近感、积蓄认同感提供机会,从而达成族群凝聚。兰达尔·吉莫森因而指出,档案"通过记录弱势社会群体和培育民族与社群认同,维护社会正义"[③],意即档案记忆有利于在维护正义和协调利益中实现族群凝聚。阿莱达·阿斯曼又指出,"物质媒介、象征符号和实践活动将集体记忆储存起来,并移植到个体的心灵和思想中……记忆在多大程度上起作用,一方面取决于政治教育的效率,另一方面取决于爱国主义和民族主义的热情"[④],此观点充分说明了档案记忆对于族群发展由外到内的功能。

从上述观点可以看出,所有的族群记忆其实都代表了所在族群"最为稳固和持久的因素",对于族群成员而言,"具有足够的普遍性和非个体性来保留其意义"[⑤]。在族群发展过程中,只要族群所生成和共享的档案记忆在其内核和实质上没有改变,也就是档案记忆和族群身份保持一致的情况下,由档案记忆所形塑的族群认同和凝聚也就根深蒂固。

二、国内档案记忆的族群凝聚功能研究述评

族群在发展过程中,基于族群认同的凝聚,总会将族群独有的特征通过

---

① Charles Maier. "A Surfeit of Memory? Reflections on History, Melancholy and Denial", *History and Memory*, vol. 5, no. 2, 1993, p. 143.

② 扬·阿斯曼:《文化记忆:早期高级文化中的文字、回忆和政治身份》,金寿福、黄晓晨译,北京大学出版社 2015 年版,第 51—52 页。

③ Jimerson R. C. "Archives for All: Professional Responsibility and Social Justice", *The American Archivist*, vol. 70, no. 2, 2007, pp. 252-281.

④ Aleida Assmann. "Transformation Between History and Memory", *Social Research*, vol. 75, no. 1, 2008, pp. 49-72.

⑤ Anne Whitehead. *Memory*, London and New York: Routledge, 2009, p. 129.

档案等诸多符号保留于记忆之中。王明珂在研究华夏边缘族群时特别强调,每个族群"都有一些特别的心理倾向,或心灵的社会历史结构",族群的记忆"依赖媒介、图像或各种集体活动来保存、强化或重温"①。纳日碧力戈曾指出,"作为非文本的口述"是"身势、表情、语调、场景的'合谋'",其特殊的记忆形式通过操演可"不断加深、重现、重构或重造地方社会记忆"②。无论是文本形式还是非文本形式的档案记忆,只要在表达记忆时注重其客观真实,都足以令族群成员在强化或重温过程中实现族群凝聚。

当然,对于不同媒介的记忆,不同研究者会给予不同程度和不同视角的关注。张敬忠指出,作为对地方及所属族群记忆的一种书写载体,地方志蕴含了构成族群的基本要素③;刘晓春利用族谱、县志、艺文志、乡规民约等还原赣南东山坝富东村家族谱系的构建过程,发现了"人们对生存方式多元化的理解"④;张梅兰在土家族"跳丧"仪式叙事研究中指出,其具备了唤醒民族记忆的生活和情感基础而含有"非凡的文化凝聚力和感召力"⑤;陈蕴茜对纪念空间与社会记忆做了研究,认为空间在表达对过去人物及事件的崇敬、景仰和怀念等行为意义上成了记忆的载体⑥。尤其值得一提的是,通过族源传说来分析族群认同,学术界已涌现出不少研究成果⑦。

---

① 王明珂:《华夏边缘:历史记忆与族群认同》,社会科学文献出版社 2006 年版,第 27 页。

② 纳日碧力戈:《作为操演的民间口述和作为行动的历史记忆》,《广西民族学院学报(哲学社会科学版)》2003 年第 3 期,第 6 页。

③ 张敬忠:《试论地方志与族群认同的关系》,《中国地方志》2007 年第 6 期,第 16—18 页。

④ 刘晓春:《历史与文化的互动——一个赣南客家家族制度的个案研究》,见项楚主编:《新国学(三)》,巴蜀书社 2001 年版,第 429 页。

⑤ 张梅兰:《隐喻:在历史与现实的双重叙事中完成》,华中科技大学出版社 2013 年版,第 53 页。

⑥ 陈蕴茜:《纪念空间与社会记忆》,《学术月刊》2012 年第 7 期,第 134—137 页。

⑦ 彭兆荣:《瑶汉盘瓠神话——仪式叙事中的"历史记忆"》,《广西民族学院学报(哲学社会科学版)》2003 年第 1 期,第 85—90 页;明跃玲:《神话传说与族群认同——以五溪地区苗族盘瓠信仰为例》,《广西民族学院学报(哲学社会科学版)》2005 年第 5 期,第 91—94 页;罗宗志、陈桂:《神话传说与族群认同——立足于盘瑶渡海神话的考察》,《贵州民族学院学报(哲学社会科学版)》2009 年第 6 期,第 43—46 页;黄彩文、子志月:《历史记忆、祖源叙事与文化重构:永胜彝族他留人的族群认同》,《西南民族大学学报(人文社会科学版)》2017 年第 3 期,第 64—70 页。

上述研究大多基于人类学视角,虽然在具体分析时涉及档案文献并不多,但充分说明了记忆载体的多样性,也可以从中看出多种多样的档案记忆是"区分、标识族群之间和表达其族群认同的特殊'历史叙事'方式和媒介"①。当然,由于族群与档案记忆之间构成了一种"动态发展的互动关系"②,通过对族群在历史上不同时期所形成的档案记忆文本进行分析和诠释,可以揭示出它们"在何种的资源分配与社会认同体系下被制作出来"③。

关于族群记忆的作用,学者们认为记忆发挥作用主要归因于记忆的历时性与传承性,可以通过某一类型的载体来实现人际或代际的传承与延续。鄂崇荣在对土族神话的分析中指出,有关族源的历史记忆能让移民族群保持其独立性和兼容性,并固守已有的族群记忆④;李建宗对裕固族民间故事进行个案分析,认为民间故事等口头文本,作为民族记忆的一种载体,在进行传播之时,亦是在不断累积和扩充其所属族群的记忆,由此来强化族群意识⑤;李滨利、谭志满通过对鄂西南朱砂屯村的族群迁徙传说的考察,认为迁徙传说已成为当地居民的族群象征符号,成了族群凝聚的重要纽带⑥;王海弘等认为族群仪式在重演中让族群有了交流,"把族群成员联结起来"⑦,他由此提出了族群仪式档案与族群认同的交互关系。本书也涉及族群起源神话、迁徙传说故事、信仰仪俗活动与族群凝聚的关系,认为这些具有象征

---

① 李技文:《佲家人的社会记忆与族群认同》,《湖北民族学院学报(哲学社会科学版)》2010年第5期,第30页。

② 廖杨:《族群与社会文化互动论》,《贵州民族研究》2004年第1期,第38页。

③ 卢元伟:《历史记忆的建构及其限制——以林则徐英雄形象的建构为例的考察》,《中国图书评论》2006年第9期,第66页。

④ 鄂崇荣:《多元历史记忆与族群认同变迁——从土族神话传说看民和土族认同的历史变迁》,《青海民族学院学报(社会科学版)》2008年第2期,第32—36页。

⑤ 李建宗:《口头文本的意义:民族想象、族群记忆与民俗"书写"——以裕固族民间故事为研究个案》,《内蒙古社会科学(汉文版)》2009年第1期,第136—140页。

⑥ 李滨利、谭志满:《历史记忆与族群认同——对鄂西南一个移民村落的历史人类学考察》,《湖北民族学院学报(哲学社会科学版)》2010年第3期,第55—59页。

⑦ 王海弘等:《族群认同与族群仪式档案保护绩效:交互记忆系统的影响》,《档案学通讯》2011年第6期,第26页。

内涵的档案记忆都有利于加强族群凝聚。

早期的档案管理和史料研究,主要集中在宏观记忆层面,而对微观层面的记忆研究则略嫌不足。造成此状况的主要原因就在于微观档案的大量缺失,致使历史丧失了"微记忆"[①]。上述的相关研究充分表明,在各个少数民族和各个地方,都有属于自己的记忆。很显然,只有重视和加强微观档案管理,才能维护一个族群记忆的完整性。因此,无论是民间档案参与社会记忆的建构[②],还是少数民族档案作为"建构民族共同记忆的基础"[③],确有其必要性,亦有其可行性。本书对畲族档案的关注,也正是出于这样的认识,即相比于官方机构保存的畲族记忆,来自畲族民间社会的档案记忆会更加真实、自然,能够更清晰而真切地看出畲族的历史事相。例如,清末学者魏兰所著《畲客风俗》[④],成书于光绪三十二年(1906),该书描述了浙南处州府的畲族民间风情,其中还附有畲民生产生活场景的图画20幅,可谓展现畲族风俗的重要记忆。从畲族档案记忆里,可以查找、挖掘出畲族民间的"小历史"或"微记忆"。

近年来,档案研究越发重视档案作用和功能的揭示与发挥,愈加推崇档案记忆的"能量"。张丁主持的2013年国家社科基金项目"中国民间家书的文化价值与抢救性收藏研究",倪丽娟主持的2013年国家社科基金项目"信息文化视域下档案价值认知转型研究",王运彬主持的2014年国家社科基金项目"基于多学科视域的档案价值及实现机制研究",都致力于探索档案的多重价值。

从记忆角度看,档案的形成"就是为了强化社会和强化人的记忆功

---

① 周先超:《不可缺失的历史"微记忆"——对微观档案管理的思考》,《档案》2014年第9期,第49页。

② 谢雨菲:《民间档案的社会记忆构建研究》,南昌大学硕士学位论文,2016年。

③ 张静秋:《档案与少数民族记忆的建构和传承》,云南大学硕士学位论文,2014年。

④ 魏兰:《畲客风俗》,上海虹口顺成书局,光绪三十二年(1906)。

能"①,留存至今的档案,自然成了当下之人"触发记忆和过去事件回忆的'试金石'"②,当档案中的记忆被获取、被理解、被利用之时,其间会催发生命个体与档案记忆的互动③,这便极好地说明了作为记忆存储媒介的档案,既可以在其生成时预先积蓄能量,也可以在后续使用时释放能量。

在档案记忆的具体功能论述上,李萍分析了档案的记忆修复、记忆强化、记忆重构等功能④,丁华东、倪代川阐析了档案作为社会记忆的触发功能、传承功能、证实与补正功能、形象展示功能、选择张扬功能⑤,汪俊探讨了档案的证实社会记忆、弘扬社会记忆、展示社会记忆等功能⑥。可以看出,档案记忆的功能是多方面的。单从档案记忆自带的能量来看,其中就不乏"维护国家主权的正能量""激发人们爱国热情的正能量""认同民族文化的正能量""回忆战争创伤的正能量"等多种正能量⑦。当然,在学者们探究档案记忆能量的相对优势时,也有学者开始探析"档案记忆能量发挥的影响因素"⑧。

然而,到目前为止,基于族群凝聚视域来考察档案记忆功能的研究成果仍极为少见,述及档案记忆之凝聚功能的观点,仅见"利用谱牒档案,联系宗亲情谊"⑨的表述。

---

① 陈智为:《档案社会学概论》,南开大学出版社1989年版,第13页。

② 吕颜冰:《唤醒记忆——论记忆的激发机制》,《档案》2015年第1期,第12页。

③ 李军:《论档案在证据·记忆·认同范式中的连续意义》,《档案学通讯》2016年第5期,第16页。

④ 李萍:《西部少数民族曲艺档案的文化价值与记忆功能》,《广西民族大学学报(哲学社会科学版)》2016年第5期,第144—148页。

⑤ 丁华东、倪代川:《论档案的社会记忆建构功能——以徽州历史档案为分析对象》,《档案管理》2010年第4期,第10—13页。

⑥ 汪俊:《档案在社会记忆建构过程中的作用研究》,安徽大学硕士学位论文,2012年,第23—30页。

⑦ 谢文群:《论档案在国家记忆建构中正能量的释放》,《档案》2013年第4期,第13—16页。

⑧ 丁华东:《档案记忆能量探论》,《浙江档案》2011年第12期,第26—29页。

⑨ 杨雪云、丁华东:《转型期档案记忆的资本化及其思考——以徽州历史档案为分析对象》,《档案学通讯》2012年第2期,第10页。

对于族群来说，档案记忆指涉的意义不仅与族群成员所具备的知识、经验等相关联，也展现了族群在发展过程中对于社会历史事件的价值判断与情感体验，更重要的是，它为族群成员"提供根源感、身份感"①。从档案记忆主体、客体及主体间性来看，档案记忆的意义分别体现在以下方面：深化主体对文本内容的认知、理解与阐释；在新的社会情境中再现、重构，扩展为一个综合性、开放性的意义体系；提供了贯通性、规范性的意义空间，起到弥补、黏合社会记忆断裂、分歧处的作用。②

综而观之，现有研究成果或多或少涉及了档案记忆的功能。在学者们看来，档案记忆最大的作用在于实现记忆的固化与持续，进而形成一种长效机制来形塑社会成员的个性和规范地方社会的秩序。不难看出，已成过往的档案记忆不仅在记忆生成之时发挥着各种各样的作用，而且在距离记忆生成一段时间后仍然能够发挥重要的作用，因而人们可以借由档案记忆来满足多样化的需求。基于此，本书笃信畬族档案记忆无论在过去、现在还是将来，均可发挥族群凝聚功能。在研究中，笔者一方面提醒人们理解畬族人文永续发展的必要性和重要性，认识到畬族档案记忆作为少数民族记忆的一个重要组成部分，与国家记忆和其他族群记忆可以互为环境、交互认同；另一方面，致力于通过细致深入的分析，找出符合畬族档案记忆的实践框架和技术路线，从而推动畬族在日趋频繁的族际互动中求同存异，在"重叠共识"基础上构建凝聚族群的档案记忆。

档案学界有关少数民族档案的研究成果已有不少，但很少谈及族群凝聚。人类学、社会学、民族学界的研究中，学者时常会援引档案资料探讨族群问题，但从记忆视角将少数民族档案与族群凝聚问题关联起来研究的论著尚不多见。本书有意将"档案记忆"与"族群凝聚"这一关联进行强化，强

---

① 特里·库克：《1898年荷兰手册出版以来档案理论与实践的相互影响》，见国家档案局、中央档案馆编：《第十三届国际档案大会文件报告集》，中国档案出版社1997年版，第152页。

② 丁华东、张燕：《论新媒体传播与档案记忆的意义再生产》，《档案学通讯》2018年第3期，第63页。

调少数民族档案在族群凝聚中的价值。

档案记忆作为畲族民间社会的实际存在，究竟是如何被组织起来的？又是如何运行的？在社会转型时期，畲族村寨中的档案记忆与族群凝聚是什么关系？笔者以"基于族群凝聚视域的浙江畲族档案记忆"为议题，在学习借鉴前人已有研究成果的基础上，结合自己近年来所做的研究，在广度上做进一步拓展，在深度上做进一步挖掘。

本章小结

记忆研究并非只是一种学术风尚，也是"时代的一个象征"①。随着档案记忆研究的发展和深入，国内外对档案记忆的认识渐趋统一，对档案记忆理论内涵已基本达成了共识。

档案记忆理论基础深厚、内涵丰富，呈现出鲜明的特性：第一，跨学科趋势突出，注重与其他学科理论的嫁接；第二，宏观和微观考察并行，注重整体与细节结合的观照；第三，从实践中去探究，注重理论与现实之间的对话。显然，档案记忆研究进入了"更宽、更广的视域中"，极好地"释放出理论本应具有的巨大的思辨性和自为成长的能力"②。作为档案学的一种前沿范式，档案记忆研究自有其获得人们普遍而持续关注的魅力。

当然，已有档案记忆研究成果也存在美中不足之处：第一，强调对传统历史因素的吸纳，但真正走进历史情境开展研究的成果仍然不多；第二，侧重对整体社会记忆的观照，而真正走进地方采用微观叙事的成果仍然不多；第三，停留于档案记忆功能的揭示，真正深入诠释档案记忆功能的成果仍然不多；第四，强调控制档案记忆的必要性，而真正认识到档案记忆的自觉生

---

① 阿龙·康菲诺：《历史与记忆》，付有强、张旭鹏译，《天津社会科学》2014 年第 6 期，第 129 页。

② 李军：《论档案在证据·记忆·认同范式中的连续意义》，《档案学通讯》2016 年第 5 期，第 12 页。

成特征并展开论述的成果仍然不多。

　　由于"(55个少数民族)在中国记忆研究的学术地景格局里尚未得到应有的展现"①,因而非常有必要在意义探寻中深化少数民族档案记忆的理论向度。从记忆视角开展档案研究,不仅可使档案"成为有生命的学术思考对象"②,而且能在合理借鉴其他学科思想与方法的过程中让档案学与时俱进。档案记忆能不断唤醒、提取积淀于人们生活中的知识、经验、习性、传统等记忆内容,并影响人们当下的行为与思想。为此,本书以理论阐释与实例论证相结合的方式,从意识和行动等层面探讨浙江畲族档案记忆的族群凝聚功能。

---

　　①　潘天舒、龙宇晓:《中国公共记忆研究范式新思考:来自山地民族的启示》,《贵州师范学院学报》2016年第2期,第1页。
　　②　丁华东:《论档案记忆理论范式的研究纲领——"档案与社会记忆研究"系列论文之一》,《档案学通讯》2013年第4期,第22页。

第三章　畲族档案与畲族记忆的关系

"有着历史经历的社群或者代代繁衍的群落,都会根据不同的用途建立各自的档案,从而形成了'记忆'。"①畲族亦是如此,其在历史发展过程中形成并留存了丰富多样的档案。畲族档案作为畲族记忆的重要载体,集记录者与讲述者于一体,在传承畲族记忆之时又成为畲族记忆的重要组成部分。

第一节　畲族档案的类型与特点

尽管畲族档案数量并非冰山般庞大,但绝不在少数,收藏于档案馆的仅是其中很小的一部分,大量畲族档案散存于民间。

一、畲族档案的留存概况

畲族档案无疑是畲族的记忆库,其种类之丰富、属性之多元、族性之突出,均值得人们关注。其能够在畲族民间大量遗存下来,有多方面原因。

1. 自然条件:地理环境的封闭性

畲民向山而居,可谓隐于万山丛中,与外界交往甚少,相对封闭的地理

---

① 雅克·勒高夫:《历史与记忆》,方仁杰、倪复生译,中国人民大学出版社 2010 年版,第 57 页。

环境使畲族档案不易疏散流失。畲民生活之地多山间林木,少大片农田,土地资源对畲民来说尤其珍贵,能证明田地山场产权的契约文书、使用权证等备受重视,因而大量契约文书、赋税票据等被保存下来。畲族档案在 21 世纪初才开始陆续被发现,近年随着研究机构和学者深入地方去收集而得到更多的发掘。

2. 社会条件:集聚格局的清晰性

虽然畲民曾辗转迁徙,但每到一地,总是聚族而居,"血缘是稳定的力量。在稳定的社会中,地缘不过是血缘的投影"[①]。加之畲民生活之地大多处于穷乡僻壤,即使改朝换代,带来的社会变化也很少波及这些地方,畲民群体得以积淀一种普遍的心理结构和思维定式。畲族民间留存下来的反映畲民家庭、宗族血缘关系的谱牒,体现仪俗活动和行为规范等的各类文书,均有着较清晰的地域格局和族群特性。

3. 档案意识:存续记忆的主动性

畲族民间历来重视文书的订立和保存,对祖上留存下来的档案具有强烈认同感,甚至在族谱中对文书保管等制定了详细措施。笔者在调研中也发现,畲民对畲族民间档案流露出信赖、关切等情感。浙江丽水松阳县象溪镇村头村 LSL、LSG、LJS 等村民家中均存有不少契约,在 LZX 带路下笔者访问了 LSG,LSG 向笔者讲述了他家珍藏契约的逸事:

> 我家藏的契约最早形成于清朝乾隆十三年(1748),有 200 多张,是太公和祖父辈辛苦置办家产的契约。太公买来的田地约 800 亩,最远到现在的莲都碧湖……为何保存这些契约?早年有过惨痛教训:开村始祖蓝景财于清朝雍正初年携妻自景宁四格到鲁西村落户,数年辛勤劳作后有了些积蓄,兴建了房子,购置了田地山场。乾隆初年,他购买

---

① 费孝通:《乡土中国(修订版)》,上海人民出版社 2013 年版,第 66 页。

了黄岭头一户人家十余亩荒山并立了《山林绝卖契》，几年后的一个冬天，邻家失火殃及他家房子，绝卖契被烧毁，黄岭头村卖主矢口否认当时签订的是绝卖契而是《承让山契》，要蓝景财插树还山，因当年未持绝卖契到县衙报税验契，无法查找证据，他伤心过度而一病不起，临终叮嘱妻儿日后购置产业一定要保藏好契约。从此以后，每逢买卖，必到官府报税，且妥善保管契约……1966年"文革"开始，为了给祖传契约找一个藏身之处，我和父亲把契约装入袋子藏在后山菜园的番薯窖中。腊月十三，家中失火，屋里所有物品被烧毁，藏在番薯窖里的契约躲过一劫……现在把契约放 TX 里。有人来村里收购，我不会拿去卖。我也跟我儿子讲，让他以后要把这些契约保护好。[①]

LSG 对契约十分重视，对其中内容亦非常熟悉，谈及档案中所承载的记忆，可谓如数家珍。当访问他家儿子、儿媳时，他们表示并不知道契约所载详情，但表示今后会把这些契约文书继续保存好。

在浙江畲族乡村调研时，笔者常听畲民表示"但凡有字的纸张都不敢乱丢"，于"道听途说"中真切感受到畲民档案意识之强。畲民坚信档案是容量大且历时久的信息储存手段，在自有、自存、自用中形成了习惯和信仰。

二、畲族档案的文本类型

由于畲族档案本身的多样性、复杂性，仅采用某种单一分类法是不够的，应该结合多种分类法，形成多层次的分类体系。根据畲族档案所涉及社会生活的内容来分，包括谱牒祖图、契约文书、账簿税单、歌言抄本、科仪文本、乡规民约等，其中涉及族群定位、宗法制度、信仰仪俗、利益分配、冲突调解等。本书以畲族档案的内容为划分标准，结合其在畲族民间的实际用途，

---

① 根据笔者 2017 年 7 月 22 日在浙江省松阳县象溪镇村头畲族村对 LSG 访谈笔记整理，因保护受访者和契约需要，受访者姓名、契约存放器具用拼音字母代替。

择要分类,简述如下。

1. 畲族谱牒祖图档案

谱牒作为宗族的象征与标志,素来受到族人特殊的关注,被认为具有"神器"价值,因此在编撰、使用等的时间和方式上均有明确的要求。畲族民间认为"五世不修谱,乃祖宗之罪也"[1],编修家谱十分盛行。畲族谱牒是"一'族'世系传承的历史记录"[2],有总谱和支谱之别,畲民习称"大谱"和"谱仔"。现存畲族谱牒均为清代以后编修。据《浙江省少数民族志》记述,浙江境内现存畲族谱牒157部[3],修于清代29部,修于民国时期33部。从分布情况看,主要集中于浙南地区,数量较多的为文成县33部、景宁县27部、松阳县20部、莲都区16部。

除与汉人谱牒相似的谱系、像赞、墓志、行状之外,畲族谱牒具有明显的畲族特色,即在谱牒中收录反映畲族文化历史和文化本质的盘瓠神话等内容。例如,浙江丽水遂昌县大柘镇后垄村修于民国四年(1915)的《汝南蓝氏宗谱》,所载清乾隆四十年(1775)《平昌蓝氏宗谱源流序》中言"蓝姓自盘瓠唐时受姓"[4]等。畲族谱牒承载着畲族重要的记忆和故事,其原始功能就是记录族群的繁衍传承,是"具有可识别性的宗族标志"[5],因而是凝聚族群的重要象征文本。

在此,特别谈谈绘制于明清时期的畲族谱牒的早期形态——祖图。畲族祖图通常以土布、麻布为底,以横幅长卷或直幅多屏两种形式居多,内容以盘瓠神话为依托,画法多用重彩勾勒,大多配有文字说明。现藏于丽水学院中国畲族文献资料中心的清康熙三十六年(1697)《祖图谱序》曰:"尊祖之念,贵重画祖图以传于后世……尔第不画祖图为供奉者,谓之不孝……若夫

---

① 蓝炯熹:《畲民家族文化》,福建人民出版社2002年版,第101页。
② 《畲族简史》编写组编:《畲族简史(修订本)》,民族出版社2008年版,第23页。
③ 浙江省少数民族志组委会编:《浙江省少数民族志》,方志出版社1999年版,第74—79页。
④ 浙江丽水遂昌县大柘镇后垄村《汝南蓝氏宗谱》,民国四年(1915)。
⑤ 何明星:《著述与宗族:清人文集编刻方式的社会学考察》,中华书局2007年版,第143页。

有功之祖而不画,则谓之弃祖;无功之祖而画之,则谓之诬祖矣。"①

笔者在浙江丽水地区调研时了解到,畲民很重视祖图的绘制与珍藏。例如,遂昌县妙高镇井头坞村《畲族开山祖图》绘制于明崇祯七年(1634),迄今已逾380余年;景宁县郑坑乡桃山村《畲族祖图》,最初绘制于清同治十二年(1873),现存版本为1951年依旧版绘制;松阳县象溪镇西坑口村保存祖图全套28幅;莲都区南明山街道山根村保存祖图全套27幅。

2. 畲族契约账簿档案

契约文书是指记载百姓日常生活中种种约定以及规范的文书②,它们既是产权归属的证明,也是诉讼时的证据。产业甚巨之家往往先将所执契约编列号码,而后将各契文辞抄录于空白簿册中或将产业类别、坐落、亩分、契价等摘出而形成"誊契簿"或"契约摘要表"。

在《中国少数民族古籍总目提要·畲族卷》③中,共收录畲族契约条目1678条。从时间跨度看,从清康熙年间直至民国;从交易类型看,包括活卖契、找价契、绝卖契等;从处置方式看,包括买卖、租讨、承揽、赠与、便换、合拼、承继等;从数量来看,浙江省有583份,属于数量最多的省份之一。

在《浙江畲族民间文献资料总目提要》④中,共收录畲族民间文献资料条目2050条,其中契约文书共827条,刷新了上文提及的"583份"。浙江省文成县图书馆与华东师范大学历史系合作在文成县展开田野调查,第一期已收集到畲族文书1323件,其中契约类文书共502件⑤,仅一个县就收集到如此多契约,可推知待挖掘的畲族契约仍有不少。在浙江松阳、遂昌等

---

① 清康熙三十六年(1697)岁次丁丑桂月吉旦世代孙雷宗绍捐资置写,资料来源于丽水学院中国畲族文献资料中心。

② 岸本美绪:《明清契约文书》,见滋贺秀三等:《明清时期的民事审判与民间契约》,王亚新、梁治平编译,法律出版社1998年版,第282页。

③ 张公瑾主编:《中国少数民族古籍总目提要·畲族卷》,中国大百科全书出版社2013年版。

④ 吕立汉主编:《浙江畲族民间文献资料总目提要》,民族出版社2012年版。

⑤ 周肖晓等:《新发现浙南畲族文书之概况与价值》,《图书馆杂志》2015年第11期,第99—100页。

县已发现一些未收录于任何古籍总目提要的畲族契约。

账簿，一般有记录银钱收支的"流水账"、人情往来的"往来账"、日常开支的"杂项账"等。① 浙江文成县已发现畲族账簿 208 件。② 在租簿中，可窥见畲族民间的租佃关系、租率变动、收租日期及纳租方式等；从收支账、人情簿中则可看出当时畲民的生活状况与人情往来。账簿所记信息多样，包含了丰富的族群记忆。

3. 畲族科仪文书档案

科仪文书档案，指畲民在仪式活动中形成的科仪本、祷祝符咒等档案。这类档案具有"求助于对神秘物质或神秘力量的信仰的场合时的规定性正式行为"③的特征。

调研中发现，"师公"懂风水、医术等，几乎参与到畲民生活的方方面面。师公生产和使用的科仪文书，可分为岁时节日仪式、人事传统仪式两大类④，为畲族知识传承与习俗保持提供了重要依据。浙江温州文成县经收集整理的畲族文书来自 53 户人家，其中 16 户文书含有科仪文书。⑤ 据了解，一次科仪活动中师公所念唱诵读的内容达数万字，因念唱诵读多用畲语，缺乏对应汉字记述，科仪文书大多仅存"款头本"⑥，内容极其繁复，非"学师"者根本不知所云。

畲族科仪档案中，特别值得一提的是祭祀文书档案，主要包括祭祀挂柏簿、祀产管理簿、祭祀规则簿、祭祖启文、不同房支的祭祀关系文书等。例如，

---

① 李宝震：《会计史话(一)》，见《李宝震文存》，经济科学出版社 2008 年版，第 177 页。
② 周肖晓等：《新发现浙南畲族文书之概况与价值》，《图书馆杂志》2015 年第 11 期，第 100 页。
③ 维克多·特纳：《象征之林：恩登布人仪式散论》，赵玉燕等译，商务印书馆 2006 年版，第 19 页。
④ 岁时节日仪式是指按照传统的时间和次序进行的仪式活动，包含节日性仪式和纪念性仪式；人事传统仪式是指根据人事需求而进行的仪式活动，有为亡人而作的"拔伤""做功德"，有为阳人而作的"度关""打癀""请夫人"等。
⑤ 周肖晓等：《新发现浙南畲族文书之概况与价值》，《图书馆杂志》2015 年第 11 期，第 104 页。
⑥ "款头本"为畲族师公用汉字记录传统仪式程序的手抄本。仅记仪式每段落开头而省略后面部分者为"活款"，畲语称"习人本"，意即只有聪明人看得懂；而全部一字不落记录者为"死款"，畲语称"呆人本"，意即愚笨者才如此记写。

浙江丽水景宁县鹤溪街道东弄村现存《蓝氏宗祠祭祀簿》[①]，言明开祭时间与次数、祭品计定数量及名称等。畲族的祭祀范围是"父母两系混杂"，是"与汉人正统祭祖服制不同的祭祀体系"。[②]

畲族科仪活动常将符箓、咒语结合使用，以符号加密码形式附着于文字、图形、口语中，科仪文书档案多以繁体书写，且有独特表达方式，意味着"将世俗世界挡在外边"，以晦涩言辞表达"礼仪所象征的宗教体统与权威"[③]，成为寓意丰富的秘文，有助于形成一套秘而不宣的知识而拥有神奇的力量。

4. 畲族会社文书档案

在传统乡土社会，由畲民自发、自愿形成的社会团体与组织被称作"会社"。会社通常以血缘关系为基础，"以物为媒介、为纽带而凝聚人群"[④]。畲族民间留存下了兴立会社合同、会产经营与处置契约等档案。

畲族民间会社组织因功能不同而设成不同类型，大多因祭祀等所需，通过订立合同的形式而兴立。会社组织的会产经营大多采取贷本生息方式来让会资增值，会社组织本身亦往往以受典、受当者身份与族人或佃仆形成典当关系，会社产业通常作为存众产业彼此共同管理。浙江丽水莲都老竹镇道弄源村《会书》[⑤]、景宁县鹤溪街道东弄村《狮子会账簿》[⑥]、遂昌县大柘镇《摇会账簿》[⑦]等即属此类。

---

① 浙江丽水景宁县鹤溪街道东弄村《蓝氏宗祠祭祀簿》，民国十四年(1925)。

② 周肖晓：《礼俗与社会：清代以来的畲族礼俗文书述论》，《图书馆杂志》2016 年第 5 期，第102 页。

③ Tambiah Stanley. *Culture*，*Thought*，*and Social Action*，Cambridge：Harvard University Press，1985，pp. 17-59.

④ 陈良宝：《中国的社与会》，浙江人民出版社 1996 年版，第 408 页。

⑤ 浙江丽水莲都区老竹镇道弄源村《会书》，民国十二年(1923)。

⑥ 浙江丽水景宁县鹤溪街道东弄村《狮子会账簿》，民国十二年(1923)。

⑦ 浙江丽水遂昌县大柘镇《摇会账簿》，民国十二年(1923)。

5. 畲族歌言抄本档案

歌言在畲族被视为"传家宝"[①]，在过去，畲民无论男女老少都喜欢传阅、传抄、传唱。歌言抄本以汉字为主，兼有别字、造字及特殊符号，多用粗纸（偶有用宣纸），墨书竖写。畲民几乎家家有歌本，多者一家有十余本，每本记有数十或上百条歌词。

畲族民间流传最广的是描绘畲族起源、迁徙过程的《高皇歌》，属七言叙事歌，各地抄本详略不一，内容大同小异。曾有学者征集到19种《高皇歌》，从浙江云和县雾溪乡坪垟岗村老歌手蓝观海处征集到歌词最长的《高皇歌》抄本有122首。[②]《高皇歌》中总是强调"盘蓝雷钟一路人……子孙万代记在心"[③]。"学得一肚唱不尽，东南西北认祖宗"[④]，畲族歌本能让畲民找到共同的东西，既有文化教育功能，又有族群凝聚功能。

6. 畲族传说故事档案

畲族有语言而无文字，很长一段时间是以口耳相传形式叙述历史和传承记忆。传说故事是记忆的极好载体，畲族民间流传着《造天地的传说》《三公主引水脉》《蓝聪妹借稻种》《畲娘行医》等丰富的传说故事。例如，浙江丽水畲族民间流传的《两头家》[⑤]故事，说的是雷郎和蓝娘考虑到入赘或出嫁都会让老人无法得到赡养，于是成婚后两头为家，孝养双方父母。"两头家"婚姻形态在畲族民间普遍存在。

历史上，由于受到主客观因素的影响，畲族的祖先起源、迁徙路线、族群

---

① 《中国民族文化大观·畲族编》委员会编：《中国民族文化大观·畲族编》，民族出版社1999年版，第221页。

② 蓝云飞：《我所经历的畲族古籍〈高皇歌〉出版过程》，见浙江省政协文史资料委员会编：《浙江畲族百年实录》，浙江人民出版社2013年版，第940—941页。

③ 浙江省民族事务委员会编：《畲族高皇歌》，中国广播电视出版社1992年版，第1—15页。

④ 姚周辉：《论畲族民歌的深厚传统及实用功能》，见《畲族文化研究论丛》编委会编：《畲族文化研究论丛》，中央民族大学出版社2007年版，第366页。

⑤ 蒋风、陈炜萍等编：《中华民族故事大系：畲族·高山族·拉祜族》，上海文艺出版社1995年版，第340—344页。

分支等很多记忆均靠口头讲述方式流传。后文分析中将会引述到的"盘瓠神话""河南传说"等档案史料,虽然给畲族蒙上了神秘的面纱,但从中可以窥探畲民世代积累的知识体系,并且此类传说故事有利于从思想上、知识上、文化上实现族群认同和凝聚。

7. 畲族日用杂书档案

畲族民间有堪舆、药方、通书、杂字本、择日吉课等日用杂书档案,内容涉及社会、经济、政治、文化各个领域。比方说,有关堪舆的文书,除了算命文书外,嫁娶、凑造、添构、造穴、安葬、作灶的文书也不在少数。众多的畲族日用杂书档案,为人们了解畲族民间社会的运作提供了诸多的细节。畲族民间杂书之用字,均为简体字或俗字,而前文所述的科仪文本,通常用繁体字或文言表达,这就反映了文字在日常生活与宗教仪式中的差异性。

8. 畲族碑铭牌匾档案

畲族民间留有《奉宪勒碑》《松阳告示碑》[①]等禁约碑,所载内容均系地方官府保护畲民权益的禁约,也反映了畲民积极争取、维护和享受自身权益。畲族民间的路碑、桥碑、匾额等,通常记述畲民出资修路搭桥、行善积德等感人事迹,颂扬畲民崇仁尚义、正信慈俭等优秀品质。例如,浙江温州泰顺县彭溪镇昌基村清光绪十八年(1892)《严各溪碇步碑》记述畲民李必富在溪中铺设25齿碇步方便当地百姓过溪的善行。

畲族档案大多产生或保管于民间,较少受到国家意识形态的影响,也不至于受到主流话语的蒙蔽,因而可以显示原生态的畲族社会生活,可从中把握传统社会畲民的生活逻辑,有利于从档案记忆视角来探讨族群凝聚问题。

三、畲族档案的主要特点

畲族档案,作为民族档案、民间档案,充分体现出畲族文化的历史性、民

---

① 此处所引碑铭牌匾档案信息详见吕立汉主编:《浙江畲族民间文献资料总目提要》,民族出版社 2012 年版,第 113—130 页。

族性和特有的精神价值、思维方式。

1. 畲族档案的地方性

畲民在辗转迁徙中从聚居转向散杂居,不同地域的自然与人文"决定了其档案资源的地域性"①。在"地域"的背后,暗含"地方"的概念。"地方"并非专指特定地域空间,而是与生存于该空间内特定人群及其生活相关联,是经由特定人群历时性、共时性生活而形成与该地域密切关联的知识与传统。

"每一种地方性都单独依靠地方的资源"②,畲族档案的地方性包含了三方面:一是畲族所处"地方"被赋予文化形象的特殊性,向山而居的畲民所创造、传承的记忆总与其地理位置和自然环境相关,体现了畲族记忆的空间维度;二是畲族在以血缘亲属纽带为主要联结方式而聚集形成的"地方",是其间所生活的畲民"经由对抗、碰撞、调适、融合等方式在长期的自然交往和社会交往过程中积淀而成的某种相对稳定的文化"③,体现了当地畲民的集体性格,亦培养了当地畲民对于地方文化的情感认同;三是地方性隐喻了一种比较视角,是相对于"非地方"的差异性话语表述,畲族档案的生产者、传播者、存留者多为畲寨村民,有利于还原不同地方的生动多样且贴合实际的畲族过往场景。

美国社会学者爱德华·凯西曾提出"地方记忆"(place memory)概念,强调记忆"需要地域支撑"。④ 的确,"事件始终只能发生在某处,发生在一定的地方"⑤,作为记忆基本构成材料的事件,总和一定的地方联系在一起。质而

---

① 张芳霖、唐霜:《社会记忆视域下的地域性档案资源生态研究》,《档案学通讯》2015 年第 3 期,第 39 页。

② 齐格蒙特·鲍曼:《作为实践的文化》,郑莉译,北京大学出版社 2009 年版,第 43 页。

③ 曾澜:《地方记忆与身份呈现——江西傩艺人身份问题的艺术人类学考察》,复旦大学博士学位论文,2012 年,第 25—26 页。

④ Edward Casey. *Remembering: A Phenomenological Study*, *Studies in Continental Thought*, 2nd edtion, Bloomington: Indiana University Press, 2000, pp.186-188.

⑤ 克劳斯·E. 米勒:《第五个维度——原始文化中的社会性时空及对历史的理解》,陶卓译,见保罗·利科等:《过去之谜》,綦甲福等译,山东大学出版社 2009 年版,第 187 页。

言之,畲族档案就是畲民生活的地域所形塑的被纳入畲民集体使用的过去的知识,这些地方性知识为畲民身份认同及生存意义提供了极好的依据。

2. 畲族档案的原生性

档案作为一种文本,其原生性主要源自其通过"文字形式的物质化"而实现稳定化,同时"保证了文本成为历经岁月的无可指摘的形态"[①]。从来源看,畲族档案是在民间发现的,是在畲民家中保存或流散出来的;从内容看,畲族档案以反映畲民日常生活和行为为主,记载的绝大多数是与畲民休戚相关之事。畲族档案作为反映畲族社会本质和特征的第一手资料,是畲族社会的原生态记录,是刻画畲族传统的原始标本,能够清晰地保存和呈现畲族辗转迁徙、渴求定居的梦想和族群凝聚、追寻幸福的永恒轨迹。

畲族档案里有大部分是畲民最日常的记忆,其间分明有"以传统习俗、经验、常识等经验主义因素为基本活动图式"和"以生存本能、血缘关系、天然情感等自然主义关系为立根基础"[②]的日常生活,这便意味着畲族档案已然溶解于日常生活之中,使其处于一种原生状态,显得格外真实而自然。借助畲族档案的细节和点滴,可以回望畲族过往的本相和轨迹。也正是这样一种原生态,生成了畲族社会结构和秩序的档案副本。与官方档案文献的系统性、规律性相比,来自民间的畲族档案犹如一地碎片,但不能因为"鸡零狗碎"而忽视之。因为它恰恰是畲族"族群性的根源"[③]的最真实样态,内蕴着族群凝聚的力量。

---

① 阿莱达·阿斯曼、扬·阿斯曼:《昨日重现——媒介与社会记忆》,陈玲玲译,丁佳宁校,见冯亚琳、阿斯特莉特·埃尔主编:《文化记忆理论读本》,余传玲等译,北京大学出版社 2012 年版,第32 页。

② 衣俊卿:《现代化与日常生活批判:人自身现代化的文化透视》,人民出版社 2005 年版,第100 页。

③ 约翰·卡马洛夫:《图腾与族群性:意识、实践与不平等的标记》,刘琪译,《西南民族大学学报(人文社会科学版)》2017 年第 5 期,第 16 页。

3. 畲族档案的实践性

档案作为一种由人创造出来的符号,是"有目的的符号,具有'有用性'"①。畲族档案源于畲族乡村民众实践与现实生活,是伴随着畲民长期的社会和经济活动产生的,借助档案可以将其中的人与事"归位到他们的生活史"并将他们的行为"归位到他们所属的那个社会场景下"②。畲族档案呈现的是畲族过往的活动,它缔造了一个有意义的世界,从一定程度上说,畲族档案的意义,在很多时候产生于行动主体——畲民的实践。

"真的历史在于它的民间性,在于它的隐秘性",只有还原民间性和隐秘性,才能"真正凸现出历史的真实"③,所以,只看到原生符号而不看象征实践,是无法认识真实的畲族社会生活的。例如,畲族婚姻文书显然是一种转喻代号,表达着畲民对幸福生活与纯真爱情的追求和渴望。"畲族招赘婚"盛行不衰,应是源于象征符号凭借其"诱惑力"而使得记忆传承不竭。"经验性的、源自日常生产生活实践的知识体系,以解决或满足实际需求为目的"④,畲族档案中的很多资料在今天仍有指导作用。不难发现,"某些'不言而喻'的规范和信念",会"指导人们的行动"⑤,畲族档案常在潜移默化中规范和构建着畲族社会的生活模式与交往方式。单从畲族档案的生活化来说,其记忆实存于畲民的思维和行为中,不愧为畲族族群发展的一种原动力。

4. 畲族档案的宗族性

所谓宗族,是指"有着共同祖先或同一父系,因而使用同一姓氏的人们"⑥,其成员可绵延数代乃至数十代。尤其是宗谱、族谱,被视为"无声的号

① 万资姿:《符号与文化创造》,中国社会科学出版社 2011 年版,第 26 页。
② 保罗·康纳顿:《社会如何记忆》,纳日碧力戈译,上海人民出版社 2000 年版,第 18 页。
③ 李咏吟:《形象叙述学》,浙江大学出版社 2009 年版,第 69 页。
④ 罗意、哈依沙尔·卡德尔汗:《植物与游牧民的生活——兼论地方性知识的生产与再生产》,《青海民族大学学报(社会科学版)》2016 年第 2 期,第 19 页。
⑤ 保罗·康纳顿:《社会如何记忆》,纳日碧力戈译,上海人民出版社 2000 年版,第 15 页。
⑥ 郑杭生:《社会学概论新编》,中国人民大学出版社 2003 年版,第 73 页。

召",是族群后人"心中的圣地"①。笔者在调研过程中发现,畲族民间有些地方设有公匣,以箱、柜等器具统一保管宗族产业契据,常加锁藏于秘密之处,无故不得私自开启,有些地方的畲族还制定了详细的保护措施。公匣中的档案,往往已经存在了上百年或数百年,既反映了畲民"视如家珍"的档案保护意识,也可看出"尊宗敬祖"的宗族教化思想。

从同一个宗族的不同人家来看,畲族档案的形成、保存和流传也常以户为单位,其"归户性"十分明显。归户管理的畲族档案,因其未破坏记忆生产原态和未经强行组拆而具有事主单一、地点集中、时间连续等优点,可为个案研究提供系统资料。当然,"归户性"并不局限于家庭意义上的户,可以同时包括"归族",同一宗族的档案总是相对集中地生产和存管的。从族群视角看,畲族档案横向上彼此交织、相互补充,纵向上前后呼应、连续相承,形成畲族跨越时空的族群记忆。

5. 畲族档案的文化性

每一个族群,都在为自己创造着共同文化,因为"共同的文化铸就着共同的心理素质和共同的生活模式,从而使社会群体得以保持着相对的统一和稳定"②。档案是"知识的结晶,文化的历史积淀"③,在畲族与汉族社会交往、交流、交融发展的过程中,畲族档案也渗透进了儒家思想文化。畲族档案作为畲民社会活动的一种沉淀,一种深厚的符号积累,已经悄然渗透进畲民所属社会的文化和规范,其间所记述的行为准则、价值理念等都具有极强的文化特质。畲族档案,是畲民"用生活经历谱写的历史"或"用生活经验创造的文化"④,其字里行间无不渗透着畲族民间社会传统的价值观念和社会规则,这

---

① 严雅英:《客家族谱研究》,黑龙江人民出版社 2007 年版,第 2 页。

② F.普洛格、D.G.贝茨:《文化演进与人类行为》,吴爱明、邓勇译,辽宁人民出版社 1988 年版,第 175 页。

③ 罗培、陈肖:《徽州历史档案的文化性》,《工程建设与档案》2003 年第 2 期,第 17 页。

④ 钟进文:《乡土知识不可忘记——从几件小事说起》,《西北民族研究》2009 年第 1 期,第 177、180 页。

些观念与规则深深地镶嵌在族群记忆里,成为畲族民间稳定的生活理念与价值取向。

畲族档案里存在着大量礼俗。例如,畲族民间乐于沿俗批写"彩语"。彩语,即吉祥语,表达立契者美好的祈愿,书于契约、账簿、分关书等的左上角,采用斜书格式,表达意思多有相似之处,但具体用语各有不同。① 笔者曾撰文举例述及彩语,在此不再赘述。在"礼俗"背后,还有堪舆、医术等方面的文化,它们属于畲族民间的关键性知识而普遍流传。

第二节　畲族档案与记忆的关系

当记忆和历史之间的距离拉伸时,需构筑"记忆之场"②。畲族档案因其记忆属性,将畲族发展历史建立于"牢固的文本"③之上。

一、畲族档案与畲族记忆的关联起源

畲族档案作为"牢固的文本",常以生动形象的语言符号、充满情感张力的故事情节等多样化形式存在,由于历史事件、族群情感、传统文化等关联点,畲族记忆在畲族档案中得以完美呈现。

1. 历史事件:档案与记忆的本原

琳达·哈钦指出,"过去的事件是经验地存在着的……过去的事件,通过在历史的表现,被赋予意义"④。档案中的所有事件均处于已发生状态,档案

---

① 余厚洪:《清代处州畲族民间田契缮写风格》,《浙江档案》2013年第2期,第40页。
② 皮埃尔·诺拉主编:《记忆之场——法国国民意识的文化社会史》,黄艳红等译,南京大学出版社2015年版,第4页。
③ 阿莱达·阿斯曼:《回忆空间:文化记忆的形式和变迁》,潘璐译,北京大学出版社2016年版,第232页。
④ Nancy J. Peterson. "History, Postmodernism, and Louise Erdrich's Tracks", *Publications of the Modern Language Association of America*, vol. 109, no. 5, 1994, pp. 982-994.

中的记忆便是"对过去发生的事件进行客观再现"①,具有连续性和方向性。

美国学者 F. 杰拉尔德·汉姆曾指出,档案"为人类举起一面折射历史的镜子"②。在叙事层面,档案如同故事,"故事构成了事件在其中获得意义的天然语境"③。在畲族民间,宗族谱牒档案记述着蓝、雷、钟等姓的宗族世系发展,科仪文书档案展示着畲族民间的各种仪俗,契约文书档案载录着畲族田地山场屋舍的产权交易或物权变动,既可以贯穿起来形成事件的全貌,也可以分解开来形成若干场景或片段。

当然,"事件的发生是立体的"④,任何档案与记忆都存活于人们生活的时间和空间里,档案的真实性及原始性决定了畲族档案是畲族的记忆载体,是构筑畲族记忆的源泉。如果说"每个具体事件,都应当有相对应的档案生成",那么"每一份真实的档案,都应当在历史中有一个具体事件与之相对应"。⑤ 也许社会发展过程中的各种原因会使档案和记忆出现散佚或遗忘,但是,在过去的时间里已经发生的历史事件,始终是档案与记记的本原,时常成为"记忆和符号的源泉"⑥,可为后人回忆过往事件提供确凿的证据,并且通过彼此有机联系及互相印证得以不断靠近历史真相。

2. 族群情感:档案与记忆的表达

档案形成过程中无可避免地会渗入族群或个人的情感,"当我们在回忆或重述一个故事时,事实上我们是在自身之社会文化'心理构图'上重新建构这个故事"⑦,而这种情感认同,正是档案记忆的建构起点。

---

① 余厚洪:《基于"真实"的档案记忆构建与识别》,《档案与建设》2017 年第 8 期,第 11 页。

② F. 杰拉尔德·汉姆:《档案边缘》,刘越男译,《山西档案》1999 年第 1 期,第 17 页。

③ 阿瑟·丹图:《叙述与认识》,周建漳译,上海译文出版社 2007 年版,第 14 页。

④ 谭君强:《叙事学导论:从经典叙事学到后经典叙事学》,高等教育出版社 2008 年版,第 118 页。

⑤ 李梦飞:《档案与历史的关系研究——从历史的角度看档案与档案工作》,天津师范大学硕士学位论文,2015 年,第 3 页。

⑥ 凯文·林奇:《城市意象》,方益萍、何晓军译,华夏出版社 2001 年版,第 95 页。

⑦ 王明珂:《华夏边缘:历史记忆与族群认同》,社会科学文献出版社 2006 年版,第 25 页。

"情感是人生存于世的基本体验"①,如若缺失了情感,虽然社会系统照样能自主运行,但是生活于如此社会,则可能会失却许多存在的意义。档案记忆中的情感,总是植根于事件的链条之中,甚至成了回忆的内核。这种情感构成了叙述性和阐释性的稳定这种次级的过程的材料"②。畲族民间的盘瓠信仰和祭祖仪俗,映射出的是对族源世系的情感维护。

畲族档案中虽然有些碎片化的记忆无法连缀成一个相关联的完整画面,然而它们是在历史某一时刻生成于记忆主体情感与经验的交织下,单从回忆的真实性而言,它们甚至记录了气氛和情感。例如,单单一份畲族契约,不只是当事人对于某一物权的处置方式,而且还投射了当场的氛围,虽然这些无法进入任何客观描述,但在字里行间隐约可见。

可以毫不夸张地说,一个族群的档案记忆,如同族群凝聚的情感纽带。透过畲族档案,每个畲民都有追根溯源的原生情愫需求,而这恰恰是族群凝聚中畲民诠释自己族群归属、族源由来、族性成因等的寻根依托。畲族档案宛如一个容纳了族群情感或思想的"记忆之场",为族群追源溯流提供了场域和路径。诸如畲族族源叙事中最具特色的盘瓠神话、河南传说等,或虚拟或写实地描述着族群的神性起源与共同经历,模塑着族群情感特质,强化着族群凝聚心理。

3. 文化习性:档案与记忆的传承

传统文化往往具有一种"坚韧的持续性"③,习性则存在于"被构造了的和构造着的性情体系中"④,通过记忆的积淀,传统文化便刻录于族群成员之身心,进而形成族群特性。

---

① 成伯清:《情感、叙事与修辞:社会理论的探索》,中国社会科学出版社 2012 年版,第 68—69 页。

② 阿莱达·阿斯曼:《回忆空间:文化记忆的形式和变迁》,潘璐译,北京大学出版社 2016 年版,第 300 页。

③ 王笛:《街头文化:成都公共空间、下层民众与地方政治(1870—1930)》,李德英等译,中国人民大学出版社 2006 年版,第 13 页。

④ 周成璐:《公共艺术的逻辑及其社会场域》,复旦大学出版社 2010 年版,第 68 页。

作为畲族社会活动的记录者和承载者,档案是维系、体现畲族民间社会统一性和整体连续性的重要基础,"实践和规范都在习惯环境缓慢发生变异的过程中进行着一代代人的再生产"①。通过畲族档案,畲族传统文化信息得以在民间传播,因为档案里满是"可以被复制的鲜活的文化传统和可能复活的传统文化的精神性因子"②。从畲族档案中可以看到畲民一直习惯做的事,因为发生在过去时空中的许多记忆,已经牢固地储存于档案中,而相关习性经过挑选也一并悄然存留于档案中了。

畲族档案的本质重要性并不在于它是过去的,而在于它将现在与过去连接起来,依靠这种连续性,过去的记忆才能呈现于当下。当然,这种传承不会永远保持不变,它会通过变迁而延续下来。从过去与现代的连续性中去考察,才能经由习俗和传统的连续性达到过去。"时间距离不是一个张着大口的鸿沟,而是由习俗和传统的连续性所填满"并让"一切流传物"呈现出来。③ "传统是集体记忆的一种形式,作为一种惯例,它把信仰和实践统一起来"④,因此,一个族群的记忆出之于有意义的习性,就像"据信在某个固定的历史日期"发生的事件会出现重复,它不仅"暗示对过去的延续,而且明确宣称这样的延续"⑤。

一个族群文化的保留或传承,从总体上看,只能是借助档案等文化符号和文化因子的保留或传承。毕竟,通过创造传统建立合法性的尝试并非一个随意或武断的过程,"被创造的传统必须适应于各种社会考虑或习俗。而

---

① 爱德华·汤普森:《共有的习惯》,沈汉、王加丰译,上海人民出版社2002年版,第6页。

② 赵传海:《文化基因与社会变迁:中国社会主义路径走向的民族文化解析》,河南大学出版社2010年版,第37页。

③ 汉斯-格奥尔格·加达默尔:《真理与方法:哲学诠释学的基本特征》,洪汉鼎译,上海译文出版社1999年版,第381页。

④ 邓永芳:《哲学视阈中的文化现代性》,江西人民出版社2009年版,第125页。

⑤ 保罗·康纳顿:《社会如何记忆》,纳日碧力戈译,上海人民出版社2000年版,第51页。

且,这种创造必须对公众而言具有一种渗透着感情的吸引力"①,否则,档案记忆就失去活力。如果说"观念性的最终奠基形式就是人们在其中可以提交或回忆整个重复过程的形式"②,那么"现在的在场"就是观念对象的最终合法起源,而档案记忆正为此提供了依据和支撑。

二、畲族档案与畲族记忆的关系表现

档案与记忆起源于事件、情感和习性,其关系自然建立于这些关联之上。畲族档案与畲族记忆的关系,是叙事与意识、符号与意义、文本与表达、生成与建构的交错呈现。

1. 叙事与意识的关系

记忆"涉及过去,涉及往事"③,记忆对于"事件"叙述之重要性不言而喻。叙事是"描述人类经验随时间展开的一种表征形式"④,畲族档案不仅关注畲民个体经验和族群生活,而且关注畲族社会情境、历史文化,尤其是畲民的经验在其中如何得以建构、形塑、表达和激活。

乔纳森·卡勒说:"历史被作为最终的现实和真理的源头调用,它在那些被设计为由叙事序列生产出意义的叙事模式和故事中阐明自己。"⑤从某种程度上讲,历史"总是用凭证或变成了凭证并被当作凭证使用的叙述写成的"⑥,畲族物化档案在叙事过程中创造和维持了一种有关畲族社会历史的记忆,其实质是将畲民体验转化为在时间、地点上具有意义的意识片段,同

---

① 景军:《神堂记忆:一个中国乡村的历史、权力与道德》,吴飞译,福建教育出版社 2013 年版,第 76 页。

② 雅克·德里达:《声音与现象》,杜小真译,商务印书馆 1999 年版,第 5 页。

③ 龙迪勇:《空间叙事学》,生活·读书·新知三联书店 2015 年版,第 34—35 页。

④ 瑾·克兰迪宁主编:《叙事探究——焦点话题与应用领域》,鞠玉翠等译,北京师范大学出版社 2012 年版,第 47 页。

⑤ Ramen Selden, *Criticism and Objectivity*, London: George Allen & Unwin, 1984, p. 11. 转引自托尼·本尼特:《本尼特:文化与社会》,王杰等译,广西师范大学出版社 2007 年版,第 131 页。

⑥ 贝奈戴托·克罗齐:《历史学的理论和实际》,傅任敢译,商务印书馆 1986 年版,第 2 页。

时又将这些片段串联起来使畲族社会历史事件暗含记忆时间和记忆地点而获得独特意义。正因如此,畲民既可通过档案叙事来记忆,也可通过记忆来讲述畲族社会历史事件。

通常来说,意识的形成离不开记忆的功能,族群存在感的建立,同样离不开记忆的帮助,通过族群档案叙事,才可能"将分散的个体与地点结合成可能的由亲密关系想象的共同体,形成连续、完整的存在"①。档案叙事不仅仅是档案话语的形式,而首先是"一种经验整合和塑形的方式"②。畲族档案在叙事之时,就是将关乎畲民的经验进行整合与塑形,并将其作为传统意识来锻造。畲族档案叙事都有一个共同点,那就是以文化反思作为观照畲族历史的立足点,通过审视、分析、扬弃达到突出历史理性与重塑民族精神之目的。

2. 符号与意义的关系

"回忆之所以向人们承诺了一种未来,是因为它在过去和现在的每一种关系中都发现了'意义'"③;"无结构的、无联系的成分进入功能记忆后变得有编排、有结构、有关联……意义正是存储记忆根本不具备的品质"④。诸如此类的论述,一再证实了档案承载记忆的意义所在。

"符号是携带意义的感知"⑤,符号的意义通常是思维的结果或者思维方式的体现,换言之,"任何意义的表达都必须通过符号媒介才能实现"⑥。畲族档案是畲族记忆过程的物化和固化,当畲族记忆进入档案这一符号时,

---

① 姚新勇:《"历史重述"与"景观再造"——关于当代少数民族文学文本形态变迁的思考》,《民族文学研究》2016年第2期,第82页。

② 陈然兴:《叙事与意识形态》,人民出版社2013年版,第131页。

③ 海登·怀特:《形式的内容:叙事话语与历史再现》,董立河译,文津出版社2005年版,第73页。

④ 阿莱达·阿斯曼:《回忆空间:文化记忆的形式和变迁》,潘璐译,北京大学出版社2016年版,第151页。

⑤ 赵毅衡:《符号学原理与推演》,南京大学出版社2011年版,第1页。

⑥ 张碧:《社会文化符号学》,四川大学出版社2014年版,第2页。

其意义也一并渗入,由符号和意义组合而成的复合体就是"象征"①,畲族档案作为象征符号,是可观察而真实不虚的。

"符号构造了一个空间性映像的连续统一体"②,畲族档案所指称对象何以进入符号体系?畲族档案中的符号形式何以关乎畲民观念或情感?西方哲学曾提出了符号的"观念论""指称论""功用论"等③,借鉴其中关于意义解释的等价和循环观点可知:畲族档案的用途是表达畲族记忆,畲族记忆的意义就体现在畲族档案符号的表达过程中。毕竟,档案意义的生成离不开记忆主体的作用,在档案符号中呈现的人、事、物,总是与记忆的感知和内化密不可分。

"档案作为一种记忆符号,既是记忆的载体也是记忆本身"④,畲族记忆的缤纷多彩,对应着畲族档案符号的形态各异,而这些符号又带着情感和体验的色彩,使畲族记忆在时间洪流里被不停唤起而获得延承与再现。"离开了史料,我们就完全无从触及过去"⑤,也许有关畲族过去的记忆是碎片化的、零散的,但它们毕竟通过档案这一中介留存了下来。一个族群的档案,即便摒弃了表面上带有价值、情感和意识形态色彩,它所蕴含的意义图景,必定不是它所容纳的单个档案叙事简单叠加在一起就能描绘出来。档案是介于精神形式和感性实体的中介物,畲族档案记忆把畲族先民的情感、思想有组织地实体化和符号化,换言之,畲族档案记忆给了畲民的意识与行为以符号形式,同时也使整个族群的历史知识与经验得以不断秩序化。

---

① 瞿明安:《论象征的基本特征》,《民族研究》2007年第5期,第56—65页。
② 劳伦斯·格罗斯伯格:《身份和文化研究:这是全部吗?》,见斯图亚特·霍尔、保罗·杜盖伊:《文化身份问题研究》,庞璃译,河南大学出版社2010年版,第113页。
③ 刘同舫:《符号:意义理论的形而上学探究》,《华南师范大学学报(社会科学版)》1998年第6期,第5—9页。
④ 刘言:《从证据到记忆——档案学之逻辑起点与学科范式嬗变》,苏州大学硕士学位论文,2013年,第50页。
⑤ 彭刚:《叙事的转向:当代西方史学理论的考察》,北京大学出版社2009年版,第186页。

3. 文本与表达的关系

詹姆逊说过,历史"只能以文本的形式接近我们,我们对历史和现实本身的接触必然要通过它的事先文本化(textualization)"①。照此观点,我们通达畲族历史的唯一途径便是畲族档案文本,尽管畲族记忆自身绝不仅仅是文本,但却通过档案文本得到了极好的表达。如果把畲族档案文本理解为记忆编码的信息,那么它无疑是一个族群有意识的表达。其实,档案中的有关过去历史事件的"指涉物"信息,既包括了历史事实本身,又包含了对历史的表达性解释,也就是说,畲族档案文本是畲族意志的独特表达。文本与表达建立关联,"不再通过由文明达到的认识水准(表象网络的精细,能在要素之间确立起来的多重关联),而是通过使文明产生、激活文明并能在其中被辨认的民族精神"②。

历史是"对过去发生的某种事情和过程的意义表达"③,语言作为表达记忆主体的观念的符号系统,体现在档案记忆中,自有一种天然的命令。如果说一个族群真正的历史"出之于有意义的叙述"④,那么一个族群的档案文本则包含了有关族群过去的最为重要的信息,为人们透视过去提供了可能。"文本的有效性取决于它能否突显或者揭示出自身的建构手段(也就是让它的建构性特征引人注目)"⑤,随着对畲族档案的收集、解读和考订的不断深入,畲族记忆会被越来越多地发掘出来、诠释出来、呈现出来。

档案要表达什么,是由记忆决定的。语言作为一种生命形式,"拼合出属于自己的一幅世界地图,一部行为规则"⑥,在言语中,记忆表达成了"一

---

① 詹姆逊:《政治无意识:作为社会象征行为的叙事》,王逢振、陈永国译,中国社会科学出版社 1999 年版,第 26 页。

② 米歇尔·福柯:《词与物:人文科学考古学》,莫伟民译,上海三联书店 2001 年版,第 379 页。

③ 韩震、孟鸣歧:《历史·理解·意义——历史诠释学》,上海译文出版社 2002 年版,第 4 页。

④ 阿瑟·丹图:《叙述与认识》,周建漳译,上海译文出版社 2007 年版,第 147 页。

⑤ 丹尼·卡瓦罗拉:《文化理论关键词》,张卫东等译,江苏人民出版社 2013 年版,第 19 页。

⑥ 齐格蒙特·鲍曼、蒂姆·梅:《社会学之思(第二版)》,李康译,社会科学文献出版社 2010 年版,第 177 页。

种社会活动的理解场域(context)",其显现的对象的意义"甚至可以通过话语的举动来推测"①。畲族档案传达着真正的知识,即畲民必须"据以展开的关键条件的知识"②,包括畲民所遵奉的信仰、表达和价值的模式,也就是他们的精神特质、道德规范等。档案既可真实地呈现记忆,也可带着情感重构记忆,但在进行表达时"都在无意识地追求'趋近真实'"③,畲族档案客观地记述和承载畲族的社会记忆,畲族记忆的价值和意义则在畲族档案中得到了恰当和有效的表达。换言之,档案因为记忆的渗入而实现了文本层面和表达层面的完美结合。

4. 生成与建构的关系

哈布瓦赫曾经指出,"过去不是被保留下来的,而是在现在的基础上被重新建构的"④,人们对过去的建构,通常取决于他们当下的利益和观念,人们习惯于从目前的需要和兴趣出发来生成过去。

从最初源头看,应是记忆的需要催生了档案,因此,记忆虽发生在过去,却借着档案这种媒介得到了存续。如果放在历史发展的长时段来看,档案作为社会记忆的最有效的方式,档案的积累形式,档案在"时间和空间的系统架构,总体上符合了文化传承的需要"⑤。然而,档案和记忆并不是等量或等质的,相对于畲族记忆所涉及的过去,畲族档案固然有太多遗漏而不完全,但在其生成和流传过程中已经渗透了主体因素。档案记忆的重要性,或许就在于"它的再次注册过去,重新恢复它,重新定位它,重新表示它",使得人们可以"从历史的必然性重复的决定论中解放出来"⑥。

---

① 马歇尔·萨林斯:《历史之岛》,蓝达居等译,上海人民出版社 2003 年版,第 236 页。
② 克利福德·格尔兹:《文化的解释》,纳日碧力戈译,上海人民出版社 1999 年版,第 151 页。
③ 葛兆光:《中国思想史导论》,复旦大学出版社 2004 年版,第 135 页。
④ 莫里斯·哈布瓦赫:《论集体记忆》,毕然、郭金华译,上海人民出版社 2002 年版,第 38—39 页。
⑤ 覃兆刿:《档案文化建设是一项"社会健脑工程"——记忆·档案·文化研究的关系视角》,《浙江档案》2011 年第 1 期,第 24 页。
⑥ 霍米·K.芭芭:《文化中介》,见斯图亚特·霍尔、保罗·杜盖伊:《文化身份问题研究》,庞璃译,河南大学出版社 2010 年版,第 75 页。

　　"记忆的本质是可塑性",为了延续记忆,"记忆的主体会在空间和时间上进行表象化的建构"①。任何记忆都包含了"对事件'情节化'(narrativize)的构建"②,过去的事件、情感、传统,在被唤起、生成的过程,处于"一个带有可塑性的动态系统",因此,科林伍德指出,"过去可以解释现在,然而人们只有通过分析它在现在的踪迹(证据)才能认识过去"③。

　　档案作为历史的传承物,显然已远离了其原初所处的历史环境,对当下的人来说,"历史诠释就是在复现历史环境的前提下与历史的对话与沟通"④,对档案中记忆的解释或诠释就是在理解中重建一部"作品",即通过解释或诠释来重构历史之人、事、物在当初的历史境遇,以此来寻求档案的意义。尽管人们确信自己的记忆精确无误,但社会不时地要求"润饰它们,削减它们,或者完善它们"⑤,基于此,不仅要关注档案文本本身,也要关注档案文本在后续语境中所产生的效果,因为历史总处于各种关系之中,由此形成的档案既非完全主观也非绝对客观。诚如扬·阿斯曼所言,文化文本"必须通过注释、扩展、改写得以保持清晰"⑥,记忆同档案一样,其意义不是自明的,需要从知识意义、历史学意义、社会学意义、文化学意义等层面进行新的诠释⑦。换言之,不仅畲族档案是需要解释或诠释的文本,畲族记忆本身也是一种需要解释或诠释的文本。所有留存至今的档案一旦被利用,就可能进行新的理解,一旦档案文本意义无法直接被理解,就必须做进一步的

①　王晓葵:《记忆论与民俗学》,《民俗研究》2011年第2期,第31页。

②　方慧容:《"无事件境"与生活世界的"真实"——西村农民土地改革时期社会生活的记忆》,见杨念群主编:《空间·记忆·社会转型:"新社会史"研究论文精选集》,上海人民出版社2001年版,第483页。

③　Robin G. Collingwood. *The Principles of History*, Oxford: Oxford University Press, 2002, p.140.

④　韩震、孟鸣歧:《历史·理解·意义——历史诠释学》,上海译文出版社2002年版,第9页。

⑤　莫里斯·哈布瓦赫:《论集体记忆》,毕然、郭金华译,上海人民出版社2002年版,第91页。

⑥　扬·阿斯曼:《文化记忆》,甄飞译,陈玲玲校,见冯亚琳、阿斯特莉特·埃尔主编:《文化记忆理论读本》,余传玲等译,北京大学出版社2012版,第13页。

⑦　余厚洪、丁华东:《文献田野与档案意义的发掘——谈少数民族档案研究方法》,《档案学研究》2017年第5期,第69—75页。

解释。

少数民族档案的形成,或采用本民族文字,或借用他民族文字①,畲族有语言无文字,汉文典籍对其记载零碎散乱,族群发展过程中的大量记忆靠口耳相传得以保存。畲族档案所保存的主要是用汉字记录的那部分畲族记忆,畲族记忆的范畴必然要大于畲族档案。对畲族档案的收集、整理,其实就是对畲族记忆的汇总、爬梳,由于每一个记忆都不是孤立存在,而是相互依存、彼此联系的,档案的层累过程,就是将档案散件在空间、时间、人物与族群关系等维度上缀合成相对完整的全景图像,唯有注重其原始生成,才能在相关记忆间展开联系与比较。

畲族档案作为畲族记忆的中介,把畲族的过去、现在以及未来联系起为,形成畲族记忆库。哪怕是如今看来荒诞的神话故事,也曾是畲族千百年来认识世界本源的途径,是畲族回忆族群起源、族群历史的温床。有鉴于此,畲族档案是畲族历史文化的存在依据,是畲族建构共同记忆的基础。但必须明白的是,档案记录本身"需要经过社会选择、认知和情感认同"②才能成为记忆,而这些过程就是在追索其生成之中进行新的建构,让人对档案记录中的经历和感受别有意会。

畲族档案与畲族记忆,两者密不可分,它们以一种特有的方式展示了畲民对于所属族群及其自身过去生活的认知。畲族档案记忆中除了赫赫有名的共同始祖记忆以及家家户户的寻常先祖记忆之外,更多的则是普通民众的记忆。在记忆视角下,来自民间的传说故事、信仰仪俗等,都可以被当作新的史料或事实来解读。对承载了畲族历史记忆的文本和符号进行解说,可以说是对畲族历史的"另一种呈现与表达"③,对理解与解释畲族民间社会或畲民生活具有独特的价值和意义。

---

① 杨中一:《中国少数民族档案及其管理》,中国档案出版社1993年版,第8页。
② 卫奕:《论档案编研与社会记忆的构建》,《档案学通讯》2008年第6期,第45页。
③ 丁华东:《档案与社会记忆研究》,人民出版社2016年版,第44页。

三、畲族档案与畲族记忆的相互作用

畲族档案,就像畲族的记忆之场。包括了档案、认同的记忆之场,是"实在的、象征的和功能性的场所",这三个层次都是"记忆和历史的作用",记忆与历史"交互影响,彼此决定着对方"①,虽然在程度上有差异,但彼此相互关联,无论哪类记忆场都可唤起族群记忆。

畲族档案所记述的真实场景或许已经不复存在,但固化的记忆为人们回顾过去筑就了清晰广阔、生动多姿的场景。若说"承载着各类历史事件、集体记忆、民族认同的空间或地点"成了"特殊的景观"②,那么畲族档案就像"特殊的景观",属于承载畲族历史的记忆空间。虽然其中大多是记忆碎片,但汇筑而成的历史场所,归根结底成了畲族社会记忆空间的场域。因此,畲族档案具有鲜明的"记忆场"性质,可从中探知空间、记忆、历史、社会的密切关系。毕竟,作为"习性的建构之地"和"被习性建构的空间",这样的场域"无法逃逸大社会的卷入"③,畲族档案的生成和保管地通常就在畲族聚居地或迁徙路上暂停行脚的地方,这些场域就是传承、复苏畲族记忆的最真实土壤。

文化具有群体性,是"被群体所共同遵循或认可的共同的行为模式"④,留存下来的畲族记忆,自然是经畲民选择和认同的共同记忆。畲族档案与畲族记忆可谓有无相生、前后相随,它们与畲族历史事实之间往往存在着一种"心性指向",进而根据"族群的情势需要和利益目标",对"夹杂着客观的或主观的、真实的或虚拟的过去"进行"记忆、失忆和重构"⑤。由此不难推

---

① 皮埃尔·诺拉主编:《记忆之场——法国国民意识的文化社会史》,黄艳红等译,南京大学出版社 2015 年版,第 20—21 页。

② 龙迪勇:《历史叙事的空间基础》,《思想战线》2009 年第 5 期,第 67 页。

③ 戴维·斯沃茨:《文化与权力:布尔迪厄的社会学》,陶东风译,上海译文出版社 2012 年版,第 142—150 页。

④ 衣俊卿:《文化哲学十五讲》,北京大学出版社 2004 年版,第 17 页。

⑤ 江杰英:《论历史记忆与族群认同》,《广州大学学报(社会科学版)》2012 年第 4 期,第 27 页。

知,族群凝聚所需的情感依附源于共同档案记忆。

畲族记忆不仅保存于畲民的意象思维中,从现存畲族档案文本中也可深入了解畲民如何思考与判断。由于人"有能力闭了眼睛置身于'昔日'的情境中"①,因而其也有能力从过去的生活投影中感知记忆的独特魅力。情感与记忆的互涵和交叠②,使档案成了"容纳某类主题的话语或思想于其中的框架性的'容器'"③。例如,畲族民间的婚嫁礼簿,虽然都以本色草纸书写,但喜簿上通常会有"会亲大吉"④之类的彩语;畲族婚嫁择吉习俗的"嫁娶吉课",多以红色草纸书写,除了梳妆上轿出娘门、进夫门等时辰外,还提示新娘要避见灶厨,男方房门应贴"麒麟在此""福禄绵绵"等字⑤,将婚嫁场面的喜庆、热闹等进行了渲染,而百年好合、天长地久等祈愿也跃然纸上。

正是出于"谁控制过去,谁就控制未来;谁控制现在,谁就控制过去"⑥的系统性考量,当探讨"社会是如何记忆"的问题时,就自然而然会把档案记忆的内容理解为其所处社会的"幕后安排",将档案记忆的建构功能论证为对所属社会成员进行凝聚的动机。"档案作为集体知识存储器的前提是物质的数据载体,它们被用来作为记忆的支撑物"⑦,畲族档案作为一种媒介,自有其通往畲族记忆的通道,并与畲族记忆主体进行着互动。也正因此,探究档案记忆如何发挥族群凝聚功能是可行的。

一个族群的文化与其所在社会的组织结构是相耦合的,畲族档案作为畲族记忆的凝结物,也就成了维系族群发展的黏合剂。从一定意义上讲,畲

---

① 费孝通:《乡土中国(修订版)》,上海人民出版社 2013 年版,第 19 页。
② 方慧容:《"无事件境"与生活世界的"真实"——西村农民土地改革时期社会生活的记忆》,见杨念群主编:《空间·记忆·社会转型:"新社会史"研究论文精选集》,上海人民出版社 2001 年版,第 488 页。
③ 龙迪勇:《空间叙事学》,生活·读书·新知三联书店 2015 年版,第 45 页。
④ 浙江丽水景宁县郑坑乡吴村《雷政钏娶媳妇礼簿》,清光绪三年(1877)。
⑤ 浙江丽水遂昌县石练镇宏岗山边村《嫁娶吉课》,清光绪二十一年(1895)。
⑥ 乔治·奥威尔:《一九八四》,唐建清译,人民文学出版社 2012 年版,第 200 页。
⑦ 阿莱达·阿斯曼:《回忆空间:文化记忆的形式和变迁》,潘璐译,北京大学出版社 2016 年版,第 13 页。

族档案记忆的族群凝聚的功能主要体现在为族群凝聚提供合法性与合理性的解释。基于畲族档案探索畲族记忆奥秘,考察其对族群生活的潜在影响和预后价值,以求实现历史与现实的对话,并获得对畲族档案记忆的重新理解和诠释,这是本书写作的初衷。

查尔斯·S.梅尔曾说过,"记忆激发历史行为活动;历史研究利用记忆"①。考察畲族族群凝聚,首先得探索畲族起源与发展,整个过程既离不开畲族档案的解析,也离不开畲族记忆的汇合。畲族档案与畲族记忆,互相补充,互相配合,互相渗透,互相促进,有时也会互相纠正,甚至互相抗衡。将档案与记忆相结合,使其成为富有象征意义的复合体,用来探寻其在历史与现实中的多重价值,不仅缘于族群凝聚研究既需要字字确凿的记载和描述,也需要口口相传的见证和经验,更在于档案记忆可提供意义和相关标准。利用档案与记忆的密切关系开展研究,就是为了在证明实体存在之时进行逻辑推演。基于此,在理解档案与记忆的关系时,首先要尊重档案与记忆各自的独立性,以确认两者之间的细微差别,而在理解档案与记忆的共同作用时,则更要将其融合起来,以探求由此形成的凝聚力量。

第三节　畲族档案记忆的属性、特征与功能

畲族档案记忆是畲族档案与畲族记忆的复合体,属于"使用者赋予意义或价值的事物"②,是更高层面的约定俗成。

---

① Charles S. Maier. "A Surfeit of Memory? Reflections on History, Melancholy and Denial", *History and Memory*, vol. 5, no. 2, 1993, p. 143.

② 莱斯利·A.怀特:《文化的科学——人和文明的研究》,曹锦清等译,浙江人民出版社1988年版,第24页。

一、畲族档案记忆的基本属性

畲族档案记忆是属于畲族历史的、集体的、社会的记忆,畲族档案记忆的基本属性即是历史性、集体性、社会性。

1. 历史性

档案记忆的生成与建构,通常基于历史的时序和事件。历史的发展如同一条时光线索,畲族档案记忆虽然在很多时候只是历史事件的碎片,这些碎片或许只能"有限度地复原历史事件"①,但经历史串联起来的畲族档案记忆,实际上成了畲族历史发展的刻写。对于过去的历史而言,唯一能拯救那些记忆的办法,就是"将它们按顺序用书面形式记录下来",亦即一劳永逸地将其归档入册②。对后世社会而言,可借助档案记忆了解前世历史。可以说,虽然"客观存在的档案以自主的口吻讲述着历史的故事",但它们可以成为人们"进行主观历史认识的基础"③。

2. 集体性

一个族群的档案记忆,就是属于族群这个集体。哈布瓦赫将集体记忆定义为"一个特定社会群体之成员共享往事的过程和结果",认为这种"为群体共享的东西"具有双重性质,既是一种物质客体、物质现实,又是一种象征符号。④ 畲族档案记忆作为一种集体记忆,是畲族族群成员在社会交往过程中形成的群体意识的反映和延续,该过程具有族群发展的同一性和特定文化的内聚性,形成的档案记忆属于整个族群。畲族档案记忆载录的是

① 张荣明:《历史真实与历史记忆》,《学术研究》2010年第10期,第109页。
② 莫里斯·哈布瓦赫:《集体记忆与历史记忆》,丁佳宁译,曾祺明校,见冯亚琳、阿斯特莉特·埃尔主编:《文化记忆理论读本》,余传玲等译,北京大学出版社2012年版,第87—88页。
③ 刘言:《从证据到记忆——档案学之逻辑起点与学科范式嬗变》,苏州大学硕士学位论文,2013年,第54页。
④ 莫里斯·哈布瓦赫:《论集体记忆》,毕然、郭金华译,上海人民出版社2002年版,第335、24页。

畲族群体认知或者共有体验，经过数代人的努力，形成一种相对固定而鲜明的文化特征，以区别于其他群体。换言之，畲族档案记忆提供了一种据以寻找族群共同记忆的目标和视角，让畲民坚定地相信族群的过去是"这样"，现在依然是"这样"。

3. 社会性

"过去是由社会机制存储和解释的"[1]，在畲族档案记忆中，畲民的族群意识是通过把能见的现在与建构的过去对接起来而滋生的，是在自我认同与社会中之他者认同的推进中得以强化的，在此过程中，会受到来自社会的各种因素的影响和制约，尤其是社会结构的安排让畲民与所处的社会联系并整合到一起。畲族档案记忆是畲族完整社会记忆不可或缺的组成部分，通过档案记忆"分析传统中的神秘要素并发现其隐含的论题"[2]，对于当下而言，可将其作为丰富人民精神生活的素材，可用于和谐社会建设等。

二、畲族档案记忆的基本特征

档案记忆是历史记忆、集体记忆、社会记忆的交织和汇聚，其间蕴含了记忆作为社会的、族群的、历史的现象的多面棱体认识。与前文述及畲族档案的特点相匹配，在基本属性之上，畲族档案记忆还具有以下基本特征。

1. 呈现地域格局

"所有的历史事件都必然发生在具体的空间里"[3]，畲族档案记忆是在畲族特定的自然环境和社会环境中产生并留存下来的历史记录，在其生成过程中烙上了深深的地域文化印迹，植入了所在场域的精神与灵魂。

知识和理念、行为和惯例，总呈现为一种地缘或地理的谱系分布，拥有

① 莫里斯·哈布瓦赫：《论集体记忆》，毕然、郭金华译，上海人民出版社2002年版，第39页。
② Assmann Jan. *Moses the Egyptian*: *The Memory of Egypt in Western Monotheism*, Cambridge: Harvard University Press, 1997, p.10.
③ 龙迪勇：《空间叙事学》，生活·读书·新知三联书店2015年版，第60页。

各自不同的地方性符号。向山而居的畲民,其档案记忆在空间上所显示出来的特征,与其他地方会有不同。比方说,当其他地方女子遭遇"买休卖休"①恶俗而充满悲伤记忆时,在浙西南山区畲族村落的清代婚契里却可看见,无论是畲客招赘婚契还是寡妇再嫁婚契等,更多的是婚姻自由、男女平等的大喜记忆。

从系统的角度认识地方性,可以看到,各个地方形成的畲族档案记忆,分别构成各类型的子系统,众多地方档案记忆子系统的分布与彼此交叉联系,形成若干有区别的档案记忆地域系统。畲族民间档案记忆不能脱离所在地方的土壤,否则,就不能抓住典型档案事象而从中发现其发展规律,也就无法得到本质的认识。

2. 彰显族群边界

巴斯在族群研究中指出,"造成族群特征的是由它的'边界',而非包含语言、文化、血统等内涵"②。畲族档案记忆具有民族符号专属性。在畲族民间,当畲民通过档案符号来指称事物、表达情感,符号就形成了记忆的文本。从结构功能的角度来看,畲族档案记忆的生产和再生产都流露出鲜明的族群特性。

一方面,畲民将所要记忆的各种信息转化为文字、图像等符号,畲族档案记忆由符号的"能指"和"所指"③组成。例如,自清代起,畲族女性已较广泛地参与民间的物权交易、家产析分等各种经济和社会活动,从畲族档案记忆里可知畲族女性获得了相对宽松的生活空间和相对平等的权利空间。

另一方面,畲族档案记忆以档案符号为媒介,在畲民之间或畲族与其他

---

① 吴志忠、刘金霞:《〈南部档案〉所见的川北城乡婚俗》,《四川档案》2015年第6期,第43—45页。

② 陈乃华:《"族群"与"边界"所延伸的断想——[挪威]弗雷德里克·巴斯(Fredrik Barth)主编〈族群与边界—文化差异下的社会组织〉评介》,《青海民族研究》2015年第2期,第2页。

③ "能指"与"所指"是瑞士著名语言学家索绪尔符号学理论中的两个重要概念。"能指"是所代表的具体事物、具体形象,"所指"是所代表的符号内容。

族群之间进行互动。畲族与汉族杂居,但因其风俗等的独特性而让象征符号越发鲜明,诸如盘瓠信仰、凤凰装等,都被赋予了与畲民形象密切相关的象征意义。

其实,如果仅仅局限于某个地方,将跨越地方的畲族档案分割开来,地方性知识的观念也许会掩盖它们之间可能存在的联系,因而在强调畲族档案记忆的地方性时,基于族群的考虑,应强调其整体性或族群性,两者并行不悖。

3. 模塑认同意识

畲族档案记忆在历经各代的增减修饰后所呈现出的内容,通常已经不是某一个体的原始思想,而是畲民共同的心理状态和价值取向。在畲族民间,畲族档案记忆常常"被认真遵守"①,缘于其中的记忆作为集体共享的基础要素,在不停模塑着畲民的认同意识。尤其是畲族档案记忆里"族性十足"的文化事象,就是由独特传统逐渐内化而成畲民的思想观念与认知习惯。②

畲族档案记忆,是经由畲民用相应的符号及赋予其一定意义构成的,这些各式各样的象征符号,普遍存在于畲民生活的方方面面,虽然在社会变迁中时常"被赋予新的诠释"③,但谁也无法否认畲族档案记忆作为象征"在能指和所指之间有一种自然联系的根基"④,可以让人发自内心地产生认同。

档案本身具有求真、求美、求善等价值⑤,畲族档案记忆能不断唤醒、提取积淀于畲民体内的知识、经验、习性、传统等,并影响畲民在当下的行为与思想,而这恰恰是隐藏于文化现象背后的深层含义,是最值得挖掘的文化内

---

① 保罗·康纳顿:《社会如何记忆》,纳日碧力戈译,上海人民出版社 2000 年版,第 50 页。

② 杨同卫、苏永刚:《论城镇化过程中乡村记忆的保护与保存》,《山东社会科学》2014 年第 1 期,第 69 页。

③ 王明珂:《华夏边缘:历史记忆与族群认同》,社会科学文献出版社 2006 年版,第 32—33 页。

④ 费尔迪南·德·索绪尔:《普通语言学教程》,高名凯译,商务印书馆 1980 年版,第 104 页。

⑤ 任汉中:《论档案的文化价值》,《档案学研究》2005 年第 2 期,第 11—14 页。

涵。因此,对畲族档案记忆的诠释,不光要探析其由来或起源,更应注重寻找其合理而准确的含义。

4. 传承文化纽带

一个族群的传统是其重要的文化遗产,构成了"创造与再创造自己的文化密码"①。畲族档案记忆是畲族文化传承的重要纽带,它们能在畲族民间社会中传播和扩展,并为人们识别和释读。最为典型的是,富有象征意蕴的畲族档案记忆始终在表达着符号的象征意义,并非只是适应所处环境,更与其共同的符号认同和文化心理有关,会随着社会变迁和世事变幻而动态传承。

畲族档案记忆的传承在文化发展过程中会呈现出不平衡状态,不同村落的传承活跃状态亦不尽相同。在大多数情况下,畲族档案记忆的累积和沉淀是一个不断被创造、丰富、发展的动态过程。例如,畲民通常以续修宗谱为契机,使畲族文化脉络经过梳理而得到"外显性延续"②。

伴随着社会发展和变化,畲族档案记忆也不断层累和建构。综观畲族档案记忆可以发现,即便外来文化的冲击使得某些传统象征符号发生了一定变化,但其基本表现形式和所涉及的深层次文化内涵难以发生根本变化。因此,畲族档案记忆是一种由持续和变迁所组成的合成物,在动态传承过程中昭示着特定象征符号的顽强生命力,而符号所自带的意义,也就在传承过程中得以显示。

三、畲族档案记忆的常见功能

档案既能真实地"记",又能逼真地"忆"③,于是人们借助档案这种外在

① E.希尔斯:《论传统》,傅铿、吕乐译,上海人民出版社 1991 年版,第 3 页。
② 蒋国勇、应小丽:《社会认同视野下乡村档案文化建设的实践逻辑——基于浙江省畈田蒋村的调查分析》,《档案学通讯》2014 年第 1 期,第 92 页。
③ 陈秀兰:《档案的社会功能简论》,《湖北大学学报(哲学社会科学版)》2004 年第 3 期,第 367 页。

存储物来"克服人脑自然记忆的种种局限"[①]。根据国内外档案记忆功能相关研究,结合畲族档案记忆实际,笔者发现畲族档案记忆的功能是丰富多样的。

1. 畲族档案记忆的触发功能

触发,是指对象"把自己凸现出来"并以此刺激性对感知行为施加影响。[②] 扬·阿斯曼指出文化记忆有潜在形式和现实形式两种存在形式[③],档案资料中储存的记忆属于潜在形式,而档案这种媒介保证了记忆可由潜在向现实转化。畲民在族群发展过程中形成和遗存的档案,如同引燃畲族记忆的星星之火,一旦碰触,就会引发人们对畲族过去的人、事、物的联想与回味。

档案记忆的触发功能,其本质是经由表面符号的诠释,"在身份内外发生更强烈的和变化更迅速、更频繁的移情作用"[④]。如果说为一个民族的历史意识提供启发的是依照时间顺序排列的古籍文献,那么一个民族的记忆也就在它的"回忆之地"——档案中触发。畲族档案对于畲民来说,就是被赋予魔力的回忆之地。

2. 畲族档案记忆的传承功能

档案"从其产生的原初意义上,就是要克服遗忘"[⑤],将社会实践活动中

---

① 杨智勇:《由原始记忆走向智慧记忆——论档案记忆功能的历史演变及其未来趋势》,《档案学通讯》2014 年第 5 期,第 14 页。

② 方向红:《生成与解构——德里达早期现象学批判疏论》,南京大学出版社 2006 年版,第 254 页。

③ 哈拉尔德·韦尔策:《社会记忆:历史、回忆、传承》,季斌等译,北京大学出版社 2007 年版,第 98—102 页。

④ 参见海宁·贝克《一起生活在(后)现代世界》,该论文发表于维也纳欧洲社会学大会"关于改变家庭结构和一起生活的新形式的会议"上,1992 年 8 月 22—28 日。转引自齐格蒙·鲍曼:《从朝圣者到观光客——身份简史》,见斯图亚特·霍尔、保罗·杜盖伊:《文化身份问题研究》,庞璃译,河南大学出版社 2010 年版,第 34 页。

⑤ 丁华东、倪代川:《论档案的社会记忆建构功能——以徽州历史档案为分析对象》,《档案管理》2010 年第 4 期,第 11 页。

的知识和经验储存起来,让其跨越时空界限得以传递和延续。

从时间上来说,畲族先民将大量的档案记忆以知识和经验等形式传给后人,在这样的代际传承中,畲族的根基性历史和表述性历史在交织糅合中延伸,档案记忆作为族群共有的符码和规则,维系着族群发展,强化着族群凝聚力;从空间上来说,畲族档案的"地方"对于文化回忆空间的建构具有重要意义,但因畲族辗转迁徙令其形成的记忆具有地理上的流动性,畲族档案记忆不仅能通过把回忆附着于某一"地方"使其得到固化和证实,而且由此产生了人物与地点之间的靠近、疏远、磨合、相融等多重变动关系。"地点决定了人的生活以及经验的形式,同样,人也用他们的传统和历史让这个地点浸渍上了防腐剂。"①综合而言,畲族档案记忆融合了时间上的代际线性传承和空间上的地方流动传承,如同"一幅与时空坐标相对应的关于历史地点的图示"②。

3. 畲族档案记忆的印证功能

畲族档案记忆是畲族发展的印记,畲族的根基就在于"历史遗留下来的各种'记录'与'摄录'"③。人们得以观察并认识不可能经验的过去的事件,是因为拥有那些实际上"已经死了和逝去了的"事件"曾发生过的证据"④,在畲族档案记忆里,保留着记忆生成者的思想和行为的痕迹。

畲族档案记忆中所记述的内容,有很多在现代依然可以找到对应点。笔者到浙江丽水松阳县象溪镇村头村调研时,开车路过的地点,与契约中所载地名仍可找到对应之处,一路曲折而行,盘旋而上,峰回路转,几乎将至山

---

① 阿莱达·阿斯曼:《回忆空间:文化记忆的形式和变迁》,潘璐译,北京大学出版社 2016 年版,第 356 页。

② 菲利普·J.埃辛顿:《安置过去:历史空间理论的基础》,杨莉译,《江西社会科学》2008 年第 9 期,第 241 页。

③ 丁华东、倪代川:《论档案的社会记忆建构功能——以徽州历史档案为分析对象》,《档案管理》2010 年第 4 期,第 12 页。

④ 阿瑟·丹图:《叙述与认识》,周建漳译,上海译文出版社 2007 年版,第 56 页。

巅,一个寂静的村庄突然跃入眼帘,阡陌交错,炊烟袅袅,确有"山头人家"之感。生活于其间的畲民,似乎与世隔绝,知道外人的来意后,又有迎接远客的热情,与档案记忆中的描述颇为相似。从中可以看出,档案记忆容易成为故事的元素,能够见证"回忆之地"中的人、事、物。

4. 畲族档案记忆的呈现功能

一个族群的档案记忆,并非神秘莫测的"群体心灵",而是有关过去的回想和意象,这些回想和意象总会被形象化地展示出来。保罗·康纳顿曾指出,"我们对现在的体验,大多取决于我们对过去的了解;我们有关过去的形象,通常服务于现存社会秩序的合法化"[1],面向当下的"昔日重现",通常需要借助丰富多样的方式来展演和传播。

无论是畲族博物馆、民俗馆、记忆馆,还是畲族古籍文献或影视作品,都可将畲族档案以实物、文字、图片、影像等形式予以展示。从丰富多彩的畲族档案记忆里,分明能看到畲民生活的勤俭、仪俗的丰富、族群的团结。

5. 畲族档案记忆的扬弃功能

葛兆光曾用"寻根"和"斩根"来表达人们基于现实需要而对传统、经验等的弘扬与抛弃。[2] 在过去与现在之间,记忆受到交互式的影响。

畲族档案记忆的寻根,即以"回头看"的方式进行文化认同,去洞察历史上的畲族文化与民间信仰、民众生活的深厚渊源关系,去了解畲族档案的意识形态属性和民族属性,去揭示畲族档案记忆的特征和价值等,凭着对畲族文化传统的凸显和夸张化,增强文化自信和族群凝聚;畲族档案记忆的斩根,即以现实利益和需求为出发点,在从档案记忆中反省自身传统文化之时,主动地舍弃来自过去的不合理经验,有意淡化来自过去的不恰当约束,在开发利用中观照经济发展、市场格局、时代审美等与畲族档案记忆本身有

---

[1]　保罗·康纳顿:《社会如何记忆》,纳日碧力戈译,上海人民出版社2000年版,"导论"第4页。

[2]　葛兆光:《历史记忆、思想资源与重新诠释——关于思想史写法的思考之一》,《中国哲学史》2001年第1期,第48—49页。

着密切联动关系的因素,在尊重畬族档案记忆本质的前提下,给畬族档案记忆注入时代因子和新鲜血液,寻求畬族档案记忆与畬族现代社会的最佳契合点。

6. 畬族档案记忆的控制功能

档案是对社会记忆进行控制的一种重要形式,从古至今,社会管理者无不把档案作为维护社会秩序的重要手段,甚至让档案来引领记忆的走向。畬族档案记忆对畬族民间社会的控制功能的实现,其实也说明了畬族档案记忆与族群所在的地方有着密不可分的关联。

显而易见,档案作为社会记忆建构的中介和载体,是"人类社会在时间维度上相互联系的纽带",在"维护社会的井然秩序和控制社会的安定和谐"等方面均具有重要作用。[1] 通过畬族档案记忆控制,能让畬民更加认清族群发展历史,统一畬民对于历史事件的记忆,并能帮助畬民形成相对统一的价值观,让畬民团结协同,从而增强族群凝聚。

7. 畬族档案记忆的凝聚功能

皮埃尔·诺拉曾指出,记忆属于一个团体,是该团体的黏合剂。[2] 畬族档案记忆作为一种召回过去的方式,赋予畬族的过去以生命,尽管传统的畬族社会随着时间的流逝悄然走远,但在档案记忆里它依然近在眼前,今人从现存畬族档案记忆中,可触摸和感受丰富多彩的畬族民间社会生活。

"族群认同是一个族群的精神内核,是形成和凝聚一个族群的本质因素"[3],吴亚东曾指出档案具有"民族主义提升价值"[4],埃里克·霍布斯鲍姆

---

① 汪俊:《档案在社会记忆建构过程中的作用研究》,安徽大学硕士学位论文,2012年,第7页。

② Nora Pierre. "Entre Mémoire et Histoire", in Nora Pierre, *Les Lieux de Mémoire* (vol. 1), Paris: Gallimard, 1984, pp. 23-43.

③ 胡彬彬:《我国民族优惠政策对族群认同的建构机制探讨》,《贵州民族研究》2014年第2期,第5页。

④ 吴亚东:《明清时期徽州历史档案研究》,安徽大学博士学位论文,2013年,第37页。

则指出"民族主义已成为社会凝聚的替代物"①，如果将这些原理联系起来审视畲族档案记忆，无疑能说明畲族档案记忆有利于强化族群意识，让畲民团结或联合起来，从而促成族群凝聚。畲族档案记忆，是畲族族群发展时间和畲族族群生存空间的结合体，作为一种归属于畲民的集体记忆，对于畲民来说，在情感上总是起着统合和凝聚的作用。

一个族群的档案记忆，如同一个丰富而复杂的文化大熔炉，其文化结构涵盖了物态、制度、行为、心态等层面，因而具有"一种群体内聚力的最初的功能"②。畲族档案记忆，当它在发挥触发功能、传承功能、印证功能、呈现功能、扬弃功能、控制功能之时，又会在这些功能的综合作用下，对畲族族群意识产生直接而有力的形塑，越发有利于增强族群凝聚。

本章小结

畲族档案作为畲族社会最原始、最朴素、最根本的活动反映，记录、传递和再现着畲民关于过去的记忆，饱含着畲族特有的观念、心态、情感和习俗，既有有形记忆的形象表达，又有无形记忆的抽象提炼。

档案与记忆，归根结底属于文本与情境的关系，"文本与情境有对应关系，文本结构与情境结构亦有对应关系"③。笔者试图用文本与情境、文本结构与情境结构的关系，既把畲族档案当作文本进行解读，又把它当作一种族群发展的内在书写结构，从中探寻档案记忆和族群凝聚的关系。

畲族档案记忆的多重功能，是合目的性与合规律性之间的辩证统一。畲族档案载负了畲民对自己历史的群体记忆，反映畲民对内外世界、对自身

---

① 埃里克·霍布斯鲍姆：《大规模生产传统：1870—1914 年的欧洲》，见 E.霍布斯鲍姆、T.兰格：《传统的发明》，顾杭、庞冠群译，译林出版社 2004 年版，第 389 页。

② 韩丛耀：《图像：一种后符号学的再发现》，南京大学出版社 2008 年版，第 197 页。

③ 王明珂：《田野、文本与历史记忆——以滇西为例》，《思想战线》2017 年第 1 期，第 4 页。

与他者之间关系的思考,对于畲族档案与畲族记忆关系的辨析以及对畲族档案记忆功能的初步分析,是深入探讨畲族档案记忆在强化族群意识、化解族群冲突、协调族群利益、维护族群规则等方面族群凝聚功能的基础。

第四章　浙江畲族档案记忆的族群凝聚表征

　　"畲"字早在春秋时期就已见于文献①。《诗经·周颂·臣工》云"如何新畲？于皇来牟，将受厥明"。古籍中，"畲"亦作"輋"，《广东通志》言"畲与輋同"，广东的《海丰县志》《归善县志》等均书作"輋"②。

第一节　族群生存的侏俚模式

一、素来向山而居

　　"百越"，是秦汉时期中原人对东南族群的统称。历史学家朱维幹认为，始设于秦始皇二十五年（公元前222）的"闽中郡"，其范围除今福建全省外，还包括江西铅山，广东梅州、潮州以及清代浙江的温、台、处三府之地③，这些地方，正是现今畲族聚居区。东汉后期，因越人"依阻山险"，故常以"山

---

　　①　本研究考察重点在畲族档案，本章在引述有关"畲"字起源、族群发展历史的古籍文献时，仅在正文标注作者、书名等基本信息。

　　②　杨成志等：《广东畲民识别调查（1955年）》，见《中国少数民族社会历史调查资料丛刊》福建省编辑组：《畲族社会历史调查》，福建人民出版社1986年版，第23页。

　　③　朱维幹：《福建史稿（上册）》，福建教育出版社1986年版，第23—24页。

越"指代"百越"。① 学界持畲族源于"百越"之说者其众,赵日和、徐松石认为畲族为"山越的后裔"②;陈元煦、雷先根等也认为畲族并不是从外地迁入而属土著③。

"山越"一词多见于《三国志·吴志》,三国时"山越"分布在今安徽、江苏、福建、台湾、江西、湖南、广东和广西等省区。④ 在唐代之前,闽粤赣等地并未发生过大规模的战争,因而,这些地区不太可能存在民族大迁徙,长期居住于此的"蛮夷",同秦汉时期居住于此之"越人",应是一脉相承的。

自《后汉书·南蛮西南夷列传》"好入山壑,不乐平旷"开始,历代有关畲民向山而居的记述层出不穷。纵览畲族地理分布格局,"以山为基"是主调。在浙闽赣粤等地,用"畲"或"輋"字命名畲民聚居村寨的情况十分常见,粤东地区带"畲"或"輋"的村落多达213个⑤,在浙江境内,虽然带"畲"字的村落名称并不多,但每个畲村都处于万山耸翠、山环水绕之地。

二、秘语盘根成习

"语言也是一种思维方式,不同的语言,自有不同的思维方式。"⑥畲族有其独特语言,清同治《景宁县志》卷12《风土·附畲民》载:"惟语言侏离而不可闻,与邑之操其土音声又迥殊焉。"浙江丽水莲都区南明山街道山根村《蓝氏宗谱》中题诗曰:"出语常与唐国别,时人不用笑休嗔。"从相关记述可

---

① 《中华民族凝聚力的形成与发展》课题组:《中华民族凝聚力的形成与发展》,江苏人民出版社 2012 年版,第 248—249 页。
② 赵日和:《闽语辨踪》,《福建文博》1984 年第 2 期;徐松石:《粤江流域人民史》,河南人民出版社 2016 年版。
③ 陈元煦:《试论闽、越与畲族的关系》,《福建论坛(文史哲版)》1984 年第 6 期,第 62—66 页;雷先根:《畲族源于山越》,《丽水师专学报》1998 年第 1 期,第 40—43 页。
④ 叶国庆:《三国时山越的分布区域》,《禹贡》1936 年第 2 卷第 8 期。
⑤ 王文吾:《带畲、輋、瑶、寮、峎、洞等俗字地名看古粤东畲族的分布》,见《畲族文化研究论丛》编委会编:《畲族文化研究论丛》,中央民族大学出版社 2007 年版,第 72 页。
⑥ 谭元亨:《华南两大族群文化人类学建构:重绘广府文化与客家文化地图》,人民出版社 2012 年版,第 312 页。

知,畲民与其他族群言语不同或不通。"究竟什么称得上内部共同、彼此区分的语言,却在很大程度上是一种带有民族主义意味的决定"[1],可以肯定的是,畲族靠着一种内部共同语言而自我统合,保持了族人之间的联系,增强了族群凝聚力。笔者在浙江丽水莲都区南明山街道山根畲族村调研时得知,村中畲民现在还保留畲族"秘语"[2],对于本族的外来人,依然会采取"盘根"的方式来了解具体情况。

畲族择定一地后,总是聚族而居,畲族村寨"多以血缘相近的同姓人聚合而居,这些同村同姓者一般均为同宗"[3]。在浙江丽水市,蓝、雷、钟三姓畲民通常分片而居,在莲都区老竹畲族镇,沙溪村村民多为蓝姓,道弄源村村民多为钟姓,郑坑村村民多为雷姓。畲族民谚"山哈,山哈,不是亲戚就是叔伯",是比邻而居者为同姓同宗的最好注释。

"地理既殊,则民族亦因之而异。"[4]就像畲族史歌《高皇歌》所唱,"自愿唔爱好田地,山场林上自来开",不管是畲族发源地,还是历史上频繁的迁徙去向,均与山林有关。向山而居无疑是畲民为了族群生存和发展而作出的"智慧性选择"[5],"田土相连、守望相依"的乡土社会结构让畲民族群关系更坚固。

---

① 齐格蒙特·鲍曼、蒂姆·梅:《社会学之思(第二版)》,李康译,社会科学文献出版社 2010 年版,第 140 页。

② 秘语,即"暗语"或"隐语",钟敬文曾指出它是某些社会群体、行业集团或秘密组织出于隐蔽行为的特需而约定的秘密交际语。详见钟敬文:《民俗学概论》,上海文艺出版社 1998 年版,第 319 页。

③ 《中国民族文化大观·畲族编》编委会编:《中国民族文化大观·畲族编》,民族出版社 1999 年版,第 208 页。

④ 此观点出自《岭东日报》光绪二十九年(1903)十一月十一日第 1 版《潮嘉地理大势论》。转引自陈春声:《清末民初潮嘉民众关于"客家"的观念——以《岭东日报》的研究为中心》,见陈支平、周雪香主编:《华南客家族群追寻与文化印象》,黄山书社 2005 年版,第 53 页。

⑤ 王道:《走向市场:一个畲族村落的农作物种植与经济变迁》,厦门大学博士学位论文,2007 年,第 23 页。

第二节　族群来源的统一认识

一、自称盘瓠子孙

族源，是一个族群自我认同的首要指标。关于族群始祖的历史和文化渊源，最容易成为族群凝聚的强大动力。换言之，族群对自身来源或某些遭遇的共同记忆，是族群凝聚的最基本要素。

畲族源于盘瓠，这是最常见的说法。在古籍中，常把远古时期居于江汉流域以南地区的部落统称为"蛮夷"，同时又因其位于华夏族所居中原之南而有"南蛮""南夷"等称谓。[①] 北魏郦道元《水经注》载"（武溪）水源石上有盘瓠迹犹存矣"，行迹之说难免附会，然而，南朝宋范晔《后汉书》卷38《度尚传》，以永寿三年至延熹五年（157—162）"盘瓠蛮"斗争史实，极好地证明了"盘瓠蛮"在东汉时已经现身于岭南。

汉代"盘瓠蛮"，得名于盘瓠神话。吴永章指出，汉代"盘瓠蛮"中与畲族先人关系密切者有"长沙蛮""零陵蛮""桂阳蛮"等，并认为"盘瓠蛮"及其后裔畲族人根源始于楚地。[②] 魏晋以后，"盘瓠蛮"分布渐广，湘南、粤北、赣西一带皆有，施联朱认为畲族源于汉晋时代的"武陵蛮"，族源起于"荆湖地区"。[③] 明清时期，畲民陆续迁入浙江，诸多记述无不肯定畲民与盘瓠的密切关系。清光绪《处州府志》卷30《艺文志·诗篇》云"畲民相传为荆南峒蛮"；清光绪《遂昌县志》卷11云"（畲民）本盘瓠遗种，其后繁衍为五溪蛮"。

畲族作为盘瓠子孙，最大的优待或许当属"蠲其赋役"。《后汉书》卷86《南蛮西南夷列传》载，盘瓠子孙"以先父有功，母帝之女"而无关"租税之

---

①　吴永章：《畲族与瑶苗比较研究》，福建人民出版社2002年版，第2页。

②　吴永章：《畲族与瑶苗比较研究》，福建人民出版社2002年版，第1—3页。

③　施联朱：《关于畲族来源与迁徙》，《中央民族学院学报》1983年第2期，第34—42页。

赋"。畲族自汉代以来长期沿袭免税政策,清代吴震方《岭南杂记》载,潮州西北山寨輋户"不供赋也"。畲族谱牒、祖图序言中亦常有"敕赐御书与子孙都记……免差役,不纳税粮"之类的记述。

相较"百越子遗"说认为畲族为当地土著而言,"盘瓠遗种"说倒是极其符合畲族先民辗转迁徙的特征。而且畲族档案中层出不穷的盘瓠传说,也极其鲜明地揭示了畲族源于盘瓠的无可辩驳性。

众所周知,族群凝聚力的生成,离不开一个十分重要的表征——血缘渗透。据调查,浙江境内的许多畲民,在过去很少与汉人杂居和来往,亦少与汉人通婚,向来把自己看成"另一种人",民族意识十分浓厚。畲民宣称盘、蓝、雷、钟四姓同源。浙江温州文成县《盘瓠世考》抄本载,高辛皇帝"以女招为驸马而生三子一女焉"[①],畲族祖图常记述高辛帝赐盘瓠三子为盘、蓝、雷三姓,一女招赘为钟氏,畲族谱牒中常冠以盘、蓝、雷、钟四姓血脉相连的世系图表。在浙江金华武义县,流传着畲族四姓的传说。流传于浙南一带的畲族歌谣《同源娘姓歌》载,"第一同源娘姓盘,是郎上起是无干""第二同源娘姓蓝,门前花朵叶宽宽""第三同源娘姓雷,门前花朵叶双对""第四同源娘姓钟,十二生肖变无穷"。[②] 畲民强调宗姓的神圣性,在表达对族群宗姓观的认同之时,也流露出钟爱与自豪。

二、信奉四姓总祠

畲民总认为畲族有四姓总祠,畲族谱牒常载"顾我盘蓝雷钟四姓大宗祠肇基于广东凤凰山""广东路上有祖坟"等语,尽管现在广东潮州凤凰山已经无处可寻总祠遗址,然而畲民心中始终有一座总祠。现今在浙南、浙西南等地,畲族蓝、雷、钟三姓共居一地的现象亦较为普遍。

---

① 《盘瓠世考》抄本,浙江温州文成县畲族文书,第 29 包第 118 件。
② 转引自凌纯声:《畲民图腾文化的研究·附录》,见中南民族学院民族研究所编:《南方民族史论文选集(二)》,中南民族学院民族研究所编印,1984 年。

　　盘姓始自畲族始祖"长子"盘自能。长期以来,畲族极少发现盘姓人,其去向似乎已成一个谜。在浙江境内,盘姓畲族现仅有一宗,居于杭州临安区板桥乡沈塘自然村,据施强等人调研记述,该宗"其祖自处州(今丽水)迁出"①,具体年代未见记述。但从盘姓为畲族四姓之首的传统定位来看,盘姓早时应是大姓。

　　蓝姓始自畲族始祖"二子"蓝光辉。浙江境内有蓝姓畲族53宗,单在金华武义县就有柳城镇车门蓝氏宗族、桃溪镇陶七弄蓝氏宗族、新宅镇胡苏岭蓝氏宗族、俞源乡何处蓝氏宗族等13宗,其他如莲都6宗,兰溪6宗,龙游4宗,遂昌、景宁、云和各3宗,龙泉、松阳、苍南、婺城各2宗,庆元、缙云、泰顺、临安、江山、衢州、淳安各1宗。

　　雷姓始自畲族始祖"三子"雷巨佑。浙江境内有雷姓畲族53宗,单在衢州龙游县就有沐尘乡金岭脚雷氏宗族、大街乡沙坑雷氏宗族、溪口镇罗林岗雷氏宗族、庙下乡大竹坞雷氏宗族、占家镇浦山雷氏宗族等10宗,其他如武义8宗,景宁7宗,苍南7宗,莲都6宗,遂昌4宗,文成2宗,松阳、平阳、泰顺、兰溪、桐庐、淳安、衢州、临海、安吉各1宗。

　　钟姓始自畲族始祖"赘婿"钟志深。浙江境内有钟姓畲族32宗,单在丽水龙泉市就有城北乡新庄钟氏宗族、城北乡锯树钟氏宗族、上垟镇花桥钟氏宗族、查田镇小砻坑钟氏宗族、道太乡潘山头钟氏宗族等5宗,其他如莲都、文成、苍南、武义各3宗,景宁、婺城、江山、龙游各2宗,遂昌、泰顺、平阳、开化、淳安、建德、桐庐各1宗。

　　族群的本质,在于自识和他识,"他者的认定和自我认同是族群的最重要的区分特征"②。在浙江境内,"畲族四姓"来源于盘瓠神话,受赐于高辛

---

　　① 施强、谭振华:《族群迁徙与文化传承:浙江畲族迁徙文化研究》,民族出版社2014年版,第55页。本节中盘、蓝、雷、钟四姓在浙江境内的分布数据,依据该书第57—81页有关介绍进行统计。

　　② Barth Fredrik. *Ethnic Groups and Boundaries*: *The Social Organization of Cultuer Difference*, Boston, MA: Little, Brown and Company, 1969, p. 15.

帝,在畲族漫长的发展历史,四姓如同一条绵长的丝线维系着畲民的族群认同,同时也让畲民发自内心地认同盘瓠神话。在畲族民间,首先借助口传故事来表达族群意识,"口述在流变的过程中,也沉淀着某些历史断面,隐藏着历史现场中的'典型场景'或'关键图像'"①,而后再通过文字或者绘画的方式将盘瓠神话固化下来。诚如谭元亨所言,当一个族群发展到一定阶段时,"总会形成其相近的思维模式,以及相应的心理结构,从而会从自己的族群历史中,演绎出英雄传奇,以证明自身存在的合理及优越性"②。畲族的盘瓠神话,作为一种精神的版图,是极具生命色彩的,有着永恒的感召力,因而在族群之内具有极其普遍的传承意义。

族群之发展历史,即使是虚构的历史事实,族群之人也总会在其中创设一个核心的依凭因素。对于畲民而言,畲族四姓是同源不同流的兄弟关系,就是"同一系谱树上的不同枝桠"③。畲族对于族群起源的统一认识,无疑有利于族群意识的产生和强化,越发促进了群体内的一致性。

第三节　族群散处的相认标记

一、长期辗转迁徙

关于畲族的族群起源,还有"河南中原"说,这是与"盘瓠遗种"说有针锋相对意味的说法。蓝青魁通过对相关文献分析后指出,盘瓠神话由古代保留下来且经过不断加工,多有荒诞、妄谬之处,而畲族谱牒序言写上《盘瓠王

---

① 关丙胜:《族群的演进博弈:中国图瓦人研究》,社会科学文献出版社 2011 年版,第 87 页。
② 谭元亨:《华南两大族群文化人类学建构:重绘广府文化与客家文化地图》,人民出版社 2012 年版,第 158 页。
③ 林嘉书:《漳州民间谱牒与民系来源调查》,见陈支平、周雪香主编:《华南客家族群追寻与文化印象》,黄山书社 2005 年版,第 83 页。

祠记》、畲族民间流传《高皇歌》，其原因在于畲民抗争失败后逃匿山林而冒认"盘瓠子孙"以掩盖真实来历，所以畲族原非"盘瓠种"，而是中原"夏裔"人。[①]

持畲族起源地在"河南"之论者，还有肖孝正、周沐照[②]等，他们发现高辛帝所敕赐盘瓠子孙的郡地都在河南境内或者河南周边，因而认为畲族来自中原"河南夷"一支。尽管现在畲民的聚居区主要在闽浙赣粤等地，但他们从河南迁出是因为族群在不断壮大，需要通过南迁来寻觅新的地盘。

畲族在族群发展过程中，经历了长时间、广地域的迁徙。唐以前虽有"畲"字，但一直未用来指称族群。与畲民有关的迁徙记述，偶有追溯至唐代的。据浙江丽水景宁县惠明寺村、敕木山村所保存《唐朝元皇南泉山迁居建造惠明寺报税开垦》记载，唐永泰二年（766），雷太祖进裕公一家"从福州罗源县十八都苏坑境南坑"迁至"浙江处州府青田县鹤溪村大赤寺，后居叶山头"[③]，这是有关畲民迁徙的最早记述。在元末战争中，浙江人口损失甚众；在明代初年，又有许多民众被强制征调迁移，畲民在此时向浙江方向迁徙，一定程度上填补了浙江劳动力的不足；明清时期是畲族迁徙的高潮阶段，同时也形成了当今畲族的基本分布格局。

在闽浙皖三省，畲族的迁徙路线大致如图 4-1 所示。

二、约定以谱为证

对于畲民来说，当从一个地方迁徙到另一个地方之时，环境发生了变化，然而他们在历史上形成的独特民族文化并不会因为迁徙而消失，而是在新的地方继续保存了下来，而且彼此之间仍有亲和力、凝聚力。其中最重要

---

① 蓝青魁：《畲族族源试论》，《福建论坛（文史哲版）》1986 年第 4 期，第 61—64 页。

② 肖孝正：《畲族渊源初探》，《福建论坛（文史哲版）》1986 年第 4 期，第 55—60 页；周沐照：《关于畲族祖籍和民族形成问题》，《江西社会科学》1986 年第 1 期，第 141、135 页。

③ 《景宁畲族自治县概况》编写组编：《景宁畲族自治县概况》，浙江人民出版社 1986 年版，第 20 页。

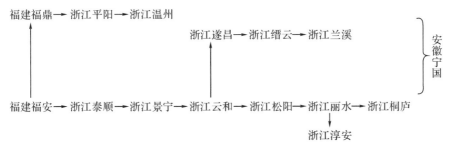

图 4-1　畲族在闽浙皖三省迁徙路线图①

的一个原因就是"以谱为证",而后则在于族谱编修。换言之,族谱如同一种蕴含政治策略的"心理态度结构"②,这种结构具有极强的社会凝聚力。

在浙江丽水遂昌县《钟氏创修家谱志》中,其"行程簿"载述了钟集洪一家的迁徙记忆:自南宋绍熙三年(1192)从潮阳迁出开始,几乎每一代都处在不断迁徙中,单从钟大孙这一代来看,明宣德三年(1428)迁漳州南靖县,景泰元年(1450)迁泉州同安县,景泰八年(1457)又迁入安溪,天顺五年(1461)再迁福州连江县,成化十年(1474)再迁入罗源县,46 年间共迁移 5 次。③ 毋庸置疑,钟氏"行程簿"的记载,勾勒出了钟氏早年往往返返、徐徐而行的过程,也让钟氏后人可依此路线去寻根。

笔者在调研中得知,修续谱牒是畲族内部影响最为广泛的事件之一。据畲民描述,修续谱牒是除了与经济利益相关事务之外,畲民热情最高、主动参与程度最明显的事务。细究其因,在于畲民"看重家族生命,又看重家族历史,把家族谱牒的修纂作为族人与命运抗争的一种生存方式"④。虽然

---

①　参见施联朱主编:《畲族研究论文集》,民族出版社 1987 年版,第 52 页。路线图中省份为作者所加。

②　James L. Watson. "Anthropological Overview：The Development of Chinese Descent Groups", in Patricia Ebrey, James L. Waston eds. , *Kinship Organization in Late Imperial China* 1000-1940, Berkeley：University of California Press,1986,p. 287.

③　吕锡生:《畲族迁移考略》,《浙江师范学院学报(社会科学版)》1981 年第 2 期,第 83—87 页。

④　蓝炯熹:《畲民家族文化》,福建人民出版社 2002 年版,第 104 页。

修谱并非畲族所独有的行为,但较其他族群而言,畲族对修谱更为重视。畲民认为借由谱牒可以获得更多族群历史的信息,可以更加清晰地厘清亲友间的远近亲疏,"能把散落各地的部氏族人重新凝聚在宗族旗帜之下,形成一个情感紧密的共同体"①。对于已经习惯了关系网络的畲民而言,修续谱牒无疑是一件特别有意义的事。

畲族在辗转迁徙中随身携带原乡族谱,唯恐"世远年湮"而"不知祖宗之来历",即使分处各地,族人亦可"按籍观览"而"不忘其祖"②;外迁择地定居后,畲民也会修续谱牒,甚至派专人前往原乡寻访族谱世系。由此可知,族谱成了族群凝聚的重要工具。

第四节　族群困境的抗争意识

一、反抗剥削压迫

畲族是一个历经苦难的民族,畲民为了族群命运进行着艰苦卓绝的抗争。

米歇尔·福柯曾指出,"时间为表象规定了一个线性序列的形式;但表象有义务在想象中恢复它自身"③。从古籍文献记述可知,畲族先民的抗争意识根源于他们所受的剥削和压迫。畲民交纳土物可溯源于宋代。据南宋刘克庄《漳州谕畲》记述,当时"官吏又征求土物蜜蜡、虎革、猿皮之类",因而"畲人不堪,恕于郡,弗省,遂怙众据崄,剽掠省地"。④

---

① 唐胡浩:《历史的印迹:民族认同变迁与现代性重构——三家台蒙古族村的个案研究》,世界图书出版广东有限公司 2013 年版,第 149 页。

② 浙江温州苍南县畲族蓝姓浮柳支系《汝南蓝氏宗谱·铭志》,清同治八年(1869)。

③ 米歇尔·福柯:《词与物:人文科学考古学》,莫伟民译,上海三联书店 2001 年版,第 437 页。

④ 刘克庄:《后村先生大全集》卷 93《漳州谕畲》,见《中国少数民族社会历史调查资料丛刊》福建省编辑组:《畲族社会历史调查》,福建人民出版社 1986 年版,第 348 页。

从南宋的"畲民""山客輋"等称谓可以推知"畲"之族称在南宋已被广泛认同并逐渐固定下来。可以说,宋时"畲"已具备"独立民族"[①]的各种要素:他们有共同的生活地域——赣闽粤三省的溪峒;他们有共同的经济生活——处在刀耕火种阶段;他们有共同的语言——"与华语不通","外操一音";他们有共同的风俗习惯和文化心理——"椎结跣足","群聚剽掠",骁勇善斗,有反抗精神。相关的文献描述,赋予了这一族群以明确的标志——"畲",作为一个有鲜明的文化特征且为人们明确认知的族群,至迟在南宋中叶已经形成。

自南宋末年起,由畲民组成的"畲军"就是反宋抗元的重要力量,对于畲军的处理,元统治者可谓小心谨慎,不敢掉以轻心。这在很大程度是由于畲族集中居住于闽粤赣交界地区,能凝结成一股强大的势力,即便散处居住后,畲民之间也有联络,或者与汉人融合形成军事力量。

元代与"畲"相关的称呼,《元史》中有"汀漳畲军""漳、泉、汀、邵武等处八十四畲官吏军民"等。"畲军"之谓,与元代社会动荡有关。畲军人数甚众,据元官方记载,福建抗元首领陈吊眼畲军有数万。[②]元时亦用"畲民"来指称闽粤赣边不入编户以及未开化的族群,《元一统志》卷8《汀州路·风俗形势》载:"(汀州路)西邻章贡……党与相聚……动以千百计,号为'畲民'。"

除了受官府的压迫,畲民还受地主的雇佣和剥削。明代熊人霖《南荣集》卷12《防菁议上》载,"菁民者,一曰畲民……至山主取息太刻,每激菁民走险"。畲民遭受山主与寮主的双重剥削,过着极其悲惨的生活,这迫使其奋起抗争。

明清之际,嘉靖《惠州府志·外志》、清代顾炎武《天下郡国利病书·广东上》、清代邓淳《岭南丛述》诸籍均有官府滥征土物、苛赋繁重迫使畲民走

---

　　①　此处有关畲族作为独立民族具备的要素论述,参见谢重光:《畲族与客家福佬关系史略》,福建人民出版社2002年版,第169—171页。

　　②　吴榕青:《历史上潮州的畲人——对文献记载之再检讨》,见《畲族文化研究论丛》编委会编:《畲族文化研究论丛》,中央民族大学出版社2007年版,第85页。

上反抗之路等记述。据傅衣凌研究,清崇德三年至七年(1638—1642),以畲民为主体的靛农发起的武装叛乱,横扫浙江西南地区的 12 个州县以及福建的邻近地区,甚至蔓延到了广东的部分地区。[①] 据浙江丽水云和县梅源东坑村蓝三满所创编的《长毛歌》记述,清咸丰八年(1858),太平军石达开部抵达云和,畲族人民纷纷响应,《长毛歌》中运用亲闻亲见的事实,澄清了统治阶级加于太平军头上的污蔑之词,还原了被颠倒的历史事实,在歌颂太平军纪律严明、英勇善战之时,也歌颂了当地畲族人民的反抗精神。据云和县党史资料读本《云和县畲族人民革命斗争史》[②]之绪论所述,光绪年间,小窟畲民蓝火新面对山主将山租铜钿"十六串"写为"六十串"的欺诈行为,跑遍云和、丽水两县所有畲族村寨,唤起各地畲民团结起来,联名到官府控告并最终打赢了官司,有力地挫败了山主欺诈畲民的企图。

笔者曾撰文分析清代浙江处州畲族田契大多"不粘契尾"的怪象,畲民认为契约既已投契纳税且钤有官印,加粘契尾未免多此一举,因而"弃置不理"[③],同时也因官颁契尾需"每张捐银一两",畲民本已生活困顿,捐银"购买"契尾实在勉为其难。在此情境下,畲民拒不粘契流露出对官方苛捐杂税的抗争情绪。

民国时期,畲民(亦常被称作"畲客")所受的剥削十分深重。畲族山歌里有一类诉苦歌,唱出了旧社会畲民的苦难,用以揭发和控诉强权者的种种罪恶,例如《长年歌》《血泪当饭菜》等。畲族传统山歌《血泪当饭菜》载:"地霸刮地勒租来,白匪抓丁款又派;奸商贱买再贵卖,高利盘剥民受害;镰刀挂壁锅底翻,畲民血泪当饭菜。"浙江苍南等地《苦歌》言"命字算来是不公,十

---

① 傅衣凌:《明清封建社会土地所有制论纲》,上海人民出版社 1992 年版,第 129 页。
② 云和县政协文史委员会等:《云和县畲族人民革命斗争史》,2016 年。
③ 余厚洪:《清代处州畲族民间田契的分类与特色探析》,《档案学通讯》2013 年第 2 期,第 102 页。

个山哈九个穷;财主不做吃不了,山哈做死两手空"①,反映了畲民的艰苦生活。畲民以民歌为斗争武器②,畲族民歌对残酷统治、高利盘剥、苛捐杂税等现象进行了揭露和控诉,鼓舞畲民团结起来进行斗争。

1924年沈作乾在对丽水畲民做调查时发现,畲民"以番薯为正粮,玉蜀黍次之"③,可见畲民生活极度贫困。施联朱等人于1953年对畲民的调查显示,中华人民共和国成立前,畲族民间地租金额约占产量总额的50％,而且租地主的田必须先送鸡、黄豆等;畲民向地主借贷,通常是5月借12月还,利息100％。④

二、发扬忠勇精神

在革命战争年代,畲民的忠勇精神得到了更为充分的展示。从土地革命战争到抗日战争再到解放战争,畲民在战争最艰苦的年代,以对党忠诚和保守秘密等特点,为革命做出了巨大贡献和牺牲。笔者在浙江丽水市云和县雾溪乡坪垟岗畲族村调研时了解到,该村于1939年春建立了中共地下党支部,畲民雷陈高担任党支部书记,雷洪负责地下党组织的发展工作。1947年9月,云和县武工队为使部队获得稳定的物资保障,决定利用雷陈高曾做过"树客""牛贩"⑤的经历以及雷洪的合法身份,建立坪垟岗后勤保障基地。村中有株千年苦槠树,树洞内曾藏过游击队物资,被称为"革命树"。雷洪家曾置备了钢板、油印机等器具,用于印制传单、文件等,当时中国共产党的一

---

① 《中国民间文学集成·浙江省温州市苍南县歌谣谚语卷》,苍南县民间文学集成办公室编印,1998年版。
② 姚周辉:《论畲族民歌的深厚传统及实用功能》,见《畲族文化研究论丛》编委会编:《畲族文化研究论丛》,中央民族大学出版社2007年版,第367页。
③ 浙江省丽水地区《畲族志》编纂委员会、中共浙江省丽水地委统战部、浙江省丽水地区行署民族事务处编:《丽水地区畲族志》,电子工业出版社1992年版,第63页。
④ 施联朱等:《浙江景宁县东衕村畲民情况调查(1953年)》,见《中国少数民族社会历史调查资料丛刊》福建省编辑组:《畲族社会历史调查》,福建人民出版社1986年版,第8页。
⑤ 云和当地人将从事木材买卖者称作"树客",将从事耕牛买卖者称作"牛贩"。

些刊物、档案资料以及枪支弹药等物品均存放于他家一个暗仓里。1948 年夏,因雷陈高、雷洪活动过于频繁,国民党云和县自卫队察觉到了坪垟岗有共产党游击队秘密活动,于是派兵对坪垟岗村挨家挨户搜查。雷洪被捕入狱后,受尽严刑拷打,但他始终没有透露共产党的半点秘密,展现了畲民的英勇无畏精神。

1956 年,国务院正式把"畲"确定为畲族族称。在族称确定时,将其释义为:"人"是草寮的人字架,"示"是表示这支古老民族的人,"田"是表示这支古老民族迁徙到哪里就在那里开田垦地、繁衍后代。[①] 在浙江丽水景宁县畲族博物馆内,也有对"畲"字的介绍资料,而且把"田"字的含义丰富了一层:表示该民族成为祖国大家庭中的一员,在土地改革中分得一分土地。

以"畲"为名,与畲族谱牒所载"只望青山,刀耕火种,自给自足"的记忆保持一致,也充分体现了历史上畲民勤劳勇敢的劳动本色。"在旧社会,不少畲族人民……不敢承认自己的民族成分;在新社会,畲族人民享受当家作主的政治权利"[②],尤其是在党的十一届三中全会以来,随着党和国家对畲族地区的政策倾斜和扶持力度的加大,畲族地区贫穷落后的面貌得到了很大的改变,畲族在社会主义民族大家庭中安居乐业、和睦共处。

本章小结

畲族是一个古老的族群。作为处于华夏边缘的一个族群,畲族已然认识到稳定族群认同、增强族群凝聚的关键在于让族群成员共享记忆,因而以档案为媒介寻求族群认同并通过实践不断强化。

---

① 钟玮琦:《我参加畲族族称调研和确定的经过》,见浙江省政协文史资料委员会编:《浙江畲族百年实录》,浙江人民出版社 2013 年版,第 148 页。

② 蒋炳钊:《畲族生成"四要素"变化的历史考察》,见《畲族文化研究论丛》编委会编:《畲族文化研究论丛》,中央民族大学出版社 2007 年版,第 121 页。

　　费伦等曾指出,"一个族群就是一个比家庭大的群体,其成员资格主要由血统来确定,并且在传统意义上被当做一个具有自然历史的群体"[1]。从本章的论述中可以看出,畲族具备了族群的特征,其族群成员资格首先是由血统确定的,他们所共享的文化也是独具特色的,他们对于自己的文化十分珍视,更重要的是,他们"具有实在的或者记忆中的母地","具有群体共享的并非完全构建的而是有一定现实基础的历史"[2]。而且,在族群发展过程中,随着档案记忆的固化和传承,畲族的族群凝聚也得到加强。

　　同一族群之人,"相信有一个共同的血统、共同的历史记忆和共同的文化元素"[3]。畲族族群凝聚的产生,一个重要的基础就在于该族群成员拥有"一种共同性的历史记忆(或者是经历)"[4]。正史编纂的传统虽然延续了下来,但因诸多原因,正史的原始资料却被有意或无意地销毁与修改。[5]　然而,在畲族民间,自有族群历史以来,尤其清代至民国时期,文书档案的规模化遗存,充分说明了在畲族发展历程中,畲民对于族群的来源、经历有了共同的记忆。畲族在历史上曾是一个聚居民族,即使散处也依然信奉共同祖先,保持原有习俗,在发展过程中拥有了与众不同的民族性格、习俗和文化,拥有了属于自己族群的独特社会意识和心理素质,族群凝聚的表征向来是分明而清晰的。

---

　　① James Fearon, David Laitin, *Ordinary Language and External Validity: Specifying Concepts in the Study of Ethnicity*, Presented at the LiCEP Meetings, Oct. 20-22, University of Pennsylvania, 2000, p. 20.

　　② James Fearon. "Ethnic Structure and Cultural Diversity by Country", *Journal Economic Growth*, vol. 8, no. 2, 2003, pp. 195-222. 转引自左宏愿:《原生论与建构论:当代西方的两种族群认同理论》,《国外社会科学》2012 年第 3 期,第 109 页。

　　③ Stuart Kaufman. *Modern Hatreds: The Symbolic Politics of Ethnic Wars*, Ithaca, NY: Cornell University Press, 2001, p. 16.

　　④ 王灿、李技文:《近十年我国族群认同与历史记忆研究综述》,《内蒙古民族大学学报(社会科学版)》2012 年第 3 期,第 23 页。

　　⑤ 侯旭东:《喜撰史书与弃置档案——我国史学传统中历史意识的偏好》,《中国社会科学院院报》2007 年 5 月 10 日第 3 版。

第五章　浙江畲族档案记忆的族群意识强化功能

　　"一切经验的知、历史的知都以本真意义和起源意义为前提"①，"被回忆的过去"并不等同于被称为"历史"的知识。一个族群的记忆，通常从追根溯源开始，在族群"被回忆的过去"里，永远掺杂着对身份认同的设计。畲族的族群意识，经由畲族档案记忆的族源叙事而日渐清晰。

第一节　浙江畲族档案记忆强化
族群意识的核心叙事

　　族群是"拥有共同的神话和祖先，共享记忆并有某种或更多的共享文化"②的共同体。畲族档案记忆是对族群过去的一种叙事，对于畲族来说，族源历史是对族群最彻底而深远的追忆。"以文字的方式在一定的书写材料上表达思想意图"③，这是档案文本成为人们在社会实践中首选的记录方式的原因。畲族是一个具有悠久历史的民族，畲族的历史起点是从无时间

---

　　①　方向红：《生成与解构——德里达早期现象学批判疏论》，南京大学出版社 2006 年版，第136 页。

　　②　安东尼·史密斯：《民族主义——理论、意识形态、历史》，叶江译，上海人民出版社 2006 年版，第 14 页。

　　③　王铭：《文书学理论与文书工作》，武汉大学出版社 1988 年版，第 13 页。

性的、看似非理性的历史记忆——神话传说开始的。畲族档案记忆中的族源叙事，无不包含传说因素。为了达成族群认同与凝聚，畲民借助档案记忆描绘并呈现了属于自己的想象的共同体。

畲族族源叙事，以一种传说的形式存活在畲族族群成员的记忆中。"传说显然是民众记忆历史的工具之一"[①]，在记忆之维中，特别体现在传说上，虽然不能简单地说"传说就是历史"[②]，但不能否认"传说中没有历史"。在畲族族源叙事中，最具影响力的莫过于盘瓠神话、河南传说与迁徙故事，这些传说是一个社会群体对某一历史事件或历史人物的公共记忆[③]，因而，可以通过对畲族传说文本的分析来推断畲族族群起源的真实情形。

一、盘瓠神话：族群起源的魔幻聚点

"盘瓠神话"较早见于汉文典籍，而且"直至晚近时代在中国南方民族包括一些中原地区仍有不同的口传文本"[④]，有关盘瓠的叙事呈现出鲜明的民族性。

前文在论述畲族族群凝聚表征时，曾述及畲族先民因盘瓠神话[⑤]而被称为"盘瓠蛮"。盘瓠神话，最早载入册籍可溯至东汉应劭《风俗通义》，只可惜该书在北宋时散佚数卷，所记盘瓠神话已不见于今本。据宋代罗泌《路史·发挥二》称，"应劭书遂以高辛氏之犬名曰槃瓠……是为南蛮"。设若此说为真，则可推知后人一再转述、不断扩充的盘瓠神话，均源于应劭所撰。

应劭之后，三国鱼豢《魏略》曰"高辛氏有老妇，居王室，得耳疾，挑之，乃

---

① 赵世瑜：《小历史与大历史：区域社会史的理念方法与实践》，生活·读书·新知三联书店2006年版，第114页。

② 李咏吟：《形象叙述学》，浙江大学出版社2009年版，第69页。

③ 万建中：《民间文学引论》，北京大学出版社2006年版，第187页。

④ 王宪昭：《盘瓠神话母题数据的资料学研究》，《民间文化论坛》2018年第3期，第18页。

⑤ 有关盘瓠神话的叙述，参考了中国古籍史料中诸多关于盘瓠的记载。相关内容可参阅央视网资料《盘瓠龙犬图腾的历史文化渊源（一）》，http://travel.cntv.cn/20111109/112494.shtml。

得物大如茧。妇人盛瓠中,覆之以槃,俄顷化为犬,其文五色,因名槃瓠"①。东晋郭璞为《山海经·海内北经》"犬封国"条注疏时提及"昔盘瓠杀戎王,高辛以美女妻之……得地三百里封之"②,且在《玄中记》中写到相关神话。相比较而言,东晋干宝《搜神记》所记盘瓠神话最为详尽,"盘瓠"得名部分与《魏略》同,但"盘瓠杀戎王"等情节比上述诸文皆详,兹摘引部分文字如下:

> 时戎吴强盛,数侵边境……乃募天下有能得戎吴将军首者,赠金千斤,封邑万户,又赐以少女。后盘瓠衔得一头,将造王阙。王诊视之,即是戎吴。……(王)令少女从盘瓠。盘瓠将女上南山……盖经三年,产六男六女。盘瓠死后,自相配偶,因为夫妻。……号曰"蛮夷"。……用糁杂鱼肉,叩槽而号,以祭盘瓠,其俗至今。③

在《搜神记》中,盘瓠神话已经包括"盘瓠神奇出生""王张榜许诺有能立功者将公主许配""盘瓠立功""盘瓠与公主结合后避世而居繁衍后代"等情节,完整而细致。至南朝,范晔《后汉书》卷86《南蛮西南夷列传》所记盘瓠神话,内容上并无新添,由于去掉了部分怪诞情节而显得可信,历来被奉为圭臬,特别是其中保留的可信部分,不仅使其成为正史,更在畲族发展史中成为不可磨灭的记忆,也成为畲族流传最广的族源叙事。

在畲族民间,盘瓠神话得到了畲族各姓各支的一致认同,在畲族谱牒中多有记录。例如,浙江丽水莲都区老竹镇郑坑村《冯翊郡雷氏宗谱》(1932)对盘瓠出生神话进行了专门记述。在畲族谱牒中,有的还明确标示畲族为盘瓠后裔。畲族祖图还对盘瓠故事进行生动描绘,表示对先祖的尊重。

此外,在畲族民间,还有歌颂、缅怀盘瓠始祖业绩的民族史诗《高皇歌》,叙述畲族祖公盘瓠王征番立功因而娶高辛皇帝第三公主为妻,不愿在朝做

---

① 鱼豢:《魏略》(原文佚),见李昉、李穆、徐铉等:《太平御览》卷785《四夷部六·槃瓠》。
② 袁珂:《中国神话传说词典》,上海辞书出版社1985年版,第48页。
③ 干宝、陶潜:《新辑搜神记 新辑搜神后记》(上),李剑国辑校,中华书局2007年版,第401页。

官,率领全族子孙入山种地和辗转迁徙的过程。《高皇歌》是畲族最主要的一部历史叙事诗歌,流行于浙江丽水、平阳、泰顺一带。郑小瑛等在 1958 年开展调研时曾搜集到 7 种写法稍有不同的抄本[①],抄本稍有不同的原因主要在于口头传播过程中的缺漏。

国家开展民族识别调查时,在浙江丽水景宁县、温州平阳县等地发现,畲民几乎家喻户晓地传诵着祖先盘瓠神话,畲民所述盘瓠神话与上述诸书所记情节基本相同,但在细节上,各地口述及文字记录略有不同。

笔者对浙江境内的畲族盘瓠神话传说进行了梳理,详见表 5-1。

表 5-1　浙江境内关于畲族始祖盘瓠的神话传说

序号	神话传说	文献
1	高辛和龙王	《畲族民间故事》,浙江人民出版社 1980 年版
2	盘瓠的传说	《浙江民间文学集成·丽水地区故事卷》,浙江文艺出版社 1993 年版
3	畲族祖先由来	《浙江民间文学集成·丽水地区故事卷》,浙江文艺出版社 1993 年版
4	盘瓠王传奇	《浙江民间文学集成·丽水地区故事卷》,浙江文艺出版社 1993 年版
5	盘瓠杖	《浙江民间文学集成·丽水地区故事卷》,浙江文艺出版社 1993 年版
6	盘瓠和三公主	《中国民间文学集成·浙江丽水地区:景宁畲族自治县卷》,景宁畲族自治县民间文学集成编委会编,1989 年版
7	龙麒出征	《中国民间文学集成·浙江省温州市:平阳县故事、歌谣、谚语卷》,平阳县民间文学集成编委会编,1989 年版
8	盘瓠出世	《中国民间文学集成·浙江省温州市:文成县畲族卷》,文成县畲族民间文学集成编委会编,1989 年版

[①]　郑小瑛等:《畲族文艺调查(摘录)(1958 年)》,见《中国少数民族社会历史调查资料丛刊》福建省编辑组编:《畲族社会历史调查》,福建人民出版社 1986 年版,第 200 页。

续表

序号	神话传说	文献
9	龙王与祭祖舞	《浙江省民间文学集成·金华市故事卷》,中国民间文艺出版社,1989 年版
10	高辛皇帝封畲氏	《中国民间文学集成·浙江省金华市:兰溪市卷》,兰溪市民间文学集成编委会编,1989 年版
11	畲族的由来	《中国民间文学集成·浙江省金华市:武义县故事、歌谣、谚语卷》,武义县民间文学集成办公室编,1989 年版
12	畲族四姓的传说	《中国民间文学集成·浙江省金华市:武义县故事、歌谣、谚语卷》,武义县民间文学集成办公室编,1989 年版

虽说盘瓠神话是想象性民间故事,属于一种"讲述寻常事件或奇异事件的准历史性故事"①,但畲民宁愿将其视作真实的历史。盘瓠作为族群的起源,不能简单地将其理解为一种"图腾"②崇拜,它更是关乎畲族族群起源的哲学追问。一言以蔽之,盘瓠神话包含了畲族最主要的族群起源记忆、族群祖地记忆和族群迁徙记忆,其作为一种历史记忆,对于畲族历史的建构无疑起到了极其重要的作用。与此同时,它也是一种集体记忆,拨开其中似是而非的浪漫主义云雾,再结合畲族始祖崇拜的客观史实,则可以发现,盘瓠当初不愿在朝为官、不恋安逸权贵而只愿向山而居、刀耕火种的选择,充分表达了畲族先民对山林农耕生活的向往,其间蕴含着浓郁的山耕情怀,这种朴素而深植于畲民内心的认知是畲族族群凝聚的重要来源。在盘瓠神话里,因其在"专注于对超自然的观照"基础上"有意识地通过虚构性或寓言性的形式得以呈现",尽管"经受理性化和人本化的处理"而"富于想象的夸

---

① 罗伯特·斯科尔斯等:《叙事的本质》,于雷译,南京大学出版社 2015 年版,第 231 页。

② "图腾"一词源于北美印第安语"totem",意思是"他的亲族"。转引自掩卷、张懿奕:《神秘文化拾趣》,中国广播电视出版社 2013 年版,第 2 页。另,"图腾"是象征血缘关系的氏族标志。参见路易斯·亨利·摩尔根:《古代社会》,杨东莼等译,商务印书馆 1977 年版,第 162 页。

张"①,但着实深刻揭示了畲民的观念、信仰,表达了畲民深层的人类忧虑和欲望,其中的人物与情节成了畲族族源叙事的储藏库,对族群凝聚具有魔幻式神力。

二、河南传说:族群谱系的建构起点

畲民所藏清代畲族祖图中,其祖图"序言"曾将畲族起源溯自黄帝。清代畲民自称"黄帝之裔",或可用于解释有着长远文献传统的中国人直接或间接攀附共同祖先的一个显著特征。

畲族族源叙事中的河南传说,其基本观点为高辛氏是黄帝正妻的长子,高辛在"亳"定都城,盘瓠三子一婿封郡均在河南一带,因此河南是畲族的发源地。史载帝喾是"黄帝子玄嚣的后裔,居西亳(河南偃师县),号高辛氏"②,而盘瓠源于高辛,故畲族起源地在中原。雷阵鸣在对畲族古籍文献资料进行梳理时发现,浙江丽水景宁县白鹤乡黄山头村清康熙十六年(1677)《雷氏宗谱》言"河南垣(偃)师县","与帝喾居'西亳'有密切关系"③。浙江丽水莲都区大港头镇利山村《雷氏宗谱》言其渊源溯自"炎帝……戏—器—祝融—术器—句龙—垂—盘瓠(亦名凤源)—盘自能、蓝光辉、雷巨佑、钟志深"④。浙江金华婺城区琅琊镇水竹蓬村《蓝氏宗谱》,其《源流序》言"轩辕氏贡秀蓝一株,适值后宫生子,帝欢其,遂以蓝为姓赐名昌奇,及长,分封蓝昌奇为汝南郡火旺公。盖炎帝以蓝为官"⑤,以一世祖昌奇为炎帝神农氏十一世孙,为蓝姓起源备一说。照此看来,畲族的河南传说与盘瓠神话似乎存在明显的矛盾,但从另一个角度来看则会发现,"畲族接受河南传说之

---

① 罗伯特·斯科尔斯等:《叙事的本质》,于雷译,南京大学出版社2015年版,第232页。
② 范文澜:《中国通史(第一册)》,人民文学出版社1978年版,第80页。
③ 雷阵鸣:《畲族民俗资料鉴定考略》,见施联朱、雷文先主编:《畲族历史与文化》,中央民族学院出版社1995年版,第327页。
④ 浙江丽水莲都区大港头镇利山村《雷氏宗谱》,清光绪三十一年(1905)。
⑤ 浙江金华婺城区琅琊镇水竹蓬村《蓝氏宗谱》,民国十五年(1926)。

类汉族祖先移居传说，或许可以看做在叙述关于本族出身传说的层次上表现出汉化的一个阶段"，畲民"通过其原住地就是古代中国的中心区域这一事实，更直接地主张自己就是中华世界的一个成员"①，因此，盘瓠神话与河南传说在本质上并无矛盾，都是对族群起源的追溯，只是体现了神话故事与历史传说的区别，它们甚至和真实与否无关，毕竟，这些记忆都是与过去相连的历史，都属于畲民的族群记忆。

与盘瓠受封地的"河南"相关，又有"南京"一词。浙江温州平阳青街乡王神洞村《蓝氏宗谱》序曰"广东石室地名与南京一脉相连"，诸多记述说明畲族先民最初居住于"南京道"上，南京不是今江苏南京，而是指今河南商丘市一带的南京，南京是比凤凰山更早的畲民聚居地，此地与畲族族谱、祖图记载的盘、蓝、雷、钟四氏先祖受封的地方相近，同在河南省境内。② 吕立汉等分析了"都是南京一路人"的口传记录，认定此"南京"应以历史上的都城来理解，并将历史上定都于南京的记录逐一分析，认为平州、江阳故城在环渤海一带，离少昊之墟（曲阜）不远。③ 从相关记述及研究成果来看，河南传说强调畲族由高辛氏后裔的一支发展而来，河南是畲族的起源地，畲族始祖的祖坟在河南，凤凰山的祖坟只是为了祭祀需要而设立。

在河南传说的导引下，河南也成了畲族谱系建构的起点，在畲族谱牒档案中有诸多记述。在畲族蓝氏族谱中，浙江杭州建德市下涯镇马目联横村《蓝氏宗谱·新序》谓蓝氏出于"汝南芊姓"，春秋时"楚公子亹封于蓝，谓之蓝尹，以邑为氏"④；在畲族钟氏族谱中，均称钟姓源出颍川郡，其中所言"宝图"应是畲族视为传家宝的祖图，"金铜"则为顶端镶铜的祖杖之类。这些档

---

① 濑川昌久：《族谱：华南汉族的宗族·风水·移居》，钱杭译，上海书店出版社1999年版，第225页。

② 王黎明：《犬图腾的源流与变迁（第二版）》，黑龙江人民出版社2012年版，第572—577页。

③ 吕立汉、蓝岚：《一帧弥足珍贵的畲族祖图长卷——钟水寿藏畲族祖图长卷介绍》，见宁德师范学院、宁德市文化广电新闻出版局、宁德市民族与宗教事务局编：《畲族文化新探》，福建人民出版社2012年版，第155—156页。

④ 浙江杭州建德市下涯镇马目联横村《蓝氏宗谱》，清咸丰六年（1856）。

案记忆称畲族蓝姓、钟姓、雷姓的祖籍分别为汝南、颍川、冯翊，也许是按照汉人乐称郡望之习而编造的，但流露出了畲民的中原意识。

畲民对中原的向心意识，并非只是对中原文化的崇尚，更是对以中原为象征的王朝统治秩序的认可，进而升华为"根在中原"的认同，而且这种"根在中原"意识的表达又经历了由模糊到清晰、由自在到自觉的历程。

三、迁徙故事：族群分布的坐标支点

族群在发展历程中，终究不可避免地需要迁徙。畲族原是一个聚居的民族，作为一个共同体，很早就已形成，他们有着共同的地域、语言、经济生活、文化心理素质。有关封赐或迁江南之说固然不能全信，但其中分明透露出畲族先民从某一祖居地往他处迁徙的讯息。

隋唐时期，畲民基本上生活于闽粤赣三省交界地。由原聚居地远迁的畲族属个别现象，"绝不是这个阶段畲族迁移的主流"①。笔者在前文述及唐代以前"畲"字尚未用于族称，但如果可以指代畲民之一部分的话，可在南岳玄泰禅师居衡山时所作《畲山谣》中找到一丝畲民"斫山烧畲"的线索，其中云："畲山儿，畲山儿，无所知。年年斫断青山嵋……又道今年种不多，来年更斫向阳坡。"②这支被称为"畲山儿"的山民，斫山为生，与后世文献中所记畲族"随山种插""去瘠就腴"的迁徙漂泊生活确有诸多相似之处。

在宋代，畲族的迁徙范围依然比较狭小，而且迁徙速度也比较缓慢。从前文曾引述的浙江丽水遂昌县妙高镇井头坞村《钟氏族谱》之"行程簿"中可以看出，在宋绍熙三年（1192）到景定二年（1261）约 70 年时间里，钟氏畲民自广东潮州府潮阳县向外迁徙，但始终在附近的饶平、海阳等县境之内而未远徙。

---

① 《中国民族文化大观·畲族编》委员会编：《中国民族文化大观·畲族编》，民族出版社 1999 年版，第 13 页。

② 普济：《五灯会元》，中华书局 1984 年版，第 314 页。

及至元初,因战争频仍,各地"畲军"的征战调动以及成城、屯田等活动连年不断,畲族活动的范围比宋代以前明显扩大了很多,元时畲族的迁徙路线也显得格外错综复杂。根据《中国民族文化大观·畲族编》一书所述,以"畲军转战"为线,当时畲族迁徙主要随着两支畲族义军转战各地而进行,一支是漳浦的陈吊眼,另一支是循州的钟明亮[1],但这只是主线,应该有更多的辅线。

与元代相比,明代畲族的迁徙有过之而无不及。在此时期,畲族迁徙活动越发频繁了,迁移路线亦更为复杂化,从畲族迁徙范围看,畲民遍布福建、浙江各地山区以及江西、安徽的部分山区。相较于元代,明代畲民的迁徙,其主因不是战事,而是出于畲民"刀耕火种,去瘠就腴"的生产生活需要。从留存下来为数不多的明代畲族档案记忆看,明代畲民的迁徙速度在不同地方呈现出快慢不一的特征,但畲民迁徙总方向是基本一致的,迁徙路径为由南向北,例如,浙江畲民多从福建迁来,而福建畲民多从广东迁来。

到了清代,畲族迁徙仍在持续不断地进行着,但"大分散、小聚居"的分布格局以及与汉族"插花式"杂处的特征在此时期也基本形成。相较于以前各时期,清代畲族档案记忆留存下来的规模明显多了,现在畲族迁徙活动的记忆在此时期的史书和地方志中也时常能见到,因而可借助这些档案记忆来描绘或勾勒畲族迁徙的图像。例如,浙江丽水景宁县敕木山《蓝姓族谱》所描述的"盘旋式"迁徙等,充分展示了畲族迁徙的多样性。

从畲族保存至今的谱牒、祖图、歌言和传说等档案记忆看,都比较集中记述畲族的祖先最早是在广东潮州凤凰山,后来才陆续往福建、浙江、江西、安徽等地迁徙。浙江丽水地区流传的畲族《高皇歌》云"广东掌了几多年……山高土瘦难作食……走落福建去作田……福建官差欺侮多,搬掌景宁共云和……景宁云和来开基,官府阜老也相欺,又搬泰顺平阳掌,丽水宣

---

① 《中国民族文化大观·畲族编》委员会编:《中国民族文化大观·畲族编》,民族出版社1999年版,第13页。

平也搬去,蓝雷钟姓分遂昌,松阳也是好田场"①,记述了畲族辗转迁徙的历程;浙江温州平阳县的清乾隆二年(1737)《高皇歌》抄本,记述了"盘蓝雷钟为夫妇,广东搬走落罗源……亦有搬去福州府,亦有搬走去崇安"的迁徙线路。从这些档案记忆中,可以找出畲族迁徙的出发点和落脚点。

畲族迁徙具有持续性、频繁性的特征,其间也不乏往返迁徙等情况。浙江金华武义县坦洪乡大西畈村《蓝氏宗谱》②中《抄记祖传源流》载,蓝氏本支自明万历十四年(1586)始从福建迁浙江,迁徙路线为福建罗源重上里官坑至卓家山,再迁浙江景宁大洋湖、云和石塘小坪、龙泉十五都岭上、遂昌大垄头等地,清康熙五十六年(1717)又迁云和大坑底村,雍正二年(1724)迁居丽水汛塘等处,在前后 100 年左右的时间里迁移了十余处地方,平均 10 年换地方居住。浙江金华武义县桃溪镇种子源村《钟氏家谱》中《各省府州县行程志》对钟氏迁徙行程有详细记录,洪渭滨曾根据其中的记述进行统计,发现钟凉等 3 人在 1192—1222 年迁移了 4 地,平均 7 年多就换地方居住。③笔者在浙江丽水景宁县鹤溪街道包凤村调研时,曾经听畲民讲述过包凤雷氏的迁徙故事,当地所存《包凤雷氏宗谱》④记述了包氏太祖于唐会昌八年⑤从辛虞县普城山始迁,经江西道州、湖南茶陵、广东揭阳、福建连江等地,明万历年间从福建罗源迁景宁包凤居住,以及后裔分迁泰顺、平阳、青田、遂昌、龙游等地的往返迁徙情况。诸如此类情形,在浙江金华兰溪市水亭乡下罗村《蓝氏宗谱》⑥、浙江衢州龙游县溪口镇罗林岗村《雷氏宗谱》⑦、浙江丽

---

① 浙江省民族事务委员会编:《畲族高皇歌》,中国广播电视出版社 1992 年版。
② 浙江金华武义县坦洪乡大西畈村《蓝氏宗谱》,清光绪二十五年(1899)。
③ 洪渭滨:《武义畲族迁居简况》,见浙江省政协文史资料委员会编:《浙江畲族百年实录》,浙江人民出版社 2013 年版,第 23—24 页。
④ 浙江丽水景宁县鹤溪街道包凤村《雷氏宗谱》,清光绪二十六年(1900)。
⑤ 《包凤雷氏宗谱》中此处所记历史纪年有误,应是唐大中二年(848)。
⑥ 浙江金华兰溪市水亭乡下罗村《蓝氏宗谱》,民国三年(1914)。
⑦ 浙江衢州龙游县溪口镇罗林岗村《雷氏宗谱》,清光绪六年(1880)。

水莲都区联城街道下林村《钟氏宗谱》①中亦有记载,不再赘述。

综上所述,畲族历史上的迁徙可谓接连不断,由于频繁迁徙,畲族格外重视修谱,详细记述祖先世系及迁徙时间、地点等。畲民之迁徙,看似为人口较少民族在封建压迫下的一种逃避行动②,实质上是一种"自发性抗拒",毕竟,再小的力量一旦团结在一起也可以拥有无穷大的力量,迁徙越频繁,族群对凝聚的向往和追求越强烈。

畲族档案记忆里的族源叙事,是口头传说与文字记载的对话式并置,都是"为了聆听同一历史经验之不同声音和不同解释"③。族源叙事作为一种文化象征符号,在同时性传承上能巩固族群成员的认同心理,在历时性传承上可以让后代也寻求认同,表达着畲族历史积淀的价值取向。在畲民心中,盘瓠神话、河南传说、迁徙故事是神圣与神秘的,融于畲族信仰体系、价值观念之中,自有"一种非个人所能驾驭的既定力量和控制力量"④,族群成员总是习惯性地将其视作族群演进史和精神史。当然,从上述分析可知,族源叙事产生于一定的社会历史情境,同时也受社会发展变迁的影响,而社会历史情境影响着族群情感,族群情感又映射于族源叙事上,印证了文本与情境的互映、互生关系。⑤ 畲族族源叙事的档案记忆,既有同母题的变奏文本,又有一致性的精神内核,随着历史更迭、时光流转和环境变迁,族群成员会对这些族源叙事进行再加工和再诠释,从而形成极具生命力的族群记忆,并不断强化着族群意识。

----

① 浙江丽水莲都区联城街道下林村《钟氏宗谱》,清光绪十三年(1887)。

② 曹大明、马信强:《历史记忆的张力:盘瓠传说对畲族游耕农业的延续》,《黑龙江民族丛刊》2009年第6期,第153页。

③ 卡罗林·布莱特尔:《资料堆中的田野工作——历史人类学的方法与资料来源》,徐鲁亚译,《广西民族研究》2001年第3期,第17页。

④ 蓝炯熹:《畲民家族文化》,福建人民出版社2002年版,第18页。

⑤ Graham Watson, Robert M. Seiler. *Text in Context: Contributions to Ethnomethodology*, London: SAGE Pubications,1992; Michael Toolan. *Language, Text and Contest: Essays in Stylistics*, London and New York: Routledge,1992.

第二节　浙江畲族档案记忆强化
族群意识的典型意象

在将畲族神话传说等"口头历史"尽可能全部地汇集而成后，再以现存的文字资料作为一种互证，便可以探寻畲族历史演进的行踪。一般来说，"宣称一个共同的起源等于是宣称一种族群认同"①，换言之，"族群认同是建立在共同的起源记忆上的，这个共同的起源记忆凝聚着族群成员"②。

根据前文对畲族族源叙事的解析，不难看出，畲族档案记忆不单是关于畲族社会生活的某种史实，而且"是一种社会建构物（social construction），是社会构拟于某一人群的边界制度"③。

一、盘瓠：不断完善的始祖形象

族群，是族群成员通过"既有的知识（文献的、生活经验、耳闻目睹、口述传统等）"④在一定情境下生成和发展的。前文曾引述盘瓠神话不断演绎的过程，据饶宗颐分析，盘瓠形象的出现以应劭《风俗通义》为最早，而后鱼豢《魏略》、郭璞《玄中记》、干宝《搜神记》等一再述及，范晔《后汉书》则可谓集大成之作。⑤ 依记述内容可知，盘瓠神话的情节随着时序推移而不断丰富。

早在传说时代已生息活动于斯的"南蛮"，为何盘瓠神话到东汉起才频见记载？这首先缘于蛮族本身无文字记载，汉代中原与蛮族地区交往日益

---

① 王明珂：《华夏边缘：历史记忆与族群认同》，社会科学文献出版社 2006 年版，第 35 页。

② 明跃玲：《论族群认同的情境性——瓦乡人族群认同变迁的田野调查》，《云南社会科学》2007 年第 3 期，第 89—92 页。

③ 万建中：《传说记忆与族群认同——以盘瓠传说为考察对象》，《广西民族学院学报（哲学社会科学版）》2004 年第 1 期，第 139 页。

④ 关丙胜：《族群的演进博弈：中国图瓦人研究》，社会科学文献出版社 2011 年版，第 209 页。

⑤ 此处关于盘瓠神话之成书年代的表述，参见饶宗颐：《畲徭关系新证——暹罗〈徭人文书〉的〈游梅山书〉与宋代之开梅山》，见施联朱主编：《畲族研究论文集》，民族出版社 1987 年版。

频繁,才使中原人对蛮族社会及其习俗等有了直接、清晰的认识。"盘瓠蛮"时代属狩猎时期,盘瓠神话正是狩猎经济的产物,经不断加工而流传,尤其是《后汉书》把盘瓠神话写入正史,曾一度被认为"袭妄谬,实贻后人"。然而,畲族谱牒序言均写有《盘瓠王祠记》,而且广泛流传《高皇歌》,畲族祖图上也以盘瓠神话为依托绘制而成。笔者在丽水学院中国畲族文献资料中心所看到的畲族祖图,无一例外绘有盘瓠形象。这或许是因畲民将自己当作盘瓠后裔而宁愿信奉神话传说为真。诚如蒋炳钊所言,盘瓠神话不是信史,但"神话每每是历史的影子",探讨盘瓠神话就是探讨该"影子"究竟从何而来。[1]

因盘瓠神话而形成的盘瓠崇拜,在畲、瑶两族最为盛行。曾有学者指出,"盘"字在两族中已演化成姓氏,找不到其原始意义,但盘姓在两族大姓中排在最前,表明其"辈分最高"[2]。畲民常将盘瓠称为"盘王""忠勇王",足见其受崇敬程度。

不同区域在演述和传承盘瓠神话过程中发生的变异,在很大程度上反映了对族源文化表述的地域特性,有助于人们更好地认知和理解畲族族源叙事的社会功能。盘瓠的名称,在畲族《高皇歌》中曾被改为"龙麒""龙猛"等版本,畲族叙事歌《凤凰山》云"名字就喔是龙麒""龙麒住在大山场,见日打猎满山乡"[3],可作为对《高皇歌》盘瓠形象塑造的补充。这些实际上都是根据各地不同的理解而塑造出的先祖新形象。但从某种意义上说,无论如何改编,通过叙事所塑造的始祖,都有英勇善战、不慕虚荣、不惧艰险等优秀品质,因而它们都属于畲族记忆传承的有效媒介。

传说是"生活的历史,由集体记忆传播,有残缺不全的和添枝加叶的描述,但也保持了生气和活力"[4]。借助畲族盘瓠神话,可用以追溯往昔,探索

---

① 蒋炳钊:《畲族史稿》,厦门大学出版社 1988 年版,第 51 页。
② 农学冠:《盘瓠神话新探》,广西人民出版社 1994 年版,第 78 页。
③ 雷阵鸣、雷招华主编:《畲族叙事歌集粹》,中国人事出版社 2002 年版,第 10—11 页。
④ 联合国教科文组织编写:《非洲通史(第一卷)》,中国对外翻译出版公司 1984 年版,第 9 页。

畲族族源叙事迷宫。有学者认为盘瓠是历史上真正存在过的一个人,盘瓠崇拜严格意义上并非图腾崇拜,而是"人祖崇拜"[①],这就意味着与盘瓠有关的神话传说,其主要情节都是在可信、真实的历史事件基础上改造而成的。之所以对"真人"之事进行改编,旨在"神化"族群历史人物,从而强化族群认同。尤其是一些经过重新编码而建构的盘瓠神话,更好地突出了同属华夏民族和中原意识的内容。诚如麦克唐纳所言,"每一位活着的赞普都会再现自天界下凡的第一位先祖的人格和行为"[②],对于畲民来说,神化先祖盘瓠也就等于神化族群。从某种程度上说,族群是"一个想象(主观认同)的共同体"[③],尽管其历史记忆是可变的,但一经档案固定下来,则能通过前后变化看出族群记忆流传之脉络。畲族谱牒多载有盘瓠神话,畲族民间也流传着盘瓠故事,但在传述畲族始祖故事时,通常会有一定的改编或变异,现选取3种版本加以介绍,相关信息详见表5-2。

在上述3种档案记忆文本中,第1种描述对象包括盘瓠、高辛、敌王、公主以及所生四姓子孙等,以口耳相传之故事为梗概,是基于记忆事实的文本;第2种将"盘瓠"转为"金麒麟",是在始祖形象基础上的加工,旨在与现今相关地区的畲族崇拜"麒麟"图腾相匹配;第3种把畲族的祖公、祖婆描述为"阿郎"和"龙女",抹去了盘瓠的独特身世,也有意撇开了与皇家的关联,但把畲族心中的"凤凰山"当作背景,同时还加入了阿郎灭大蟒、救宝鸟、杀猛虎等内容,显然是对盘瓠形象的改造,将始祖塑造成了英勇善战的英雄。

从现存盘瓠神话有关档案记忆来看,其记忆内容包括了"歌颂祖先盘瓠不凡业绩""解释民族或盘蓝雷钟姓氏来历""解释因祖先盘瓠立功而后世享

---

①　吴晓东:《苗族图腾与神话》,社会科学文献出版社2002年版,第123页。

②　麦克唐纳:《敦煌吐蕃历史文书考释》,耿昇译,青海人民出版社1991年版,第193页。

③　本尼迪肯特·安德森:《想象的共同体——民族主义的起源与散布(增订版)》,吴叡人译,上海人民出版社2011年版。

表 5-2　盘瓠故事文本比较

相关信息	盘瓠故事文本		
	盘瓠出世	高辛帝封畲氏	畲族祖宗的传说
流传地点	浙江温州文成一带	浙江金华兰溪一带	浙江温州苍南一带
叙事年代	高辛帝时期	高辛帝时期	无时间性叙事
主人公	盘瓠	金麒麟	阿郎
主人公配偶	三公主	公主	龙女
故事情节	盘瓠出生,第七天即会说话,自称"亢金龙"→平番有功→与三公主成婚→生三男一女	王后耳中金虫变金麒麟→异国作乱→皇榜招贤→金麒麟揭榜→喷火焰大败敌军→金麒麟与公主成婚→生雷蓝钟盘四子→到江南开荒耕种	凤凰山金银坑凤凰蛋中生出阿郎→阿郎在天龙岭除灭大蟒、救出宝鸟、取得宝剑,在虎背山杀掉猛虎→与龙女媛连回凤凰山成亲→生雷蓝钟三姓孩子→阿郎、龙女在战斗中牺牲

有免税赋待遇的原因"[1]等,从中不难发现,畲族档案记忆的族源叙事,无论是人物形象的塑造还是故事情节的组织,往往都离不开特定的主题。例如,为了表现先祖盘瓠的忠勇,畲族档案叙事常有意对盘瓠出征前的准备进行浓墨重彩的描写,并就如何通过变形、伪装与番王斗智斗勇等进行细致入微的刻画。最为明显的是,叙事者会根据民众接受习惯,按照某种逻辑规则有目的地组织档案记忆,进而形成类型化、程式化的档案记忆文本,诸如畲族谱牒中有关族源叙事的一致化,十分鲜明地体现了此特征,其核心目的在于促成畲民的同源共祖认知而加强族群凝聚。

浙江金华武义县钟发品、王群编著的《武义畲族三月三》一书,曾描述了这样一件事:民国丁丑年(1937),畲族知识分子雷一声在修福安溪塔村《蓝氏宗谱》序言时,对畲族族谱把盘瓠之说弁于谱端表示"不敢苟同","斯谱之

---

[1] 王宪昭:《盘瓠神话母题数据的资料学研究》,《民间文化论坛》2018 年第 3 期,第 19 页。

作,本拟删之",但蓝氏族人都不同意,雷一声无奈只好作罢,"姑依原谱存之"。[1] 其实,不只是蓝氏,对于整个畲族来说,正是出于对盘瓠神话等档案记忆的信奉,对始祖盘瓠的崇仰才根深蒂固,传说中的记忆因而也被视作真实而牢不可破的记忆。

从畲族档案记忆中的族源叙事可以看出,"民族认同并不是在实在的族体存在基础上自然而然发生的社会事实,相反,它们是被构建起来的身份认同"[2]。正如安东尼·D.史密斯所言,族群既非原生论所称之"与社会共存亡"的群体,也非工具论所称之创造物,而是两者混合,"不断受到时间和空间的重新定义"。[3] 畲族在发展历程中,以一个边缘化的族群姿态和书写姿态,在有限的碎片式的档案记忆中,在内外多重力量的形塑下逐步建构其族群身份。畲族档案记忆在编码重组之时必然存在合理化或创造性的想象空间,在此创造与想象中,"现实的社会历史处境和视域大量投射其中"[4],无疑给经由档案记忆实现族群认同与凝聚提供了典型的个案。

从档案记忆角度看,上述诸多异文的存在,是因为在族群发展过程中,记忆的多样性会让故事文本的情节变化出现种种差异性。要注意的是,"故事和文本不是一回事,某个特定的故事有许多不同的文本讲述,即故事是一个开放的系统,文本是一个封闭的故事事件,文本具有不可重复性"[5],不管是传说故事还是歌谣叙事,不管是宗教箴言还是伦理范本,不同形态和内容的畲族传说,均"显示了推动一个民族并通过从前的原型方式来调整该民族以后行动的标准和惯例"[6]。从精神生活价值层面来看,盘瓠如同一个自由而美好的理想化身真正深入畲民内心,并长期停驻于畲民记忆中。在追根

① 钟发品、王群:《武义畲族三月三》,中国文史出版社 2009 年版,第 21 页。

② 斯蒂夫·芬顿:《族性》,劳焕强等译,中央民族大学出版社 2009 年版,第 74 页。

③ 焦兵:《族群冲突理论:一种批判性考察》,《青海社会科学》2013 年第 3 期,第 44 页。

④ 成祖明:《封建、郡县之变中儒学演进的历史考察——层累成长的古史与记忆重构中的今古文经学》,《文史哲》2017 年第 5 期,第 139 页。

⑤ 林继富:《民间叙事传统与村落文化共同体建构》,中国社会出版社 2012 年版,第 19 页。

⑥ 联合国教科文组织编写:《非洲通史(第一卷)》,中国对外翻译出版公司 1984 年版,第 7 页。

溯源时引入"神圣叙事"有利于达成族群凝聚,相较于其他民族神话中关于盘瓠出生的简略化处理,畲族对始祖盘瓠的神奇出生可谓大肆渲染,载录于谱牒,绘制成祖图。特别值得一提的是,族源叙事中的变化并不是混乱与无序的,其间的细微变化无不对恢复族群起源固有状态有独特的意义,"只有适合大众传播、易于被民众接受的情节才得以保留下来"①,现存不同版本的族源叙事,都显示着族群发展的与时俱进和凝聚力量的与日俱增。由此可见,族群起源叙事会自然而然出现神化祖先的传说。一方面,将族群"神化"充分显示了族群自身存在的神圣性与合法性;另一方面,通过整合族群的历史记忆,并经由族群神话传说来规范每一位族群成员的主观认同,有助于达成族群凝聚。

二、中原:积极寻求的正统意识

畲族的河南传说,一方面受世代口耳相传的影响,另一方面则受谱牒载述的影响。将始祖盘瓠与高辛王的故事发生地设在河南,让畲族发源地在河南顺理成章。② 强调河南是祖源地,旨在表明族群"来自北方——中华世界的中心",是有意强调本族群"在中华世界中的正统性"③,而这恰恰是河南传说最为重要的意蕴。

在畲族谱牒中,记述始祖地为河南者数不胜数。例如,浙江丽水景宁县东坑镇黄山头村民国八年(1919)《雷氏宗谱》"太祖序"叙及原住地"亳"即"今河南垣(偃)师县"④;浙江丽水莲都区老竹镇赤坑村民国二十一年(1932)《雷氏宗谱》曾述及周初时雷勃然、蓝斯仁等从"南京"(今河南商丘附近)迁

---

① 周翔:《叙事情节与社会功能:盘瓠神话流传与变异辨析》,《民间文化论坛》2018年第3期,第40页。
② 钟发品、王群:《武义畲族三月三》,中国文史出版社2009年版,第20页。
③ 濑川昌久:《族谱:华南汉族的宗族·风水·移住》,钱杭译,上海书店出版社1999年版,第229页。
④ 浙江丽水景宁县东坑镇黄山头村《雷氏宗谱》,民国八年(1919)。

广东潮州事①。浙江丽水龙泉市上垟镇花桥村民国四年(1915)《钟氏宗谱》中《重编钟氏族谱序》与《颖川郡钟氏历代世系宗谱序》均记述颖川钟氏世系出自殷汤之裔,"其国在宋,系河南所隶"②。所有这些档案记忆,其实都在强调将畲民之姓归诸正统。

浙江丽水遂昌县妙高镇井桐坞村所存明崇祯七年(1634)《盘瓠王开山祖图》,为浙江境内迄今发现形成时间最早的一幅祖图。在《盘瓠王开山祖图》中,所绘内容包括"招龙庞为驸马封侯""太尉率文武送出赴高堂会""墓葬南京西门虎头山"③等,图中明确指出其墓葬在"南京",意在将族群与中原联系在一起。在浙江境内,畲族传师学师用书的手抄本中,也列有河南十二位神本师爷(祖宗神化)、二十位祖本师爷(最老的祖宗)④,再度说明了河南在畲民心中的重要位置。

畲族的河南传说实际上包含了三个层次的档案记忆:一是畲民重视修续族谱,在修谱过程中自然会在沿袭之时重构族群历史记忆,使畲族先人之历史渗进后人的情感和情绪;二是畲族在谱牒编修时,为了壮大族群势力,与其他族群编修族谱一样,常把同姓人物收录其中,而其中有不少来自中原;三是畲民与汉人"插花式"交错杂居,难免受到周边汉族主流叙事的影响,被"中原正统身份"认同所吸引,在修续谱牒时有意将族群始祖与主流叙事和正统观念联系起来。正是这三个层次的"创作"及其交互影响和吸纳,建构起了畲族族群共享的档案记忆。

相对于盘瓠神话而言,河南传说之中原正统观念是畲族社会流行的另一种风尚。畲民以来自中原为荣,编修谱牒时总要认同于中原的汝南、冯

---

① 浙江丽水莲都区老竹镇赤坑村《雷氏宗谱》,民国二十一年(1932)。

② 浙江丽水龙泉市上垟镇花桥村《钟氏宗谱》,民国四年(1915)。

③ 蓝发明:《〈盘瓠王开山祖图〉发现记》,见浙江省政协文史资料委员会编:《浙江畲族百年实录》,浙江人民出版社2013年版,第30页。

④ 钟玮琦:《我参加畲族族称调研和确定的经过》,见浙江省政协文史资料委员会编:《浙江畲族百年实录》,浙江人民出版社2013年版,第148页。

翙、颍川等郡望,甚至将先世迁徙路线描述得格外曲折离奇。如此证明祖源为中原望族,反映了"以'中原移民'为象征的汉人认同成为地方社会的主流话语"①对畲民的潜在影响,当汉文化认同成为社会主流,畲族民间编修谱牒时"攀附郡望"也就不足为奇。清康熙年间,已有方志编纂者注意到这种现象。吕天锦在清康熙五十八年(1719)《平和县志》卷12《杂览志》中描述,"盘瓠子孙盛于三楚……盖流传渐远,言语相通,饮食、衣服、起居、往来,多与人同……亦相与忘其所自来矣"。如果说"盘瓠子孙"在当时的社会情境里出现"相与忘其所自来",那就意味着其原有记忆被另一种新的记忆所掩盖和替代。当然,这种现象的出现必然有其特殊原因,是畲民为了避免身份暴露而在日常生活中采取的一种尽量保持低调的生存策略。②

　　归根究底,畲民以中原为出发点,其实是站在政治危机的视角来强调族群的自我保护,因而需要利用较高的公平度来调集更多的自由流动资源,这就决定了其要对族群所极力维护的传统的合法性进行追溯。尽管档案记忆中的族源叙事不是绝对意义上的真实历史,而是具有浓厚民间故事色彩的传说,但其依然明显地体现出整个族群的同种人意识。更重要的是,有些传说作为一种社会事实确实存在。在历史情境中,缓解族群冲突的重要途径就是进行调适,有时甚至为了特别目的而不得不放弃真正始祖。所以,弄清楚相关记忆能够形成并一直流传下来的背景,有助于人们了解档案记忆的意义和作用。

　　畲民对中原的追随,致使相关记忆"以素材或框架的形式影响到更多的姓氏、家族的历史重构"③,最显而易见的是,在畲族档案记忆生产过程中,

---

① 黄向春:《"畲/汉"边界的流动与历史记忆的重构——以东南地方文献中的"蛮獠—畲"叙事为例》,《学术月刊》2009年第6期,第143页。

② 唐胡浩:《历史的印迹:民族认同变迁与现代性重构——三家台蒙古族村的个案研究》,世界图书出版广东有限公司2013年版,第53页。

③ 黄向春:《"畲/汉"边界的流动与历史记忆的重构——以东南地方文献中的"蛮獠—畲"叙事为例》,《学术月刊》2009年第6期,第142页。

越来越多同姓之人加入"光宗耀祖"行列,为其中原血统找到了更多的记忆归宿。

三、凤凰:刻意书写的族群图腾

粤东凤凰山在畲族历史上有着独特而显著的地位,不计其数的畲民都将其认定为祖居地,在闽浙赣皖的畲族谱牒中,多有将其视为发源地或发祥地的。

仅以浙江蓝氏畲族为例,就可发现许多有关凤凰山的记忆。在浙江衢州龙游县横山镇余岗村《蓝氏宗谱》中,列有《凤凰山总祠图》等,并叙及本支先祖从凤凰山出发的迁徙路线[①];在浙江金华兰溪市水亭乡西方坞村《蓝氏宗谱》中,列有《广东潮州总祠图》及对联诗句等[②];浙江丽水莲都区老竹镇后坑村《蓝氏宗谱》中《源流序》载,始迁广东潮州丰都县凤凰山"更立都宫"[③];在浙江金华武义县柳城镇车门村《蓝氏宗谱》中,列有《凤凰山祖祠图并志》《凤凰山祖妣墓图》等[④]。

此类描述不胜枚举,尤其是畲族谱牒中的《广东盘护王祠记》,记述凤凰山畲族大宗祠及周围壮丽景色,认为盘蓝雷钟四姓大宗祠肇基于广东凤凰山,充分印证了凤凰山很早就是畲族聚居区。

其实,凤凰山祖祠除了载入谱牒外,在畲族民间歌谣和口碑传说中也广泛流传。流传于浙西、浙南的畲族叙事歌《凤凰山》,其"外迁"部分云"凤凰山上是祖家,想着源头心唔化","尾歌"部分云"隔山隔水唔隔理,都是发覃凤凰山"。[⑤] 流传于浙南一带的《畲族祖宗的传说》[⑥],将始祖的出生与"凤凰

①　浙江衢州龙游县横山镇余岗村《蓝氏宗谱》,清光绪二十四年(1898)。
②　浙江金华兰溪市水亭乡西方坞村《蓝氏宗谱》,民国三年(1914)。
③　浙江丽水莲都区老竹镇后坑村《蓝氏宗谱》,民国元年(1912)。
④　浙江金华武义县柳城镇车门村《蓝氏宗谱》,民国八年(1919)。
⑤　雷阵鸣、雷招华主编:《畲族叙事歌集粹》,中国人事出版社2002年版,第20—21页。
⑥　《畲族祖宗的传说》原载《人民文学》1957年第9期,收入陶立璠、李耀宗:《中国少数民族神话传说》,四川民族出版社1985年版。

山""凤凰""凤凰蛋"等联系在一起。在浙江景宁一带,流传着《盘瓠王和三公主》①的故事,描述盘瓠王变成一只凤凰飞到番邦,乘番王酒醉时割下其头颅而立功,与三公主成婚后,定居凤凰山。

在畲族民间,"凤凰装"是畲族妇女的传统装扮,每逢"三月三"等节日或仪俗活动,畲族女子便戴上"凤凰冠",穿上"凤凰衣"。

如此种种,昭示着广东潮州凤凰山在历史上是畲民的重要聚居地,无论散居何处的畲民都对这块祖先发祥地怀着敬意。无论栖身何处,不管经历了多么艰辛的迁徙,畲民始终以凤凰山为精神家园。凤凰是散杂居畲民保持族群凝聚的象征,是畲民弥足珍贵的族群记忆。

从畲族档案记忆里,可粗略爬梳畲族悠远而漫长的族群发展历程,可大致厘清族源叙事所对应的时间顺序与地点。这些族源叙事,可供人们了解畲族的发展与历史演进,更可让畲民按此线索去寻得共同的族群记忆。从畲族档案记忆中有关盘瓠神话、河南传说、迁徙故事的叙事内容来看,畲民有着极其强烈的族群认同感,虽然在档案记忆中呈现出走向多元文化主义的自我意识的结构特征,但族源记忆是族群成员的集体记忆最深刻的部分,因而成了畲民建构其族群特征与形成凝聚的关键所在。

第三节　浙江畲族档案记忆强化
族群意识的主要路径

族群意识源自族群的共同记忆。借着族群档案记忆,可以追溯族群的共同起源及其历史流变。江英杰曾指出,无论是"以血缘或虚拟血缘关系所凝聚的族群"还是"经融合、分裂、移民所形成的族群",都需要借着历史记忆

---

① 《盘瓠王和三公主》,收入景宁畲族自治县民间文学集成编委会编:《中国民间文学集成·浙江丽水地区:景宁畲族自治县卷》,景宁畲族自治县文化局、民间文学集成办公室,1989年。

来维持族群边界和族群认同。[①] 借由畲族档案记忆，畲族族群意识得到了强化。

一、提炼认同符号

畲族档案记忆中的族源叙事，就像“神话系统中的每个组成部分便都作为系统中的符号而出现”[②]一样，无论采取哪一种方式，都不过是畲民给自己描画出来的一幅图腾。图腾这一复合概念，尽管是“原始的、虚幻的、被歪曲了的”[③]，但它表现了一个族群的共同心理状态。盘瓠神话作为畲族悠久的历史记忆，“隐含着许许多多语言表象下的文化密码”[④]，尤其是“创造族群声誉和形象的英雄”[⑤]。由此推知，档案记忆中有关族源叙事的最原始的表意符号，既可独立存在于各不相同的传承渠道中，也可频现于其他记忆文本或文化产品中。

盘瓠信仰与最早关于畲族的档案记忆紧密相连，给世人留下畲民即为信仰盘瓠的一个古老而神秘民族的鲜明印象。元代福建畲族反元大起义是一个很好的例证，假若没有一定的人口数量和民族向心力，这一规模宏大、具有全国影响力的历史事件不可能发生。“民獠杂处”后的畲民为什么还能随时一呼百应，组织起强大的民族力量反抗封建压迫呢？畲民共同的盘瓠信仰在其中起了很大的作用。“只有畲族的盘瓠崇拜处于至高无上的地位，全民族顶礼膜拜，才可能做出‘振臂一挥，万众响应’的壮举来。”[⑥]

盘瓠神话作为畲族档案记忆的重要内容，同时也作为畲族档案记忆的

---

① 江杰英：《论历史记忆与族群认同》，《广州大学学报(社会科学版)》2012 年第 4 期，第 28 页。

② 张碧：《社会文化符号学》，四川大学出版社 2014 年版，第 17 页。

③ 杨鹓：《符号与象征——中国少数民族服饰文化》，北京出版社 2000 年版，第 248 页。

④ 王宪昭：《盘瓠神话母题数据的资料学研究》，《民间文化论坛》2018 年第 3 期，第 18 页。

⑤ 周大鸣：《论族群与族群关系》，见徐舜杰主编：《族群与族群文化》，黑龙江人民出版社 2006 年版，第 527 页。

⑥ 麻健敏：《试论畲族民间信仰的历史变迁及其影响》，见《畲族文化研究论丛》编委会编：《畲族文化研究论丛》，中央民族大学出版社 2007 年版，第 134 页。

主要载体,其本身已经包含了族群自我认同的成分,当它在追溯族群起源和诠释族群边界时,已将族群历史、族群边界和族群凝聚等整合成了一个有机的统一体。毋庸置疑,畲族的盘瓠,"作为全族性的标志,所具有的族内认同意义比分类意义来得重要"①,由盘瓠神话所衍生出的一系列具有族群标识意义的档案记忆,不断地强化着畲民的认同感与归属意识。

在畲族民间,祭祀远祖的对象是以盘瓠神话和河南传说所构成的神灵体系。从畲族民间保存的古籍文献和实物档案可以看到,有关族群过去的记忆,至今仍有相当完整的存续。畲民"每祭祖,则四姓毕集"②,祭祖活动,长期流行不衰,而且族群成员借此活动聚集在一起。在畲族祭祖仪式中,盘瓠神话、凤凰山传说等族群记忆融贯其中。畲族有"传师学师"仪式,第五十四节有一道程序,叫"坐筵唱《高皇歌》",意即设宴忆祖,首句即唱"三姓坐落成大营,我唱根源分你听",结尾则唱"学师也要归太祖,讲分后代子孙记"。③ 由此可见,"盘瓠""河南""凤凰山"等,已经成了有着外在表意和内在意义的符号,这些记忆渗进了畲民主体的向往、憧憬、构想与追求,因而也就将族群发展的历史与现实串联在了一些,并呈现出了畲民在文化实践活动中的社会心理图式。在畲族档案记忆当中,盘瓠、祖图等就是畲族文化中最显赫的族群身份之象征符号,足以让畲民用于感知族群文化的凝聚点和思想体系。

克里斯蒂娃曾指出,"恒定符号的观念"是一个神话,它造成了"文化恒定性的幻象"。④ 在畲族档案记忆中,族源叙事也总是通过幻想的形式将族源和某一事物或事件联系起来。族源叙事是对畲族社会生活中具有重要影

---

① 李亦园:《宗教与神话》,广西师范大学出版社 2004 年版,第 250 页。
② 《贵溪县志》卷 14《杂类轶事》,同治十一年(1872)。
③ 施王伟:《从歌舞角度谈畲族两个仪式中的文化借鉴因素》,《丽水学院学报》2010 年第 6 期,第 13 页。
④ 丹尼·卡瓦罗拉:《文化理论关键词》,张卫东等译,江苏人民出版社 2013 年版,第 65 页。

响的象征符号,不能单一地看待,而必须将其置于更广阔的语境中①,笔者认为,只有透过图腾崇拜,才能清楚地看到畲民过去生活的影子。正如乔纳森·卡佛所言,"一个族类具有某种特殊的标志……他们都是用这种方法(指'徽号')来标志自己"②,畲族档案记忆,就像"图腾徽号",成了畲族区别于其他族群的标志。

对于畲民来说,"凤凰"是作为一种生活模式和文化传统而存在的,积淀着历史的、社会的、习俗的、文化的、宗教的诸多内涵。与凤凰相关的档案记忆,是畲族文化显性的表征,反映了社会关系的发展和族群意识的强化,"呈现多重动因结构和象征意义,隐含着社会的秩序与法则,透露出诸多的非语言代码信息"③。单从"凤凰装"来说,自其诞生伊始即有族群标志作用,有"向心排异的族徽符号功能"④,它是畲族在过去时代的生活影像,是民族性格、民族心理的折射,在"凤凰"记忆背后,有着精神的、观念的、心理的、情感的、审美的多层因素。换言之,畲族档案记忆,具有了超出一般社会文化现象的含义和表征,固化在人们普遍文化心理中的观念,成了活动着和思维着的符号,恰如恩斯特·卡西尔所言:"符号化的思维和符号化的行为是人类生活中最富有代表性的特征,并且人类文化的全部发展都依赖于这些条件。"⑤

笔者在浙江畲族乡村调研中发现,族谱较之祖图更为畲民熟知,畲民更愿谈论谱牒内容,对祖图则有所隐讳而不直言。从祖图的深层文化意义来看,这是畲族最纯粹的关于族群记忆的历史图像,已然把族群起源和发展的行进路线以及畲民内心深处的行为意识规范一并嵌了进去。不同地方的畲

---

① 维克多·特纳:《象征之林:恩登布人仪式散论》,赵玉燕等译,商务印书馆 2006 年版,第31 页。
② 路易斯·亨利·摩尔根:《古代社会(上册)》,杨东莼等译,商务印书馆 1977 年版,第152 页。
③ 杨鹓:《符号与象征——中国少数民族服饰文化》,北京出版社 2000 年版,第117 页。
④ 杨鹓:《符号与象征——中国少数民族服饰文化》,北京出版社 2000 年版,第176 页。
⑤ 恩斯特·卡西尔:《人论》,甘阳译,上海译文出版社 1985 年版,第 8 页。

族谱牒存在一定的差异性,畲族祖图则变异性较小,这不仅体现出了档案记忆对后代"僭越"族源的有效控制,更体现了畲民在文本中找寻归属感的自我认同。

二、寄托情感色彩

族群是一种"想象的共同体",是族群成员在精神上、感情上认同于一个"集体性的身体"(collective body)[1]的结果。族群凝聚,其实是族群心理结构的呈现,其间不仅包含了族群成员对族群的归属感,也包含了族群成员对族群的积极评价,以及族群成员对族群活动的热情参与等。

在畲族档案记忆中,无论是起源神话还是迁徙故事等,都蕴含着浓郁的民族情感,其中凝固的"情结"就是同根同源的族群心理和自然而然的寻根意识。吴晓东经过一番考证之后认为,畲族盘瓠神话发源于中原汉文化地区。[2] 掀开神话的面纱可以发现,"根在中原"意识是畲族在寻求认同过程中的潜意识。祖先崇拜的作用,表现在"缔结民族联盟、联络各村落之畲民的感情,培养和灌输雷、蓝、钟三姓之后是一脉香火的观念"[3],这样一来,族群越发团结了,对外一致性的力量也加强了。当然,族群的凝聚,有赖于族群成员对来源于同一祖先形成"共同认同"[4]。畲族成员对于族源记忆,是从心理上予以承认,并在情感上接受,从而内化于心,之所以如此,最重要的原因就在于档案记忆为畲民提供了寻找身份联系的依据。

"造成族群边界的是一群人主观上对外的异己感,以及对内的基本情感

---

① 齐格蒙特·鲍曼、蒂姆·梅:《社会学之思(第二版)》,李康译,社会科学文献出版社 2010 年版,第 140 页。

② 吴晓东:《盘瓠神话源于中原考》,见"中国神话学"课题组编:《盘瓠神话文论集》,学苑出版社 2017 年版,第 134 页。

③ 雷国强:《畲风越韵》,炎黄文化出版社 2002 年版,第 217 页。

④ Max Weber. *Economy and Society*, Berkeley: University of Califomia Press, 1978, pp. 335-396.

联系。"①当然,族群边界的形成,必须从"根"上找到本源。族群共同的始祖能够使族群成员拥有天然的亲近感而成为族群认同的"根性依据",这种"根性依据",就是所谓的"缘生纽带"(primordial attachment)②,从而成为饱含情感的族群记忆。前文述及的畲族盘瓠神话、河南传说、迁徙故事,以及依此建构的盘瓠形象、中原意识、凤凰图腾,都容易使畲民产生亲近感、归属感,都能促成族群凝聚。

对于任何族群来说,追溯正统总是族源叙事的核心。张先清等曾指出,"历史上南方族群也在长期的族群接触与互动过程中,不断地建构其自身文化的正统性与多元性的表达"③,单就畲族族源叙事中的河南传说来看,畲民之所以宣称自己的先人与汉族的血缘关系,这其实隐喻着畲族追溯族群身份正统性的心理愿景。畲族声称其血统来自中原,一则由于从明代开始,强调自身"正统"④已经成为大姓望族和乡绅阶层的一种风尚,二则因为这样的档案记忆是"将自己转化为帝国秩序中具有'合法'身份的成员的文化手段"⑤。可以说,畲族档案记忆成了畲民表情达意的重要媒介,将畲民的真实心理和盘托出。

在畲族档案记忆中,盘瓠神话对于畲族族群凝聚不只是直接的因果关系,还通过各种仪式的不断操演,使畲族整个族群对有关盘瓠神话的共同记忆进一步内化,进而"把盘瓠神话和畲族族群认同整合成一个互相融通的体

---

①　王明珂:《华夏边缘:历史记忆与族群认同》,社会科学文献出版社 2006 年版,第 4 页。

②　叶舒宪、彭兆荣、纳日碧力戈:《人类学关键词》,广西师范大学出版社 2004 年版,第 88—89 页。

③　张先清、杜树海:《移民、传说与族群记忆——民族史视野中的南方族群叙事文化》,《厦门大学学报(哲学社会科学版)》2012 年第 4 期,第 38 页。

④　彭兆荣:《论民族作为历史性的表述单位》,《中国社会科学》2004 年第 2 期,第 140 页。

⑤　刘志伟:《地域社会与文化的结构过程——珠江三角洲研究的历史学与人类学对话》,《历史研究》2003 年第 1 期,第 58 页。

系"①。浙江温州文成县西坑镇培头村的畲民，自清宣统年间开始，定期联合祭祀共同的始祖并逐渐形成传统，至今仍在传承祭祖仪式并存续着相关档案记忆。从实际看，"强化仪式的指向是保证业已存在或业已确立的秩序、价值、关联等不会在时间的流逝中"变得衰弱②，而促成"集体欢腾"③的过程，其实是激发、维持或重塑族群的归属感、依赖感和认同感。在仪式化的历史追溯中，畲民的族源记忆与日常生活融合在了一起。尽管畲族档案记忆中的神灵可能会失去其原始意义，而褪去神性色彩的神灵依然负载了许多日常生活的内容。正因如此，畲族档案记忆"以叙事的形式讲述经验，成为一种制造意义的活动"④，对于增强族群凝聚力起到了推波助澜的作用。

"深究叙事的各种特征能够洞察其中蕴含的丰富情感内容"⑤，畲族档案记忆，阐释着族群的知识和经验，寄托着族群的期冀与追求。畲民把自己坚强的性格、对祖先的歌颂、对劳动的赞美、对压迫的反抗等，融入档案记忆，从而增强民族自豪感。而这种集体记忆"只有通过内在化和仪式化的参与，它才能建立起对于'我们'的认同"⑥，换言之，需要"以共同仪式来定期或不定期地加强此集体记忆"⑦。

在笔者采取参与式观察的方式进入畲族村寨时，尤其是与畲民一起感受"集体欢腾"时，总会发现畲民对于先祖充满感恩之情，对先祖生活的热土

---

① 赵海瑛：《论盘瓠神话与畲族族群认同的中间环节》，见福建省炎黄文化研究会、福建省民族与宗教事务厅、中国人民政治协商会议宁德市委员会编：《畲族文化研究》，民族出版社 2007 年版，第 291—301 页。

② 菲奥娜·鲍伊：《宗教人类学导论》，何其敏译，中国人民大学出版社 2004 年版，第 173 页。

③ "集体欢腾"（collective effervescence）是涂尔干从集体意识角度提出的概念，有沸腾、兴奋、活跃等含义，即人类的情感能力通过欢庆活动、典礼仪式等发展为文化传承、创造的能力。

④ 林继富：《民间叙事传统与村落文化共同体建构》，中国社会出版社 2012 年版，第 43 页。

⑤ 艾米娅·利布里奇、里弗卡·图沃-玛沙奇、塔玛·奇尔波：《叙事研究：阅读、分析和诠释》，王红艳主译，重庆大学出版社 2008 年版，第 126 页。

⑥ Aleida Assmann. "Transformation Between History and Memory", *Social Research*, vol. 75, no. 1, 2008, pp. 49-72.

⑦ 王明珂：《华夏边缘：历史记忆与族群认同》，社会科学文献出版社 2006 年版，第 31 页。

充满向往之情。的确,对于一个族群来说,树立道德权威,就是要在伦理与行为意义上使"英雄般的祖先"变为被族群尊重的道德楷模,以此释放对整个族群的"领导力";进一步说,畲族档案记忆能够"掌握迎合民意并凝聚人心的祖先崇拜之领导权",使其"赢得名誉、尊敬乃至信任"。① 畲族族群对于盘瓠神话的认知,"是一种思维,也是一种心态"②。

就像"文学史上的形象作用于人的记忆,对人的生活并没有决定性影响,但它会支配着我们对生活的评价"③,畲族档案记忆中的族源故事,也会影响着畲民对族群历史和对生活现实的认知,并在这种认知里自然而然地生发族群情感。在畲族族源叙事的档案记忆中,无论是人物塑造还是情节编写,都可以说是畲族智慧的结晶,也可以说,它是族群意识的沉淀,其间浸透了强烈的感情色彩。例如,流传在浙江景宁一带的《盘瓠和三公主》故事,认为畲族传统头饰是始祖婆三公主传下来的,这无疑是畲民念祖情结的自然流露。畲族族源叙事作为一种档案,其功能"就在于它能用往事和前例来证明现存社会秩序的合理,并提供给现存社会以过去的道德价值的模式,社会关系的安排"④,因此,族群记忆的传承必须与民间信仰的存续、祭仪系统的存续以及作为群体的所有成员对神话功能的需求的存续等要素相连属。

在畲族档案记忆中,除了盘瓠、凤凰外,河南传说(包括"南京"传说)也是带着情感色彩的。《高皇歌》云"蓝雷三姓好结亲,都是南京一路人",河南传说可视为民族融合的档案记忆,从中可看出畲民在特定历史情境下对中原身份的向往。

概而言之,畲族档案记忆中的族源叙事绝不能等同于普通的故事、寓言或传说,而是一种英雄崇拜的心理反应和具有文化导引功用的图腾符号,非

① 景军:《神堂记忆:一个中国乡村的历史、权力与道德》,吴飞译,福建教育出版社 2013 年版,第 102 页。

② 蓝炯熹:《畲民家族文化》,福建人民出版社 2002 年版,第 25 页。

③ 李咏吟:《形象叙述学》,浙江大学出版社 2009 年版,第 384 页。

④ 马凌诺斯基:《文化论》,费孝通译,华夏出版社 2002 年版,第 79 页。

但家喻户晓、口口相传,而且有依此绘成的祖图在祭祀中悬挂,有饱含情感的文字在各姓宗谱开头与祖图卷末进行记述。这种原始社会遗留的族源叙事,足以表征畲族的共同性,从而巩固族群内部的团结。

三、内化族群心性

历史心性是"在特定社会文化情境下,人类更基本的对族群'起源'(历史)之思考与建构模式",它"只有寄托于文本……才能在流动的社会记忆中展示自己"。[1] 可以毫不夸张地说,一个族群的共同起源历史,是族群记忆中最核心的组成部分。有关畲族起源的档案叙事,强化了盘蓝雷钟四姓畲民同出于一个"母体"的手足深情,而这正是族群"根基性情感产生的基础"[2]。前文述及的畲族起源叙事,是畲民对族群发展历程的牢记,是作为移民族群固守本族群根基性情感的体现。特别值得注意的是,畲族作为一个辗转迁徙的流动族群,之所以能够在众多强势文化的包围下保持着与众不同的族性,所依靠的就是坚不可摧的族源记忆。

作为建构起来的"想象的共同体"的族群,其共同记忆如同"一种不被怀疑的集体信仰",族群中人绝不会对族群共同记忆产生任何质疑,"更多的是保持这种共同记忆以实现族群认同"[3],因为某种意识一旦产生,便会在某种意义上自动地成为现实的特征。

在畲族谱牒中,常用较多笔墨记述"开基祖"。查阅畲族谱牒之谱系,以开基祖为分界,其中记述远祖多语焉不详,而叙写近宗则言辞凿凿。畲民谱系之提线,也同样以开基祖为要结,之后各世也就显得条清理晰。更有意思的是,畲族谱牒中往往将开基祖之行状列为"男范"之首。从一定意义上说,

---

① 王明珂:《英雄祖先与弟兄民族:根基历史的文本与情境》,中华书局 2009 年版,第 235—237 页。

② 王明珂:《历史事实、历史记忆与历史心性》,《历史研究》2001 年第 5 期,第 138 页。

③ 张全海:《世系谱牒与族群认同》,世界图书出版上海有限公司 2010 年版,第 13 页。

开基祖是畲民家族研究的逻辑起点，因为开基祖作为扭转生活环境和重构家族体系之人，是家族伦理与家族力量的典范。

在族群发展过程中，随着时间的流逝，畲族族源叙事中浓厚的信仰色彩逐渐被稀释，更多的是对现实世界进行摹写。从盘瓠走向龙麒、凤凰，越来越近的档案记忆贴切地表明了社会生活的真实和族群心性的实在。因此，畲族档案记忆中族源叙事的内容不断地趋于多样化和多元化。但在这个过程中，从盘瓠图腾走出来的龙麒和凤凰作为民族的象征，已经固化为一种文化符号，影响着一代又一代畲族儿女的性格和精神。在实地调研中，笔者深切地感受到，畲民总是自豪而乐观地讲述着盘瓠故事，以此追寻民族的根，找寻生活前进的动力与源泉。"民间叙事传统是在一次次的讲述中丰富起来的，每一次讲述就是一次创造，每一次记录就是保留这种传统创造的明证"①，畲族档案记忆的族源叙事亦是如此。

畲族档案记忆中的多种族源叙事，其实反映了不同的文化心理：盘瓠神话的族群认同是基于神话的浪漫色彩和宗教的神圣性，河南传说的族群认同则是缘于求同存异的世俗化需求和谋求发展空间的现实需求，迁徙故事的族群认同便是通过四大姓氏各自不同的迁徙路径的追述来达成同出一源的共识。在这些族源叙事中，既有情感憧憬，让力的矢标指向内聚之更深核心，又有理智思索，让力的方向朝着外在之更大空间。内聚的目标是对族群自身的确认和肯定，外在的扩展是向其他文化的靠近或融合，二者看似矛盾实则相通，目的都在于通过族源叙事来达到族群心性的内化。

有关畲族族源叙事的种种记忆，是在没有自己通用文字的畲族中，借用汉语言功用发挥出档案文化价值的显著例证，也就是说，畲族档案记忆充分地展示了文本的史料价值。应该强调的是，凝结着族群记忆的档案文本，既是畲族祖先辛酸历史的见证，也是畲族后人追本溯源的路标，这些记忆的最

———————
① 林继富：《民间叙事传统与村落文化共同体建构》，中国社会出版社2012年版，第108页。

初创制及后来的传承,均有其族群心性。这些畲族档案记忆,培育了畲民的历史意识,使畲民永远记住祖先的发祥地,始终不忘辗转迁徙的苦难经历。

虽然档案记忆不能重现过去所有发生过的事件,但无论如何,畲族民间发生的大大小小的事件,都会在畲民心中留下深深浅浅的印记,尤其是族群当中的有些事件与社会重大历史事件相连接时,其产生的影响会更持久。对于畲民来说,那些与神话传说、民间故事融合或重叠于一起的档案记忆,将族源叙事置于族群发展历史的脉络之中,从中可以更好地发掘其深刻意蕴。进而言之,畲族档案记忆的族源叙事,构建起了一部直观的畲族历史读本,它们既同历史有关也与现实有关,从而既串联了族群的历史又推动了族群的凝聚。

在畲族乡村调研时,笔者还了解到畲民有"晒谱"之俗。起初,笔者以为晒谱只是为了防潮、驱虫、防霉,实际上,畲民通过晒谱,与先人有了互动。同时,晒谱之俗在让畲民聚起来的同时增进了族群成员之间的情感,是一种实打实的"认亲走亲联亲"活动。对于畲族而言,晒谱及走亲不仅仅是一种生活实践,更是畲族档案记忆的维护机制。诸如此类的仪俗活动记忆,与基于盘瓠神话、河南传说等形成的信仰仪俗活动记忆一起,对畲民的族群意识起着模塑和强化的作用,共同维护着族群边界。由此可以推知,畲族档案记忆为畲民思想的统一与行动的一致提供了保障和动力,畲族也由此获得了自身持续发展的凝聚性、恒久性。从一定意义上说,档案记忆"涉及精神气质与世界观的象征性融合",它们"塑造了一个民族的精神意识"①。

历史的讲述就是一个身份认同的过程,毋庸置疑,畲族族源叙事,其实就是畲民竭力寻找和证明自己身份的过程。客观地说,带有传奇色彩的英雄形象,"永远具有自身特别的力量"②,从畲族档案记忆中可以清楚地看出,族群始祖的勇敢、聪明、能干,实际上给畲民提供了一种正面的价值,具

---

① 克利福德·格尔兹:《文化的解释》,纳日碧力戈译,上海人民出版社1999年版,第129页。
② 李咏吟:《形象叙述学》,浙江大学出版社2009年版,第17页。

有一种强大的正能量。诸如此类的记忆，并非简单创造，也非族群成员的随意捏造，它是一个族群的精神寄托。通过这样的档案记忆，可以极好地理解族群的心性与精神。

畲族档案记忆，强化了畲族的族群意识，虽然它们是一些看似并不真实的记忆，但这并不影响其族群性的真实可感。"祖源记忆构建体现了人们在族群建构时的心理诉求与行动逻辑"①，畲族档案记忆作为族群的一种历史性资源，也成了关乎族群心性的记忆。换言之，理解畲族档案记忆的族群心性，不仅要关注档案记忆"起源于其中的社会情境"，还要据此找寻它"在存在的社会学之链中的位置"②。

"身份认同必然要建立在幻想和误识之上"③，对于任何一个族群来说，"民族文化生活的精神形象，已经构成了自己的历史，它既是自然的、历史的、非理性的，同时又是理性的、自由的、想象的"，而一个族群的神话形象对族群生活的价值选择具有决定性影响④。本章所述的畲族族源叙事，已然成为凝聚族群的形象，相关形象所内蕴的精神价值，其实就是该族群的精神价值。

本章小结

族源叙事是达成族群凝聚的核心内容。畲族档案记忆强化畲族族群意

---

① 崔明：《历史记忆与族群重构研究——以"唐汪人"为例》，兰州大学博士学位论文，2016 年，第 87 页。

② 约翰·卡马洛夫：《图腾与族群性：意识、实践与不平等的标记》，刘琪译，《西南民族大学学报（人文社会科学版）》2017 年第 5 期，第 17 页。

③ 丹尼·卡瓦罗拉：《文化理论关键词》，张卫东等译，江苏人民出版社 2013 年版，第 131 页。

④ 李咏吟：《形象叙述学》，浙江大学出版社 2009 年版，第 386 页。

识的功能,首先缘于族源叙事中强烈而明显的"自我认同"①。

第一,畲族档案记忆为族群意识强化创造源泉。畲族族群的凝聚并不完全依靠血缘和宗族,共同的始祖神话等档案记忆是畲族意识强化的重要来源,为族群开启了"秘密之门"。借神化先祖以神化族群,这是族群记忆建构的特殊技术,其真实目的就是树立族群认同和确认族群身份。

第二,畲族档案记忆为族群意识强化提供依据。一个族群的共同记忆,无异于一种社会事实,对于族群中的每一个成员都有着潜移默化的塑造功能。畲族档案记忆在盘瓠神话、河南传说、迁徙故事等档案文本中的呈现方式,就是族群意识的编制逻辑,是族群自身合法化的重要表征。

第三,畲族档案记忆为族群意识强化滋养心性。基于边界强化的需求,畲族更为关注始祖的身份与来历,并以由此形成的档案记忆作为区分本族与他族最根本也最具说服力的证据。作为身份定位的最根本讯息,盘瓠神话、河南传说、迁徙故事等族源叙事,让畲族产生了不同于其他族群的历史心性。

本章讨论了畲族最具特色的档案记忆——族源记忆,强调共同的族群起源叙事为畲民追溯族群始祖及族群发展历史提供了最为直接的线索和文化标记。畲族档案记忆是畲民族群意识即民族自我意识的体现,族源记忆"作为一种集体历史记忆,能起到凝聚族群的重要作用,人们也据此进行族群认同或排斥"②。畲族档案记忆中的族源叙事,作为一种固定源头,在该族群内形成了共同记忆,使族群意识不断强化。

---

① 族群认同表现为对内维持族群凝聚力的自我认同及对外区分"我群"与"他群"的相互认同两个方面。参见江杰英:《论历史记忆与族群认同》,《广州大学学报(社会科学版)》2012年第4期,第27页。

② 张勇:《历史记忆与族群认同变迁——巴蜀祖源传说的历史人类学解读》,《史学理论研究》2012年第1期,第59页。

第六章　浙江畲族档案记忆的族群利益协调功能

族群的记忆总能"抓住遥远的历史事件和社会事件,但是它经常优先考虑当前的利益",它是"有意识的控制的结果,也是无意识的吸收的结果;而且它不断得到调整"[①]。畲族作为拥有共同记忆的族群,尤其是族群历史被根基化的情境下,归属于同一族群的情感常使畲民致力于通过族群利益协调来增进族群内部的凝聚。本章着重论述畲族族群内部的利益协调。

第一节　浙江畲族档案记忆协调族群利益的客观需求

族群关系,是一种相对持久的关系,也是一种相对稳定的关系,它"并非只是'个人'的自己人关系,也是同宗同族共享的自己人关系"[②],族群利益协调是族群关系的制度性安排。

---

① 沃尔夫·坎斯特纳:《寻找记忆中的意义:对集体记忆研究一种方法论上的批评》,张智译,见李宏图、王加丰选编:《表象的叙述——新社会文化史》,上海三联书店2003年版,第141—142页。

② 王德福:《做人之道:熟人社会中的自我实现》,华中科技大学博士学位论文,2013年,第47页。

一、推进身份确认

族群身份的确认,总是要先行与其他族群划出界限,其间必然在族群之间营造出"我者"和"他者"的区别。一个族群之人,总是格外强调自己人的身份。在族群之中,要让族群成员之间的自己人身份得到确认,首先必须设置一种具有容纳性的认同机制。

单从最核心、最基础的家人这个角度来看,就会发现畲族身份确认有多种方式。畲民有"招婿为子"之俗,作为与男婚女嫁相异的婚姻形态,招赘婚在畲族民间长期存在,属习以为常之事。例如,现存浙江金华武义县柳城镇江下村的清同治五年(1866)《雷阿明立上门招亲书》、浙江丽水松阳县雅溪乡田边村的民国二十五年(1936)《雷朝土立入赘靠书》等即属此类。据施联朱等调研,在浙江丽水景宁县东弄村,"无子而产育有女者即将其女留家招赘,入赘为嗣,此是祖宗血脉,有所遗留也,可入正系图派矣"[1]。"可入正系图派"的入赘男子,作为家庭的新成员,"有义务给女方父母养生送终,也有权继承女方家产,尽管从妻居,但所生子女可二姓同承"[2],在畲族婚书中,会一一载明规矩、条件等。

有时,为了传承宗嗣且有效规避家财外流[3],畲民还会采用"收继配媳"方式来完婚。例如,现存浙江丽水莲都区丽新乡占湾村的民国三十一年(1942)《雷水元立收继配媳婚书》,雷水元因独子病故而立"蓝清"为继子,蓝清改名"雷清"永居雷家,与雷家原子媳为婚。当然,若是畲家妇女丧偶有子而留在原夫家招进后夫来承继门户,则上门之人需要"养父、养子"[4],即担

---

① 施联朱等:《浙江景宁县东衕村畲民情况调查(1953年)》,见《中国少数民族社会历史调查资料丛刊》福建省编辑组编:《畲族社会历史调查》,福建人民出版社1986年版,第14页。
② 余厚洪:《清代至民国时期浙江畲族婚契探析》,《档案管理》2016年第4期,第58页。
③ 具体原因可参见余厚洪:《清代至民国时期浙江畲族婚契探析》,《档案管理》2016年第4期,第59页。
④ 浙江丽水莲都区老竹镇雷樟福存《蓝门雷氏立招夫婚书》,民国九年(1920)。

负赡养老人、养育子女等重任，但前夫之子成人后亦有义务给继父养老送终。

在畲族民间，其利益协调不仅表现在对待家人和亲族上，从一个族群来看，它同时也体现在对待邻人与乡亲的诸种行事上。同样地，乡亲、邻人之间也称得上是较为默契的人际关系。在族群中，每个成员都在血缘关系和亲属关系的规定范围内充当着特定的角色，并对该家族承担一定的义务和拥有一定的权利。在约定俗成的家规族训和潜移默化的家族理念之中，以族群的名义，按家族或房支为单位，每一位族群成员都可能参与维护族群利益的行动。

畲民作为"后迁入者"，为了在资源竞争中更具实力，常抱团形成有着"皇家血统"的共同体。据浙江温州文成县的民国三十五年(1946)《蓝氏族谱》载，"钦赐三姓皇子、皇孙耕读相伴，山场地界但是离却庶民田塘三尺……三千户口不纳税粮供应，放行广南东路，流派各省望山寓"①。在这份档案记忆里，畲民十分清晰地强调着自身"耕山垦荒"的合法性以及"不纳税粮"的特殊性，其中暗含着相应的国家制度安排。据了解，畲族民间留存此类与"免差徭"有关的档案记忆并不少，而实际上，晚清以后，徭役赋税已经遍布所有畲族村寨，然而，畲民之所以留存已经失去法律效力的政治文书，并非"为了奢望再度获得豁免赋役的政治恩泽"，而是"将遥远的家族传说来对接近世的家族记忆"，以此来证实该族群亘古不变的"皇家血统"②。尽管这是将现实合理化的想象，却在一定程度上促成了畲民的自我认同。从中也可看出，通过对"皇家血统身份"的建构，畲民试图在国家政策发生变化之时选择对族群自身有利的生存方式。由此可见，畲族档案记忆中的身份作为一种交流的方式，在与当地环境及国家制度的互动中，对族群凝聚产生了

① 《蓝氏族谱》，民国三十五年(1946)，浙江温州文成县畲族文书第2包第3件。转引自周肖晓、余康、苏青青：《新发现浙南畲族文书之概况与价值》，《图书馆杂志》2015年第11期，第104页。

② 蓝炯熹：《畲民家族文化》，福建人民出版社2002年版，第345页。

重大影响。

二、施行权力控制

档案记忆是"历史制作"的产物,安唐·布洛克曾指出"制作历史"的建构论倾向,要求"必须指出它是谁的建构,并且要描绘出其中的权力安排"①。毕竟,权力能够指引档案记忆的书写并借助其书写的档案记忆而留存、延续。

"控制一个社会的记忆,在很大程度上决定了权力的等级"②,从一定程度上讲,从过去到现在的记忆的建构就是一个权力运作过程③。对于畲民来说,畲族档案记忆中的权力,主要体现为究竟是"谁"在依据自己的理念和利益去建构属于族群的记忆。通常来说,"话语意味着一个社会团体依据某些成规将其意义传播于社会之中,以此确立其社会地位,并为其他团体所认识的过程"④,畲族档案记忆中的话语权的表达,关键在于掌握了档案记忆书写权力之人如何在族群发展中真正书写并传递出与族群利益保持一致的意义。

在这里,涉及记忆个体与记忆群体的合谋。在畲族档案记忆中,以个体认知为基础的个人记忆与以群体共识为基础的族群记忆构成了相互勾连的关系。在畲族档案记忆中,总有一些"叙事代理人",在畲族档案中经常能见到的"代笔人"即属此类。也就是说,在书写记忆之时,作为当事人或经历者的畲民,会把档案叙事的权力交给他们身边某一个特别能讲或特别能写的人。在这个过程中,档案记忆"所记住的已经不是发生的事件'本身',而是

---

① 克斯汀·海斯翠普编:《他者的历史——社会人类学与历史制作》,贾士蘅译,中国人民大学出版社 2010 年版,第 134—135 页。

② 保罗·康纳顿:《社会如何记忆》,纳日碧力戈译,上海人民出版社 2000 年版,第 1 页。

③ 雅克·德里达:《多义的记忆:为保罗德曼而作》,蒋梓骅译,中央编译出版社 1999 年版,第 75 页。

④ 王治河:《福柯》,湖南教育出版社 1999 年版,第 159 页。

叙事者在重复的讲述中所制造出来的事件"①，在此情况下，畲民个体作为事件的亲历者，将记忆的"权威"交给了有望"秉笔直书"之人。换言之，族群记忆中的个人叙事是不可缺席的，它们往往担负了补充族群叙事的角色。如果说有关族群整体的宏大叙事容易被国家主流意识形态所操控，那么来自畲民个体的叙事则较好地体现了畲民的主体性。

在此，重点讨论畲族档案记忆中"亲邻先买权"——物权所有人如若售卖田地山场屋基等，需在本宗族范围内依由亲至疏的顺序询问是否有人承买，只有本宗族无人承买时方可卖给外姓人家。此权作用极大，对于族群发展来说也算是好处多多：首先，地产在族群内流动，因彼此知根知底，大大降低了交易风险，有利于族群稳定；其次，便于卖方日后同样享有优先购买权或按原价回赎而重新获得所有权，不致造成族产减损；再次，"户并户业，并不投税过粮"②，购买亲邻土地的交易双方可以省下契税等花费，有利于累积族群之财资；最后，亲族先买在实现"免致祖产而属外姓"愿望之时也满足了敬宗睦族的需求。从这些方面来看，亲族先买的制度安排，具有其内在多方面的合理性和可行性。

"亲邻先买权"能广泛而长期地存在，自然要归结于其背后深刻的社会文化，从某种程度上说，它实际上是"传统社会宗法制度与互惠制度合力的结果"③。具体来说，可归纳为两方面：一是宗族本位的观念。宗族法"立足于宗族共同体的利益，往往限制族人对私产的处分权……以使产不出境，田不外流"④，畲民受宗族本位观念的影响颇深，断然不会试图脱离宗族控制而追求所谓的独立人格，也就是说，畲民个人私权的行使必须先考虑整个宗

---

① 赵世瑜：《传说、历史、历史记忆——从20世纪的新史学到后现代史学》，《中国社会科学》2003年第2期，第183页。

② 李文治：《明清时代封建土地关系的松解》，中国社会科学出版社1993年版，第16页。

③ 刘楠楠：《民间契约文书与日常生活——对河南L村刘氏家族的考察》，辽宁大学硕士学位论文，2013年，第29页。

④ 张晋藩：《清代民法综论》，中国政法大学出版社1998年版，第31页。

族的利益,如若擅自将祖传田产等卖于外人,必使族人蒙羞。二是邻里和谐的观念。乡土社会的亲属和邻居素有交叉关系,很多时候比邻而居者就是亲属,邻里的和谐相处至关重要,若将房屋出卖于不熟悉的第三人,可能导致第三人与邻里因陌生而产生不融洽,因而在出卖或转让物权时,契约自由总会主动让位于邻里和谐。无论从哪一个角度看,"亲邻先买权"既有效维系了血缘同亲的古老情感,也有效规避了宗族与外人的矛盾纠纷,从而让族群得以更好地团结和凝聚。

在畲族民间,"舅权"也极为盛行,它不仅在维系两个家族和睦发展方面发挥着重要作用,而且在家族中的女性要求正当权益时能够提供保护,后文将会述及的畲族"做娘家头"即是此方面的表现。在畲民分家析产时,"母舅"通常是必须在场的重要人物,他们代表着权威和公正。此外,女权在畲族民间也得到了一定程度的体现,后文论述利益协调方式时会专门谈论,此不赘述。

三、兼顾互动属性

同属一个族群,族群成员之间的互动是不可或缺的。在畲族民间,人们常把礼物视为一种传情达意的符号,而且将其视为道德经济中的纽带。在族群成员的关系处理上,"个人利益的追求与道德责任的履行相互融合",而且礼物"维系着社会生活的长期秩序而非个人短期利益的角色"[1]。正因为如此,族群利益协调通常是在道德责任和人情依附之下进行的。

首先,乐于通过便换实现"成人之美"。"便换",是含有提供便利之意的"调换"或"交换"。在畲族档案记忆中,有一类契约称"便契"或"换契",其主要内容为畲民渴求共垄连畈、劳作方便而寻找合适的人户将山场、水田、圩地、菜园等进行调换。例如,现存浙江丽水景宁县外舍乡锦岱洋村的清光绪

---

[1] 阎云翔:《礼物的流动:一个中国村庄中的互惠原则与社会网络》,李放春、刘瑜译,上海人民出版社 2000 年版,第 219 页。

十八年(1892)《雷官有与雷汤贤对便契》、浙江丽水莲都区丽新乡占湾村的清光绪二十八年(1902)《雷有川陈刘氏兑换田契》等即属此类。这类契约通常不言价额,也不强调绝对等价交换。畲族民间诸如此类的"便换",实际上已经超越了一般意义上的物物交换,与"礼物交换所指望的是通过礼物交换所产生的人际关系,而不是东西本身"①之说相通,这种交换和互惠活动的结果就是社会团结②。更重要的是,"便换"过程并不刻意追求两全其美,它更多的是一方甘愿满足另一方的特殊需求而做出一定的让步或牺牲。成全另一方之时,彼此之间的关系也被拉近。

其次,给予讨者照顾表达"恻隐之心"。笔者此前曾撰文述及畲族民间俗名"讨札"的契约,"讨札"在国内其他地方并不多见,但在浙江畲族档案记忆中却有不少。例如,现存浙江丽水莲都区南明山街道山根村的清光绪二年(1876)《蓝年妹讨田札》、浙江丽水松阳县板桥乡后塘村的民国二十二年(1933)《雷石春讨田札》等即属此类。在这些"讨札"中,时常能看到诸如"减租""作工本之资"等给予照顾或优惠的记述。对于畲民而言,彼此深知创业生活之万般艰辛,因而能考虑到荒旱、虫灾等客观实情,当一方表达出恻隐和关照之时,自然让另一方减轻了几分愁苦。

再次,自愿慷慨相助以示"善良心地"。"赠契"是印证畲族民间社会友好往来的重要契约门类。在畲族档案记忆中,自愿将山场、田地、菜园等转赠他人并非个例,尤其是赠送坟境方面的事例比比皆是。例如,浙江丽水莲都区南明山街道山根村的清宣统二年(1910)《雷石滔送坟地契》、浙江丽水遂昌县三仁乡高桥村的民国三十二年(1943)《雷石孙送坟境契》等即属此类。尽管"对应于馈赠和接受",可能存在着一系列"关于享用和回报的权利

---

① C.A.格雷戈里:《礼物与商品》,杜杉杉等译,云南大学出版社2001年版,第15页。

② 布莱恩·S.特纳、克里斯·瑞杰克:《社会与文化:稀缺和团结的原则》,吴凯译,北京大学出版社2009年版,第36页。

与义务"①,但无论是赠田、赠山还是赠地,赠送首先都基于道德,是将自身所拥有财产连同善良心地与他人分享②。

其他族群中,交换、讨要和赠送等或许是不太常见的经济活动,在畲族民间,此类情况却层出不穷。不仅如此,从畲族档案记忆中可以看出,"帮工互助"在畲族民间是与礼物交换并重的族群成员互动形式。毋庸置疑,在传统乡土社会中,尤其在物质相对匮乏的畲族民间,可供交换或馈赠的资源绝对不是纯粹的物质,应该说,用于交换或馈赠的更多是劳动力和时间等,尤其是在建房、婚丧等重大人生事务上,更需要帮工互助。当然,不可否认的是,帮工互助客观上要求施报平衡,在熟人社会中这是"社会控制方式"和"交往行为逻辑"③的具体体现。

在上述种种表现中,畲民的"忍气吞声"特别值得关注。在畲族档案记忆中,时常能看到一些当事人为了预期对家庭、族群的有利后果,宁愿将自己的个人利益置之度外,这在前文曾述及的畲族婚书中就有明显的体现。在常人看来,"忍"似乎是一种无奈和屈从。其实,对于畲民来说,"忍"不失为一种策略,能否忍、如何忍以及忍到何时、忍到何种程度,是对畲民身处族群或一个地方当中如何做人的考验。他们在做一些己所不欲之事时,自然而然地把作为族群个体在思想意识上对族群的认同转化到为人处世的具体行动当中,在此过程中,畲民所属族群的知识和经验由外而内地影响着畲民的言行举止。

在畲族民间,协调族群利益,除了物质本身,道德和感情更不容忽视。进一步说,畲族民间的道德和人情,实际充当着畲民借以判断自己"身为族

---

① 马塞尔·莫斯:《礼物:古式社会中交换的形式与理由》,汲喆译,上海人民出版社 2002 年版,第 23 页。

② 余厚洪:《形式、内涵与规则:浙江畲族契约关系论析》,《云南民族大学学报(哲学社会科学版)》2018 年第 5 期,第 63 页。

③ 王德福:《做人之道:熟人社会中的自我实现》,华中科技大学博士学位论文,2013 年,第 139 页。

群成员如何为人行事才称得上得体"的标准。换言之,在物质利益协调之外,道德和人情赋予了畲民之间日常的接触、互动和交往以意义。

第二节　浙江畲族档案记忆协调
族群利益的常用方式

民族是"以利益为其组合实质的策略性集团或利益集团所获得的一种理念表达"①。族群利益的协调,需要以档案记忆作为资源博弈的工具。利益协调,通常需要固化的方式,畲族档案记忆最终目的在于以过去说明现在:我们为何属于同一族群,为何"共同拥有(或宣称拥有)这些空间领域及其资源"②,以及为何我们比他者更有权力拥有与使用这些资源。

一、注重书契立约

清中后期以来,随着田地、山场、房屋等物权交易的日渐活跃,出现了"民间执业,全以契券为凭"③的现象。契约,是"日常生活中种种约定及记载约定的文书的泛称"④。畲民也深知"真理寓居于书写和记录之中"⑤,在畲族民间,契约成为畲民维护自身利益的有效工具,即使不识字的畲民也要请人代笔以留证据。

早期,农耕劳作是畲民的主要生计方式。对于畲民来说,他们不仅想让自己这一代拥有足够多的物产,更想为子孙后代创造可观的家业,因而将获

---

① 陈庆德:《试析民族理念的建构》,《民族研究》2006 年第 2 期,第 20 页。

② 王明珂:《历史事实、历史记忆和历史心性》,《历史研究》2001 年第 5 期,第 142—143 页。

③ 《治浙成规》卷 1"严禁验契推收及大收诸弊以除民害"条,见官箴书集成编纂委员会编:《官箴书集成(第六册)》,黄山书社 1997 年版,第 333 页。

④ 岸本美绪:《明清契约文书》,见滋贺秀三等:《明清时期的民事审判与民间契约》,王亚新、梁治平编译,法律出版社 1998 年版,第 282 页。

⑤ 方向红:《生成与解构——德里达早期现象学批判疏论》,南京大学出版社 2006 年版,第 151 页。

取尽可能多的田地、山场、屋舍、牲畜等当成毕生追求的目标。在畲族民间契约中,诸如田地、山场、屋舍、牲畜等各种标的物,均是畲民家计生活的主要依靠,是贵重的资源,无论买卖或租佃,与契约双方当事人之利益息息相关,于是,在契约文书中将其置于首端,即置于契约最醒目的位置,"无疑对于杜绝日后因标的物特征模糊、有瑕疵而引起的额外纠纷可以起到有效的防范作用"①。

马塞尔·莫斯认为,几乎所有契约和义务的用语,连同契约的具体形制,似乎都从属于由原始的"交付"(traditio)所形成的"精神纽带"的体系。②在畲族民间,人们基于平等与自主、自愿订立的契约文书,是规避与解决利益纷争的重要方式。诚如黑格尔所言,"契约关系起着中介作用,使在绝对区分中的独立所有人达到意志同一"③。因为契约,族群成员之间有了更亲密有效的联结。

从畲族民间契约钤盖官府红印的比例来看,畲民既喜"白契"又重"红契"④。毋庸置疑,对于契约的当事人而言,交易安全是置于首位的价值追求,因为利益协调的最终依凭是据以为信的契约。在传统乡土社会,有"民有私约如律令"之说,认为"官有政法,民从私契",与前文曾提及的官府之红契粘契尾需另捐钱银相比,民间自行交易订立的白契,可为契约当事人节省些许费用,但与此同时也缺失了来自国家层面的有力保障。前文曾引述过畲民回忆祖上因未将契约送官府钤盖红印交纳契税,被卖主改口而称当时所立为当契而非绝卖契的例子,可谓辛酸的回忆。较之民间白契,呈送府衙

① 侯文昌:《敦煌吐蕃文契约文书研究》,法律出版社 2015 年版,第 36—37 页。
② 马塞尔·莫斯:《礼物:古式社会中交换的形式与理由》,汲喆译,上海人民出版社 2002 年版,第 143 页。
③ 黑格尔:《法哲学原理》,范扬、张企泰译,商务印书馆 1961 年版,第 81 页。
④ 有关"白契"和"红契"等论述,可参阅顾云卿:《白契与红契——"中国古代证明文化漫谈"之二》,《中国公证》2005 年第 3 期,第 27—28 页;许光县:《清代契约法对土地买卖的规制——以红契制度为中心的考察》,《政汉论坛》2008 年第 1 期,第 183—186 页;Kim Hanbark:《因何前去官衙:清水江文书中的红契分析》,《原生态民族文化学刊》2015 年第 4 期,第 75—81 页。

钤盖官印的红契,本意虽然是为了收税,但因其"采用了统一的官版契纸,并有严格的登记制度,从而可以有效杜绝民间交易争占冒妄之弊端,保护了契约交易的正常性和安全性"①。在畲族民间,当有大宗的山场、田地交易时,或者买主对交易安全有所顾忌时,使用官契可谓明智的选择。

从现存畲族契约来看,畲民为了真正拥有属于自家的田地、山场等,宁愿翻山越岭、费尽周折去县衙钤盖官印者甚多,比起其他族群"民从私约"的做法而言,畲民更渴望得到官府的认可与保护。笔者此前曾对清代浙江处州(今丽水地区)畲族民间田契做过研究,发现46件卖田契中,有38件钤有处州府属"县印"和"浙江布政使司印",红契占比高达83%②,充分表明畲民对红契的推崇。当然,畲族民间也有大量白契存在,说明畲族民间有时并不欢迎国家权力干预。

其实,若从国家管理视角来看,收税并不是红契唯一的目的和最重要的意义。正如乾隆皇帝所言,"民间买卖田房,例应买主捐税交官,官用印信钤盖契纸,所以杜奸民捏造文契之弊,原非为增国课而牟其利也"③,换言之,红契更多的是为了维护民间社会的信用原则,是为了维护契约当事人的合法利益,是为了维护民间经济活动的正常秩序。在畲族民间,田地、山场、屋舍等是最为主要的生产、生活资料,是畲民安身立命的基础。在田地、山场、屋舍等不动产的买卖关系中,牵涉很多权益关系,尤其是作为买受人的畲民,最希望的自然是能够获得不动产的所有权,所以在产权交易行为中,畲民希望订立契约确认各自的权利和义务,并向官府主动缴纳契税,获得国家对产权的确认和保护。这样一来,无论是作为"大传统"的国家制度还是作

---

① 梁聪:《清代清水江下游村寨社会的契约规范与秩序——以锦屏文斗苗寨契约文书为中心的研究》,西南政法大学博士学位论文,2007年,第71—72页。

② 余厚洪:《清代处州畲族民间田契的分类与特色探析》,《档案学通讯》2013年第2期,第102页。

③ 张传玺:《中国历代契约会编考释(下)》,北京大学出版社1995年版,第1230页。

为"小传统"的民间习俗①，都对契约的签订秩序起到了调控作用，在官治与民治的互构中实现了利益机制的有效整合。红契与白契，可以说是"国家在场"与"民间行动"之间的博弈。国家制度及政策，对于民间的契约行为有着深广而细微的渗透作用，也就是说，畲族民间的契约行为，是国家在场的前提下对民间交易习俗的有效规范。

在畲族民间，还有一种非常有意思的现象：当畲民出售自身拥有的财产时，似乎在表达一种"为它悲泣"的权利。一种对物的追求权，与对物主的追求权结为一体，使售物者一直保有这种权利，即使东西早已落入他人之手，或那无可挽回之契约的各个条件早已履行都无碍于事。或许，这就是畲族民间"找价"现象频仍的一个重要原因。② 而当畲民明白这些财产来之不易，自然就会倍加珍惜，甚至以此形成或扩大族群的力量。

前文曾述及畲族买田置产为自己和后人创造利益，这其实涉及利益的积累和再分配问题。单从田产交易来看，清乾隆至道光年间，浙江松阳的"蓝云旺"户，在前后 6 次交易中，买进田产共计 22 亩；清嘉庆至道光年间，浙江丽水的"蓝开兴"户，在前后 5 次交易中，买进田产共计 10 余亩。③ 类似个案甚多，由此可知，畲民经过一段时间的积累，家业就逐渐得到壮大，所享有的利益自然也就日益丰厚。

卢梭曾指出，"把我们和社会体联结在一起的约定之所以成为义务，就只因为它们是相互的"④。可以说，物质交换首先假设了畲族民间社会共享

① "大传统"与"小传统"概念，由美国人类学家罗伯特·雷德菲尔德（Robert Redfield）在1956年出版的《农民社会与文化》一书中首次提出，笔者比较赞同麻国庆教授的解释，即"大传统"文化在中国主要是指上层知识社会的一种以儒教为主的文化取向，而"小传统"文化主要指民间社会自身所创造的文化，其主要载体是农民。参见麻国庆：《永远的家——传统惯性与社会结合》，北京大学出版社 2009 年版，第 6 页。

② 余厚洪：《丽水畲族民间契约之物权变动论析》，《丽水学院学报》2014 年第 4 期，第 8—10 页。

③ 余厚洪：《清代处州畲族民间田契的分类与特色探析》，《档案学通讯》2013 年第 2 期，第 104 页。

④ 卢梭：《社会契约论》，何兆武译，商务印书馆 2003 年版，第 42 页。

价值观的存在①,而恰恰又是共享价值观在支撑着畲族民间社会的契约观念。畲民注重订契立约,在本质上追求的是通过交易实现资源的重新分配。为了协调彼此的利益,契约成了民间交换行为、经营活动的一种保护机制。

二、嵌入互信机制

信任是"社会生活的基本事实"②。畲族民间立契及履约的全过程,首要的便是契约当中的所有人能够秉承诚实守信态度,因为"失落了诚实的契约将失去其存在的意义和价值"③。

古时畲民生活的地方多为穷乡僻壤,自然环境恶劣,畲民通常历经数代仍然势单力薄,在此情形下,非团结协作难以维持生计,畲民以族群生存发展为重,时常采取同耕共作的方式来凝聚族众力量、促进族群延续。

兹录浙江丽水遂昌县大柘镇蓝姓畲民保存的一份民国三十三年(1944)《承仰分扦约》如下:

> 立仰分扦约人朱怀仁堂,本家所有山场一处,坐落十七都,土名香严寺后大排方山,其山四至:上至降尖,下至田,左至龙手降背,右至当坞直下田弄为界。今四至说明,将山仰于蓝马荣、蓝石金、蓝华权、雷得高、蓝观明、蓝莘荣等立约开垦、扦插杉木、松木,蓄养峎(毛)竹,刬削二次成林。其松、杉木魁(槐)大之日,招客公拼,价洋主佃各半均分。本山所有峎(毛)竹不敢私砍、售卖,春笋亦不敢锄掘。自仰之后,勤谨开种,看火盗,决不致懒惰。恐口无凭,立仰约为据。

> 立合同字承仰分扦约为证(半字)

---

① 布莱恩·S.特纳、克里斯·瑞杰克:《社会与文化:稀缺和团结的原则》,吴凯译,北京大学出版社 2009 年版,第 36 页。

② 尼克拉斯·卢曼:《信任:一个社会复杂性的简化机制》,瞿铁鹏、李强译,上海人民出版社 2005 年版,第 3 页。

③ 赵一强:《契约的伦理精神》,东南大学博士学位论文,2010 年,第 105 页。

中华民国三十三年三月　日

立仰约人：朱怀仁堂经理　英奇(章)化根(章)

在中人：朱名家(章)

代笔人：吴马廷(画押)

"分"有"共同参与""合作完成"①等意。在这份"承仰分扦约"中，蓝马荣等6人从朱英奇家承仰山场一处来开垦、扦插杉木、松木并蓄养毛竹成林，这可以说是族亲之间基于信任而合作的表现，此种联合承仰扦插成林的做法，有效地整合了劳动力，同时也把众族亲的利益紧紧地捆绑在了一起。或许正是他们明白如若一人懈惰违约，则其他族亲利益也势必受损，因而族群内部成员越发能够为维护族群利益而做到相互守信。

诚信，本是最重要的社会美德之一，立约、履约时的守信，是契约伦理实现规范化发展的重要砝码。陈敬涛在研究敦煌吐鲁番契约文书时指出，契尾保人画指签押的出现更大意义上是一种新的民事习惯的引入，"保人规则的复杂实质上反映的是经济交往频繁背景下对人不守信约的防范需要，也是在契约履行认识上的不断强化"②。在畲族档案记忆中，少有"保人"身份而代之以"中人"。在畲族民间，亲邻之间基于信任和人情做"中人""在见"等情况，其实也和利益关系交织在一起，但不管如何，他们都似乎宁愿与家人、熟人或朋友等一起陷入"无形的漩涡"。

当然，畲族民间契约的执行，不仅要受到来自社会、族群等外在公共理性的约束和限制，还要受到作为档案记忆主体的畲民自身"心理上的约束和节制"③。畲族档案记忆在这时化为对公共权力的一种制衡力量，保证了畲族民间契约的节制。尽管这种节制主要体现在经济活动中，但也会延伸至

---

① 余厚洪：《丽水畲族民间山契类型及其内涵探析》，《档案管理》2014年第1期，第46页。
② 陈敬涛：《敦煌吐鲁番契约文书中的群体及其观念、行为探微》，中国政法大学出版社2013年版，第81页。
③ 蒋卉：《畲族契约文书的伦理思想分析》，浙江财经学院硕士学位论文，2012年，第32页。

其他领域,在一个族群中,每个成员都必须克制自身的任性,并将节制当作一种重要的德性品质,它要求行动者"不能光看自己是否得到最大收益,也要考虑他方的利害",并在此基础上"谋求整体行动体系有关各方的最大收益"。① 或许正是出于这样的考虑,在畲族民间,无论年代多么久远,也不论政权几番更替,畲族在履行契约时很少出现故意抬高或降低契约中所订立的金钱数额,而总是依原价取赎。若从更深一层的族群伦理去剖析畲族契约中的经济行为,畲族档案记忆中所体现出来的节制的品质,其实在很大程度上源自畲民善良的德性、温和的品格;若从契约本身所能够直达的效用论上来说,这种关系到经济利益的带着节制的约定,可以避免因任性而导致的各种预料不到的后果,更重要的是,可以有效遏制经济生活的紊乱,并在此基础上实现地方秩序的和谐。

对于畲族内部的团结与稳定而言,嵌入互信机制无疑有着积极的意义与有效的作用。然而,互信并非一蹴而就,它是畲民在长期的合作过程中逐渐产生的。互信是一种"社会资本"②,有了互信这样一种资本的积累,才有契约行为的可能,而契约行为的直接目的就是协调契约双方的合理利益。

就像霍贝尔所说的,"任何社会成员或社会子群的行为,对特定的刺激的反应有着相当的同一性"③,随着人口繁衍,族群规模必然不断扩大,族群总是要通过分裂、衍生、分支等分化过程产生亚群体——房族。通常来说,"三代或五代以内的血亲为一个房族,多数居住在一个村庄里"④,而五代以上同一族姓,能追溯到同一个共同祖先者,就属于同一族群了。"空间上的接近在乡土社会中十分重要,邻里之间的互助成为一种生活逻辑。"⑤在畲

---

① 邓永芳:《哲学视阈中的文化现代性》,江西人民出版社 2009 年版,第 93 页。

② 弗兰西斯·福山:《信任——社会道德与繁荣的创造》,李宛蓉译,远方出版社 1998 年版,第 35 页。

③ 霍贝尔:《原始人的法》,严存生等译,贵州人民出版社 1992 年版,第 12 页。

④ 邹蓓蓓:《民国邢台县王氏家族契约文书述略》,《邯郸学院学报》2014 年第 4 期,第 82 页。

⑤ 陈敬涛:《敦煌吐鲁番契约文书中的群体及其观念、行为探微》,中国政法大学出版社 2013 年版,第 43 页。

族民间,在互助合伙的生产方式下,在互信共处的生活氛围中,和睦、团结、共享成了族群的共同精神追求。但正因为"处在一个物理和精神上都十分接近的圈子里"①,畲民必然要在保全自身合法利益时,还得随时随地想方设法与族群之中的其他人达成和解,以求维持族群的和谐关系。

众所周知,"利己心"或"为我性"是十分普遍的心理现象,然而,在畲族民间,"在人性化知识有限的条件下,诉诸规则似乎是使沟通成为可能的唯一途径"②。主导了畲民生活世界的机制之所以能够存在,无时无刻不暗含着一种信任,即互动各方都会遵守同样的规则。在畲民看来,契约当事人利益能否实现,往往取决于契约主体间的协作,这样的认识便于契约和谐、当事人利益顺利实现,也有利于成就契约参与人的德性。正是彼此之间的信任关系,给予了档案记忆行动者一种"本体论的安全",让他们在互动过程中积极地、不断地塑造着责任,因而将共存空间"作为稳定社会生活的一种普通的成就而给予其他人"③。的确,一旦族群内部的互信机制搭建起来,就会让族群成员体会到温暖,激发出其忠诚情感,并催发捍卫族群利益的坚定勇毅。

三、讲究经验意义

"传统是社会所累积的经验"④,传统的畲民不会怀疑档案记忆之传统,他们认为畲族先民所用来解决生活问题的方案,尽可沿袭用作自己生活的指南。毕竟,"到文化传统中寻求解决问题的历史范式"⑤是始终存在的。

---

① 高见泽磨:《现代中国的纠纷与法》,何勤华等译,法律出版社 2003 年版,第 206 页。

② 齐格蒙特·鲍曼、蒂姆·梅:《社会学之思(第二版)》,李康译,社会科学文献出版社 2010 年版,第 83 页。

③ 布莱恩·S.特纳、克里斯·瑞杰克:《社会与文化:稀缺和团结的原则》,吴凯译,北京大学出版社 2009 年版,第 196 页。

④ 费孝通:《乡土中国(修订版)》,上海人民出版社 2013 年版,第 48 页。

⑤ 张骥、刘中民等:《文化与当代国际政治》,人民出版社 2003 年版,第 205 页。

记忆需要借助符号来表达,而符号"可能起源于人的经验"①。布尔迪厄曾指出行动者和社会世界之间存在一种"信念经验"(doxic experience),认为信念是源于实践感的"想当然想象关系",是确立于实践过程的"直接附着关系"。② 在畲族档案记忆的形成方面,畲民可以诉诸本体论承诺以安放与记忆相关的事件,而不是非要借助于传统的共享记忆路径。"在给定传统下,一个基要主义者大致相信传统事件记忆来自于真实的过去事件,而一个传统主义者大概会搁置对传统事件记忆真实性的判断。"③畲族档案记忆之真,就真在一脉相承的族群思想,就真在一以贯之的族群情感,就真在可供依托的族群自尊,因而,畲民对档案记忆所留下来的传统可以永不质疑。

"过去的一系列选择所形成的长期结果,日积月累,就会对我们未来的行动产生某种效应……当下的行事自由,会受到我们的过去环境和经验阅历的影响"④,畲族档案记忆中生活模式的固定化,使畲民对先人积累的生产生活经验十分珍视,在生活环境没有发生剧变之时,畲民完全有理由沿袭以往的记忆,谁也不会刻意去主动改变已有"格式"。诚如费孝通所言,"人的学习是向一套已有的方式的学习","上边所谓那套传下来的办法,就是社会共同的经验的累积"⑤。就像畲族档案记忆中的契约,只要其功能尚可满足人们需要,对其格式之类的改变就不是必要的,当一种生产生活方式沿用已久并持续适用时,便自然成为习惯。

在社会生活中,任何先验的意义实体其实并不存在。"经验意义上的量的差异"意味着一种事物只有处于其他事物之中才能发现自身的存在,"矛

---

① 赵毅衡:《符号学原理与推演》,南京大学出版社 2011 年版,第 26—27 页。

② Pierre Bourdieu. *The Logic of Practice*, Cambridge: Polity Press, 1990, p. 43.

③ 阿维夏伊·玛格利特:《记忆的伦理》,贺海仁译,清华大学出版社 2015 年版,第 55 页。

④ 齐格蒙特·鲍曼、蒂姆·梅:《社会学之思(第二版)》,李康译,社会科学文献出版社 2010 年版,第 19 页。

⑤ 费孝通:《乡土中国(修订版)》,上海人民出版社 2013 年版,第 19 页。

盾内在于自身之中"。① 畲民的生活世界是一个由主动性、被动性交织在一起的世界,借助畲族档案记忆,可以"回溯到经验的明见性"②。畲族档案记忆对畲民的思想与行为,存在着毋庸讳言的控制性,尤其是畲族档案记忆的共同性使畲民有了一种认同感,并形成强烈的族群体验特征,而这种共同性既有控制性,又有协调性。畲族档案记忆作为"文化的基本代码",从一开始"就为每个人确定了经验秩序"③,畲民依循着基本代码为其规定的经验秩序,在档案记忆传承过程中以及其自发秩序之下,生产着更加有序的经验。

在任何一个社会的人与人之间,利益冲突固然是不可能绝对避免的。但相对而言,"民族对内处于开放状态,对外则处于闭合状态"④,也就是说,同一族群之人,会自觉将自己的内在世界注入自己一生中在外部世界所感受到的人、场所和事件,并将这些人、事、物与情感联系在一起,族群内部因为彼此感情深,相互之间的关系自然也就融洽,而族际之间的关系,因追求利益等而产生矛盾冲突时,则更需要档案记忆来化解。本书第七章将会探讨档案记忆对族群之间矛盾冲突的化解功能,此不赘述。

海登·怀特指出,"任何一个社会,为了维持那些允许它根据其统治集团的利益起作用的习俗,都必须规划一些文化策略,以促进其主体对'认可'社会习俗的道德和法律制度的认同"⑤,畲族民间社会也是如此。畲族民间社会的一个重要特征是血缘与地缘的叠合,这也就意味着畲族村寨的"社会关系往往发生在共同血缘的亲属之间"⑥。与此同时,档案记忆对于畲民生

① Leonard Lawlor. "Distorting Phenomenology: Derrida's Interpretation of Husserl", *Philosophy Today*, vol. 42, no. 2, 1998, pp. 185-193.

② 埃德蒙德·胡塞尔:《经验与判断:逻辑谱系学研究》,邓晓芒、张廷国译,生活·读书·新知三联书店 1999 年版,第 58 页。

③ 米歇尔·福柯:《词与物:人文科学考古学》,莫伟民译,上海三联书店 2001 年版,第 8 页。

④ 尤尔根·哈贝马斯:《包容他者》,曹卫东译,上海人民出版社 2002 年版,第 152 页。

⑤ 海登·怀特:《形式的内容:叙事话语与历史再现》,董立河译,文津出版社 2005 年版,第 124 页。

⑥ 唐莹:《清水江流域的乡村社会生活》,贵州大学硕士学位论文,2009 年,第 9 页。

活世界而言，其"日常观念世界是一个凭借原始集体意象、传统习俗、经验、常识等自在的文化因素而加以维系的未分化的和自在的领域"①。不可否认的是，这些原本在档案记忆中传导的观念或思维，其实始终伴随着畲民的一举一动，时刻左右着畲民的意识和行为。从本质上来说，档案记忆是记忆主体所拥有的对客观世界的认知与经验的化身，是一种给定的"日常生活和日常思维的基本图式"②，这与传统乡土社会强烈的实用主义倾向及浓厚的因果联系观念有着密切的关系。可以说，实用主义的固定思维方式，使畲民"一切以生活本身为基点，一切以实际功用为依归"③，乐于采用贴近生活实际的可解决具体问题的路径。

前文曾述及畲族档案记忆的乡土性、地域性，畲民在不同地方所处的社会关系网络是有一定差异的，即使在同一个地方，因为时间不同、场景不同，每个族群成员所扮演的角色和具体的行为方式自然也是有一定差异的。如果在具体的行事中，有一种"脚本"能够引导人们在特定的社会场景中使"怎么做"变得可以预期，那么，无疑可以减少协调所需的成本。"脚本一旦被存储在记忆中，就能被相似的场景所激活，并引导个体在这一场景中如何行为。"④畲族档案记忆，对于畲民来说，就是可以应对不同场景的通用性惯例，当用于族群利益协调时，这些既定的"脚本"自然有利于协调工作顺利有效地进行。因为，只要遇到的场景与以前同类或相似，族群成员就可依循那套行之有效的"脚本"去解决问题。

在畲族民间，档案记忆为各种行为场景提供了可行的"满意解"，节约了

---

① 衣俊卿：《现代化与日常生活批判》，人民出版社 2005 年版，第 168 页。

② 贺苗：《非日常思维向日常思维转化机制探析——基于中国日常生活批判的视角》，《学术交流》2014 年第 5 期，第 16 页。

③ 韩伟、赵晓耕：《中国传统契约"原因条款"研究——兼与欧陆民法原因理论之比较》，《北方法学》2014 年第 6 期，第 132 页。

④ King A. "Scripting Collaborative Learning Processes: A Cognitive Perspective", *Scripting Computer-supported Collaborative Learning*, vol. 6, no. 1, 2007, pp. 13-37. 转引自查冲平、祝智庭、顾小清：《协作脚本技术及其发展方向研究》，《中国电化教育》2011 年第 2 期，第 114 页。

协调成本,生活于相关场景中人只要按例守约,无须复杂的博弈,就可得到双方都满意的结果。畲族民间社会彼此之间的信任,并非没有根据,"乡土社会的信用并不是对契约的重视,而是发生于对一种行为的规矩熟悉到不假思索时的可靠性"①。畲族档案记忆里的"昨日世界"是一个自在的传统日常生活世界,这个以自然经济为基础的乡土社会自发形成了一套十分成熟的经验模式,"体现为自在的传统、风俗、习惯、经验、常识左右着人们的行为"②,"润物细无声"地渗透于畲民日常生活之中。

在认知的意义上,经验是"借助感官进行信息采集,再通过大脑进行信息加工的动力学过程"③,畲族档案记忆中的经验,实际上是记忆主体和记忆客体之间反复信息互动形成的知识编码。当然,经验"一方面受到外部观念的影响,另一方面受到内部主观感受的作用"④,从经验的意义上来看,借助档案记忆,完全有可能理解档案中记忆主体的所思所想。从某种程度上讲,档案记忆给人们提供了一个"参考框架"⑤,因而有利于"巩固既存的现状"⑥。对于利用档案记忆的后人而言,其实就是把前人的经验过程转化成了"文化的过程",因为他们"既通过文化编码来经验,也将经验加入自己的文化之中"⑦。换言之,畲族档案记忆是畲民由经验而累积起来的行为规范,这种遵循记忆而行事的做法,不是一种有意而为的"译解",而是一种发自内心的"理解"。畲民拥有共同的记忆,就拥有了对过去社会所共享的经

---

① 费孝通:《乡土中国(修订版)》,上海人民出版社 2013 年版,第 10 页。

② 刘楠楠:《民间契约文书与日常生活——对河南 L 村刘氏家族的考察》,辽宁大学硕士学位论文,2013 年,第 52 页。

③ 张小军、木合塔尔·阿皮孜:《走向"文化志"的人类学:传统"民族志"概念反思》,《民族研究》2014 年第 4 期,第 56 页。

④ Joan Scott. *Experience*, in Feminists Theorize the Political, London and New York: Routledge, 1992, p. 29.

⑤ 派克:《社会学》,见北京大学社会学人类学研究所编:《社区与功能——派克、布朗社会学文集及学记》,北京大学出版社 2002 年版,第 41 页。

⑥ 丹尼·卡瓦罗拉:《文化理论关键词》,张卫东等译,江苏人民出版社 2013 年版,第 61 页。

⑦ 张小军、木合塔尔·阿皮孜:《走向"文化志"的人类学:传统"民族志"概念反思》,《民族研究》2014 年第 4 期,第 56 页。

验,这些经验有自己的,也有他人的,是在日复一日的劳作生活中积累而成的。正因为如此,当族群成员在共享族群记忆之时,就对族群产生认同并在相应的社会秩序下生活。

<h2 style="text-align:center">第三节　浙江畲族档案记忆协调
族群利益的特色原则</h2>

就像角色扮演一样,一个族群的所有成员对于族群活动的参与总会在被指派的角色中"浑然忘我",他们通常"必须只基于与他们履行的角色相维系的规则所赋予的'职能'"[①],让他们明白怎么做以及别人如何评判其行动,而这些均有赖于且得益于族群利益协调。

一、遵循均分法则

书面合同的重要意义不仅在于它被合同所确认的各种关系所强调、在陌生人之间被广泛使用,还在于它也用于最亲密的血亲之间。在畲族民间,有关收养、入赘等契约,都是为了确立一个最紧密的家庭关系以及先前并不存在的至关重要的责任,因为其中涉及承继问题。"承继"包含多方面含义:一是选立嗣子,曰"承嗣";二是以继子承续香火,曰"承祀";三是与承嗣无关的财产相续,曰"承受";四是作为祭祀义务的内在附属物财产的相续,曰"承业"。[②]

同一家族或同一家庭的成员可以共同拥有族产或家产,"族产是宗族赖

---

① 齐格蒙特·鲍曼、蒂姆·梅:《社会学之思(第二版)》,李康译,社会科学文献出版社 2010 年版,第 49 页。

② 参见阿风:《徽州文书所见明清时代妇女的地位和权利》,中国社会科学院研究生院博士学位论文,2002 年。

以存在的物质基础,也是强化宗法关系的经济支柱"①,但是,各个成员之间不可能完全杜绝身体上、心理上和道德上的摩擦。所谓树大分枝、源远分派,为了有效应对兄弟妯娌合居产生的摩擦、冲突等实情,往往要分家各过,此时就要用到"分关书"②。据《浙江畲族民间文献资料总目提要》辑录,浙江现存畲族分关书共有 29 件,例如,现存浙江丽水莲都区丽新乡占湾村的清光绪二十五年(1899)《蓝承祖立掰约》、浙江金华兰溪市诸葛镇横畈村的民国三十四年(1945)《蓝炳森分关书》等。③ 分关书通常由兄弟几人各执一份,立分关书之前需要抽拨提留父母"膳养田"、幼子"老婆本"、小女"妆奁产"④等,而后将家业按肥瘦品搭均分给诸子。从分关书中,不仅可知分关之畲民家中所拥有的业产情况和分房例规,而且能够看出同一地方的宗亲关系,还能从字里行间看出畲民的民族个性。⑤

　　分家犹如家族的裂变,虽然就家族与房支人口总量而言并没有多大变化,但在家庭作用大于个体作用的家族活动中,分家等于房支的扩容、家族力量的增强。在畲族民间,父母健在的分家通常只是"分爨型"分家,往往只是儿子成家后分灶过日子,不是完全分家产的分家,只有在父母老迈或逝世后,诸子才能来分割父母的财产。例如,现存浙江丽水松阳县象溪镇村头村的清光绪十三年(1887)《蓝月清分关书》,立分书时间为"光绪十三年二月廿一日",但契中言及"光绪元年均分,抛阄拈定",只是当时可能父母尚健而"未立分关"。通常来说,经过分家,一家之业产品搭均分给各房,意味着对利益做了合理协调,使各房不再为原先家庭生活中的烦琐问题而起争执,并

---

① 潘志成、梁聪:《清代锦屏文斗苗寨的宗族与宗族制度——兼及林业经营中的"家族所有制"、"家庭私有制"争议》,《贵州社会科学》2011 年第 2 期,第 100 页。

② 分关书,又名分关簿、分龙关书簿、分拍合同字据、分契、掰约等。参见余厚洪:《论浙江畲族契约的多重文化价值》,《档案管理》2015 年第 6 期,第 41 页。

③ 吕立汉主编:《浙江畲族民间文献资料总目提要》,民族出版社 2012 年版,第 224—231 页。

④ "奁"原指古时妇女用的梳妆匣,畲族民间习惯上将陪嫁的衣物、首饰、田房等称为"妆奁产"或"缠头费"。

⑤ 余厚洪:《论浙江畲族契约的多重文化价值》,《档案管理》2015 年第 6 期,第 41 页。

使新的家族和家庭血缘关系重新达到平衡。当然,分家并非完全分离,"在传统的农业社会中,兄弟家庭在种地、收割、打场等方面的合作非常普遍"①,分家之后仍然有亲缘性往来。

畲族民间分家及立分关书时,除了承继者在场外,会邀请房族亲邻多人到场公议或监督作证。例如,现存浙江金华武义县柳城畲族镇白马下村的清光绪七年(1881)《钟先福分关书》,"见分"人有母舅雷阿有、雷满载以及房亲钟作元、钟明亮、钟先寿等5人;现存浙江丽水莲都区南明山街道山根村的清宣统元年(1909)《雷云福分关书》,"见拍"人有母舅蓝林祖、蓝有财,姑夫蓝宝清、蓝开基以及亲房雷水财、雷林森、钟三等7人。邀请亲族尊长公议分关的做法,就像当今的公证一样,赋予了畲族分关过程和结果以高度公正性和充分合理性,确保利益协调能够做到统筹兼顾、全面平衡。

其实,随着人口繁衍和族群壮大,族群地方资源会出现供不应求的情况。在此背景下,原住地的族群会进行更大范围的分家,即以族群为发展线索的分支,当族群所分支系新到一个地方建村落户,开创者就被奉为"开基祖"。族群发展由此形成了世系传承。在畲族民间,传宗接代的重要性常用宗教性的词汇表达出来,畲民说"香火"绵续,意即有人继续祀奉祖先。

在畲族民间,"一家之祭"与"一族之祀"密不可分,"继承关系的象征意义在于其系之于家庭而牵之于宗族"②。畲族同其他绝大多数民族一样,继嗣方式以父系单系继嗣为主,继承方式除了前文言及的招赘为子、异姓收养之外,还时常采用同宗过继等方式。畲族民间往往是宗桃继承与财产继承合二为一,尤其是在财产继承方面凸显其利益协调的现实意义。例如,现存浙江丽水莲都区南明山街道山根村的清道光十五年(1835)《蓝开兴分关书》,分立元、亨、利、贞四房,强调"至公至均";又如,现存浙江衢州龙游县横山镇余岗村的民国十二年(1925)《蓝来兴分关书》,言明"当亲房、亲族面踏

---

① 麻国庆:《永远的家——传统惯性与社会结合》,北京大学出版社2009年版,第110—111页。
② 刘道胜:《明清徽州宗族关系文书研究》,安徽大学博士学位论文,2006年,第112页。

均分……拈阄为定……点滴所分不平，莫因小事失手足之雅式相好矣"。不仅强调彼此之间利益析分的均衡性，而且谆谆告诫"乡田同井、扶持关顾"，同时还希求"百世其昌""万代兴隆"。

在传统社会，无亲生子之家庭允许通过立继来确保家庭繁衍、宗族兴旺。明代律例规定"无子者，许令同宗昭穆相当之侄承继，先尽同父周亲，次及大功、小功、缌麻"①，清沿明制，有明确对象和顺序。畲族对"昭穆""亲疏"尤为讲究，明文标示"立嗣承祧，宜郑重分明，亦宜昭穆相当，伦常不紊"，"例有应爱二继，由亲及疏"，以确保家族血缘的纯洁性。综合各地畲族谱牒，可知畲族立继内容包括：(1)嗣子人选，首选胞兄弟之子为嗣，次择堂兄弟之子为嗣；(2)嗣子选定，坚持"长继长"原则，讲究"年齿相符"，若应嗣之子果属不肖而重择嗣子，须经族内公议；(3)嗣子地位，既系养子，有继承权，须在谱牒中注明"嗣父之下某人子也"，并注明"生父名下，亦注之立为某人嗣"。

在浙江丽水莲都区老竹镇沙溪村，该村现存的清宣统己酉年(1909)《宣邑蓝氏宗谱》中记述，蓝氏第九、十、十一世的档案记忆中均存在本宗堂兄弟中过继的现象，据石奕龙统计，在第十世(清乾隆至道光年间)70人中"有16人以祀子方式传承世系与财产"②。

"一个社会所以要规定继替原则的目的是在免除社会混乱"③，一个族群采取相应原则来规定它的继替，自然有利于协调利益并促进族群凝聚。从畲族档案记忆看，常用亲属秩序来限制继替资格，因为亲属结构中绝不会出现在亲疏程度上完全相同之人。"作为民间的实情，似乎感到应继与爱继

---

① 转引自黄彰健：《明代律例汇编》，台北"中研院"历史语言研究所1979年版，第464页。
② 石奕龙：《明清时期畲族的香火继嗣方式——以丽水市老竹畲族镇沙溪村蓝姓宗族为例》，见徐杰舜、许宪隆主编，人类学高级论坛秘书处编：《人类学与乡土中国——人类学高级论坛2005卷》，黑龙江人民出版社2006年版，第661页。
③ 费孝通：《乡土中国(修订版)》，上海人民出版社2013年版，第543页。

的关系通过某种程度的妥协来解决的情况比较多"①,畲族民间也通常采取这种做法,即在"择立所亲爱者为嗣子"之时,会在宗亲中并立"亲等最近者一人以为嗣子","以弭争竞"②。

受宗法观念影响,女子参分等权益长期未得到法律确认。在传统社会的大部分地方,妇女并无完全的权利能力与行为能力③,妇女"没有家庭财产的所有权和继承权"④,但在畲族民间,妇女在财产所有权和继承权方面并未受到不平等的对待,其权利从未被剥夺或渐趋缩小。在畲族民间,通常在分关之时给未嫁的女儿先拨留一些"妆奁产",例如,现存浙江金华兰溪市诸葛镇横畈村的民国三十四年(1945)《蓝炳森分关书》载:"在未分之前,先拨同胞小妹日后缠头之费谷二百斤",又"另批耕牛一头,拨为椿萱"。从家产中先抽出缠头之资预留给小妹,又批耕牛一头作陪嫁,这与畲族嫁女时以耕牛、农具等作陪嫁习俗亦是相符的。

从上述分析可知,族群成员"对其历代族产的继承权,不仅是一种受益权,也是一种所有权或占有权"⑤。当然,畲族档案记忆中的继分其实还包含了许多礼的成分。笔者曾撰文分析畲族分关书中"不争长短,宜兄宜弟""关爱弱势,治带有补"等"以礼入契"的伦理内涵。⑥ 可以说,畲族档案记忆中的利益协调,极好地印证了中国传统社会"礼法互补"⑦的事实。从继分中可知,"户"既是一个家庭单位,又是一个经济单位,"要表明'经济'关系终结的地方和'个人'关系开始的地方是不可能的,因为这两种关系是在同一

---

① 滋贺秀三:《中国家族法原理》,张建国等译,法律出版社2003年版,第267页。
② 前南京国民政府司法行政部编:《民事习惯调查报告录》,胡旭晟等点校,中国政法大学出版社2000年版,第906—907页。
③ 陶毅、明欣:《中国婚姻家庭制度史》,东方出版社1994年版,第163页。
④ 李银河:《女性权力的崛起》,文化艺术出版社2003年版,第77页。
⑤ 王铭铭:《走在乡土上——历史人类学札记》,中国人民大学出版社2003年版,第48页。
⑥ 余厚洪:《论浙江畲族契约的多重文化价值》,《档案管理》2015年第6期,第44页。
⑦ 刘云生:《以礼正俗:儒家自然法与传统契约精神》,《广东社会科学》2003年第5期,第149页。

个总体背景下互相叠盖着的"①,分关时需合理处置业产、恰当处理关系,并将情与义一并揉入家庭的财产利益分配当中。

二、推崇互惠理念

在一个族群之内,人与人之间的交往互动是最基本的一种生活方式,彼此之间的权益总是"存在于话语、制度、客体以及身份的创造之中"②。在畲族档案记忆中,"共业"(亦有"合业""同业""相共"等称法)的体现形式有十余种,其中最常见的形式是用分数或股数表示产业。共业主要发生于田地、山场、林木、房屋、菜园、水塘等不动产和耕牛、石磨、水碓等大件动产。

在畲族民间,共业的成因无外乎诸子均分制、田宅等产业买卖、分割族产、数个佃户取得的田皮权以及特殊情况下形成的共业;共业的经营方式有租佃经营、自己经营和佃仆经营等。③ 例如,山场共业时,为了计算方便、公平,按股分银的事例比较多;水碓共业时,按份轮流使用一定天数,自在情理之中。在畲族档案记忆中,有时为了详细载录共有物权分属家族成员的具体股份、四至、大小等,会在契约之余专门列出"外批",旨在厘清股权明细,但又不忘叮嘱"凡有物件,亦相看管,同气之情,岂得以路人相视"④。

英国法律史学家亨利·梅因认为,古代社会的财产权是一种集体财产权,通常"根据一个亲属联合的模型"而组成财产的共同所有者。⑤ 在同一家庭或宗族中,只要具备族群成员身份,不论其对族群的贡献大小,理论上均可共享共同体所有的财产。如前文所述,尽管物权所有人对所属物产拥有支配权,但必须征得家族内部同意方可外卖,尤其是物权涉及多人共有

---

① 爱德华·汤普森:《共有的习惯》,沈汉、王加丰译,上海人民出版社 2002 年版,第 480 页。
② 阿雷恩·鲍尔德温等:《文化研究导论(修订版)》,陶东风等译,高等教育出版社 2004 年版,第 94 页。
③ 任志强:《试论明清时期产权的共业形式》,中国社会科学院研究生院硕士学位论文,2002 年,第 22 页。
④ 浙江景宁县外舍乡锦岱洋村《雷成会分关书》,清光绪四年(1878)。
⑤ 亨利·梅因:《古代法》,沈景一译,商务印书馆 1995 年版,第 150 页。

时,则只能出让属于自己名分之内的"小股"①,因而,在畲族档案记忆中,"毗连别业"者需清楚载明来龙去脉及所属情况,强调"此系自己清业",并伴有"并无亲房伯叔兄弟子侄人等争执"等信诺语。

当然,共业更会涉及合作问题。诚如前文引述的畲族民间"分扦约",通常是多人联合承仰山场,其合作性十分明显,因而格外强调只有履行共同义务才能参与分享权益。例如,现存浙江丽水遂昌县大柘镇的民国六年(1917)《蓝亦田等分扦约》,言明蓝亦田等 7 人"讨去栽种松木、柳木、杉木、竹木,一应开整料理,不敢荒废,亦不敢丢留山头、地角"。

此外,还有一种常见的"承批约",通常是多人联合承批山场栽插、采摘等。例如,现存浙江丽水莲都区丽新乡占湾村的清光绪三十年(1904)《钟陈发等托管山批》,雷陈富、雷林孙等"养篆管业、扦掘耕种、栽插茶子、茶桐、杂木一应在内",养篆、收摘归于雷姓。对于传统社会的畲民来说,同业共享满足了人生必要的诸如田地、房屋、牲畜等物质前提,它还关系着个人的所有重大人生事件及家族发展。事实上,由于畲族档案记忆的存续,它非但不会失却利益,而且以一种确定的、稳固的形式得利地换取了一种比先前更好的、更安全的生活,有效增强了族群的安全性和稳定性。

在畲族民间,契约的互惠互助无疑是"相互救助的重要手段"②。在畲族档案记忆里,常常流露出对贫弱者的怜悯和关爱,强调施予者"心存惠济"。而诸如上文述及的"分扦约""承批约"等,只要契约中对双方义务和权利做出明确有效的约定,最终必然能在协同合作中实现双赢。畲族民间的共济互惠,其实属于合作性竞争,是畲民对于自身真实利益及其实现方式的理性把握,是一种"利人—利己、你我一致的利益实现方式"③。虽然契约难免以个人利益为指向,但毕竟是双方之间的事,要考虑到对方的主体性因

---

① 余厚洪:《丽水畲族民间契约之物权变动论析》,《丽水学院学报》2014 年第 4 期,第 10 页。
② 张姗姗:《中国古代契约的互惠性与互助性及其文化解读》,《法制与社会发展》2011 年第 3 期,第 87 页。
③ 赵一强:《中国契约伦理样态与实践》,上海人民出版社 2013 年版,第 104 页。

素。在畲族档案记忆里，契约的参与人彼此之间总是存在着某些竞争性的合作关系，但比较起来，合作性是本质特征。

各种利益的影响都会折射到族群凝聚的实践中来，"有效地认识社会空间层面存在的人际纽带和市场纽带发生的效用也是不能忽视的"①。在畲族民间，畲民带着一颗善心，多为对方利益着想，无疑有助于族群和谐。

前文曾述及畲族民间的"讨札"，也许让今天的人们疑惑的是，畲民当初为何以"讨"代"买"？最主要的原因当然是迁徙。畲民在割断了与自己熟悉氛围的联系后，向生存机会最大的区域流动，进入一个完全陌生的环境，畲民经济实力有限而无力购买，讨取、承租的费用比"买"要少得多。② 畲民"宁讨不买"，或许还缘于他们心存继续迁徙的打算。相比较而言，归还比转卖要来得方便，更何况转卖时可能遭遇降价、售卖不成等不可预料的损失。③ 前文亦曾述及早于畲民在此定居之人常会慷慨相助，多少减轻了畲民的愁苦。从这些角度看，畲民的租讨方式亦是存在互惠特征的。基于血缘和地缘关系的认同，畲民从中获得了个人或族群利益。

毋庸置疑，互惠理念在"融合了互搏式裂殖增殖与互补式裂殖增殖的特性"之时又中和了这两种增殖的自我破坏倾向，尤其是随着时间的推移，"各自都会提供对方所需的某种东西"而实现相互平衡。④ 在畲族档案记忆中，共济互惠理念主导着畲民的行为。在为人处世的法则和礼尚往来的馈赠规则之下，畲族民间的物权常常作为一种表情达意的礼物。显而易见，一个人给他人提供帮助，是将之作为一种道德责任；而当一个人接受了他人的帮助，其又必然负有感激之情。这就涉及施恩与感恩，因此，"渗透在礼物中的

---

① 赵利生、熊威、江波：《族群认同的嵌入性：公共话语、社会空间、象征符号的作用——以肃南县明花区双海子村裕固族移民故事为例》，《西北民族研究》2009年第3期，第79页。
② 余厚洪：《丽水畲族民间山契类型及其内涵探析》，《档案管理》2014年第1期，第45—47页。
③ 余厚洪：《丽水畲族民间契约之物权变动论析》，《丽水学院学报》2014年第4期，第12页。
④ 齐格蒙特·鲍曼、蒂姆·梅：《社会学之思（第二版）》，李康译，社会科学文献出版社2010年版，第35页。

精神,同时含有道德意味和情感意味"①。之所以共济互惠,并非无缘无故,也不可能无关利益,重要的是"维持一种有利可图的而且无法拒绝的联盟"②。

三、权衡利义关系

在畲族档案记忆中,契约的表层价值为"利",而其深层目的为"义"。

在人们的常规认识中,契约的主要功能在于权益证明,一旦出现契约灭失或销毁等情况就意味着利益的丧失。在畲族民间,契约作为利益的具体载体,被畲民高度重视。但诚如前文所言,畲族档案记忆在协调利益之时,更多关注的是道义或救助,尤其是畲族民间的赠契等行为,出让标的物者表达了慷慨与善良,接受标的物者获得了恩赐和友爱。

在传统社会中,"义"作为一种伦理,是集体本位主义的表现,在族群当中也是如此。唐红林曾指出,"立契人要在乡土社会中遵循地方习惯和血缘伦理道德,要为整体利益而作出某些限制,以此要求契约当事人遵守义务"③。就如前文曾述及的"亲邻先买权",无疑是基于血缘和地缘认同的集体本位主义之下"田不外出,财不外流"的一种真实写照。当然,畲族档案记忆中的"义",其主要指向还包含"仁义""怜弱"之心。即使是在畲族民间契约里,亦常将债权人描写为仗义疏财、乐善好施之人,也有意无意地将债务人描写为重义守信、敢于担当之人。上文提及的馈赠,就其最纯粹的形式而言,应该完全不带有利益的考量,提供的时候不考虑接受方的资格条件。按照通常的占有与交换的标准判断,纯粹的馈赠就等于纯粹的损失。馈赠之所以被提供给有可能需要它的任何人,原因很简单,也只有一个,那就是他

---

① 阎云翔:《礼物的流动:一个中国村庄中的互惠原则与社会网络》,李放春、刘瑜译,上海人民出版社 2000 年版,第 141 页。

② 马塞尔·莫斯:《礼物:古式社会中交换的形式与理由》,汲喆译,上海人民出版社 2002 年版,第 196 页。

③ 唐红林:《中国传统民事契约格式研究》,华东政法大学博士学位论文,2008 年,第 85 页。

们需要它。说到底,这是一种"纯粹道德意义上的获益,构筑了行动的基础,其逻辑难以被认识到"①。

在畲族民间,几乎家家户户都有制作和保留喜丧账簿的习俗。对于畲民来说,这是人情往来通则的体现,因为礼物一方面是双向流动的,一方面又不能斤斤计较其价值。② 账簿内通常按辈分大小或亲疏关系排列次序,辈分大、关系亲的居前。例如,现存浙江丽水景宁县郑坑乡柳山村的清同治五年(1866)《钟大十四郎素簿》,首页记述随葬品概况,次页起记载"米二斗、豆一斗、鸡一只、肉一斤、酒一坛,香纸币烛俱全"等奠礼;又如,现存浙江丽水景宁县鹤溪街道敕木山村的民国十二年(1923)《蓝来贵嫁女账簿》,记述了蓝来贵嫁女时亲朋好友前来祝贺送礼的情况,有的赠布半匹,三尺或一尺不等,有的既送布又送铜圆。显然,喜丧账簿作为畲族民间家庭社交史中重要活动的真实记录,族中之人几乎都会参与编制,所存的记忆清晰地显示了当事人之间的关系网络以及畲族民间的人情往来。

畲族民间宣扬重义轻利的观念,无疑赋予了畲族档案记忆以浓厚的道德性。在大多数情况下,"契约在本质上追求的是通过交易实现资源的重新分配"③,但对于畲民来说,生存问题一直是首要问题,畲族档案记忆中存在大量重义轻利的例子,充分说明了畲民将契约视为相互救助的重要手段。畲族档案记忆"既是情感—象征形式的,同时也是工具—政治—经济形式的"④,其中不乏利益上的选择与竞争,但又与族群凝聚存在着密切关联。

其实,这里还涉及"档案正义"问题。南非档案学家维恩·哈里斯力倡"档案追寻正义"(archives for justice)和"为正义而记忆"(memory for jus-

---

① 齐格蒙特·鲍曼、蒂姆·梅:《社会学之思(第二版)》,李康译,社会科学文献出版社 2010 年版,第 80 页。

② 顾伟列:《村民交际中的人情伦理与互惠原则——上海松江张泽镇村民视野中的礼物馈赠》,《华东师范大学学报(哲学社会科学版)》2001 年第 6 期,第 81 页。

③ 张姗姗:《古代中国的"契约自由":文本与实践的考察》,吉林大学博士学位论文,2009 年,第 114 页。

④ 高源:《历史记忆与族群认同》《青海民族研究》2007 年第 3 期,第 11 页。

tice)①,强调"档案提供了恢复社会正义的强有力资源"②。在畲族档案记忆中,同样存在档案正义的生产与再生产,单从族群利益的维护上看,档案正义的结果是积极的,而且,档案正义对族群与族群成员都可以产生影响。

"权力的诱惑与利益紧密地联系在一起"③,趋利避害乃人之本能,但在畲族档案记忆里,即便是获得了权力的人,其在将权力与利益进行兑换时,依然未丧失"义"的逻辑。在族群利益协调时,畲民总是以实现成员道德上的和谐融洽为根本的价值取向,而不是以获利为主要目标。畲族群内部人与人之间是一种长幼亲疏的道德关系,呈现于档案记忆中,便难以看到唯利是图的观念和金钱至上的交易关系。

四、体现人性色彩

一般来说,人与人的关系越亲密,则其情感越厚重。综观畲族档案记忆,其间并无多少"冰冷的理性算计",反而充满"友好的脉脉温情",其"人情"④的表现丰富而多样。

"有一种'情'的尺度,叫道德。"⑤从畲族档案记忆中不难看出,由于"呈现在契约中的人是'道德的人'"⑥,畲族民间除了存在可度量的物权交换,还有渗透情感与道德的"不可度量的交换"。道德与情感作为重要的因素,让畲族民间在利益协调之时充满了情味,其间饱含着友谊、辈分、和睦、交好

---

① Harris Verne. "Jacques Derrida Meets Nelson Mandela: Archival Ethics at the Endgame", *Archival Science*, vol. 11, no. 2, 2011, pp. 113-124. 转引自付苑:《档案与社会正义:国外档案伦理研究的新进展》,《档案学通讯》2014 年第 4 期,第 4 页。

② 付苑:《档案与社会正义:国外档案伦理研究的新进展》,《档案学通讯》2014 年第 4 期,第 5 页。

③ 孟繁华:《游牧的文学时代》,作家出版社 2009 年版,第 163 页。

④ 此处讨论畲族档案记忆中"人情"的内容,详见余厚洪:《形式、内涵与规则:浙江畲族契约关系论析》,《云南民族大学学报(哲学社会科学版)》2018 年第 5 期,第 62—70 页。

⑤ 陈勤、袁紫千、姜艺萍:《人类符号中的关键词——对大师与经典的别样解读》,知识产权出版社 2013 年版,第 134 页。

⑥ 马塞尔·莫斯:《礼物:古式社会中交换的形式与理由》,汲喆译,上海人民出版社 2002 年版,第 7 页。

等象征意义。

弗雷德里克·巴斯曾指出，人们的决定"取决于个体根据利益和策略所做的判断，而非取决于道德上的考虑"①。在畲族民间，"人们之间任何具有合法性的权威都必须建立在约定的基础之上"②，如果说"人的需要构成了契约产生的主体条件"③，那么，利益协调是契约存在的根本出发点和归宿。人情已然深植于畲民心间，呈现于档案记忆字里行间的"平心静气"，昭示着畲民对纯粹利益的看淡，这是难能可贵的民族秉性。

从畲族档案记忆中"登场人物、人和人之间的关系"及其折射出的"当时的社会气氛"④，可以明显感受到熟人社会的气息。畲族档案记忆中的人情，是对畲民生活态度的真实反映，而这种带有人性色彩的人情世故，更多地指向"礼"和"仁"，鲜明地体现了畲民讲道德、明礼仪等品质。

费孝通指出，"礼"是"社会公认合式的行为规范"，"合于礼"即指相关行为"做得对"。⑤ 在畲民日常生活中，礼的影响可谓无处不在、无时不有，可以说，畲民把礼尚往来当作为人行事的重要原则，他们把村寨熟人社会中的社会关系全部人情化，认为有人情味才是正常的关系。自然地，族群互动融入了情感，比如怜悯、同情或爱。总体看来，畲族民间的人性化互动着实值得称道。

从畲族档案记忆可以看出，"依礼而治"是畲族民间协调利益关系、维持族群稳定的重要手段。"礼"对于畲民而言，绝非远离生活现实而高高在上的真理，而是紧贴生活实际且时时运用的经验，是清晰可感的，是会根据实际需求进行调整和改动的。正是档案记忆中所弥漫的人性色彩，使原本作

---

① Fredrik Barth. "Overview: Sixty Years in Anthropology", *Annual Review of Anthropology*, vol. 36, no. 2, 2007, pp. 1-16.

② 卢梭：《社会契约论》，徐强译，九州出版社 2006 年版，第 19 页。

③ 赵一强：《中国契约伦理样态与实践》，上海人民出版社 2013 年版，第 80 页。

④ 岸本美绪：《明清契约文书》，见滋贺秀三等：《明清时期的民事审判与民间契约》，王亚新、梁治平编译，法律出版社 1998 年版，第 314 页。

⑤ 费孝通：《乡土中国（修订版）》，上海人民出版社 2013 年版，第 48 页。

为独立个体的畲民变成了"自己人",让整个族群绝不至于因为利益相争而沦为相互利用和相互算计的族群,而是成为遵循乡土社会生活逻辑的温情、友善的族群。

克利福德·格尔茨指出,"为人类的行为提供主要场景的,不是原则和权力的外在世界,而是情绪与欲望的内在世界"①。人情,是"人性中内在本性的一部分",也是"在社会关系里行事为人的适当方式"②,族群当中的每一个人都会按照适当方式来待人。当然,人情"建立在情感联系或者义务和感激观念的基础之上"③,因而极好地维系了族群成员彼此之间的往来互动,进而"不间断地生产出相互的熟悉及这种熟悉基础上的自己人认同"④。其实,在畲族民间,人情不仅受到族群所在地方之外在道德礼数的约束,而且受到畲民内心深处之良知的节制。

当然,也可能出现人情异化的现象,而这必然导致族群冲突(第七章将述及)。不过可以肯定的是,在畲族民间,只要畲族档案记忆维系族群共同体意识的力量仍然存在,只要畲族民间决定人情的地方秩序仍然存在,就可以远离人情异化。就如本章一再提及的畲族契约,其中物权交换的途径显然最符合畲民追求生存、发展的根本动机,符合畲民的理性要求和文明需要,有助于实现"义利统一"的目标。

笔者不厌其烦地引述了诸多畲族民间契约,从这些关系性契约里,分明能看到贯穿其间的"契约性团结的基础"⑤,使得"道德""人情"等与契约紧紧地结成一体。而这些关系性契约,就像一个无始无终的循环系统,构成了整个族群圆融和美的共同记忆。当畲民在人情伦理指引下才去谈论利益

---

① 克利福德·格尔茨:《文化的解释》,韩莉译,译林出版社 2014 年版,第 165 页。

② 杨美惠:《礼物、关系学与国家:中国人际关系与主体性建构》,赵旭东、孙珉译,江苏人民出版社 2009 年版,第 64 页。

③ 杨美惠:《礼物、关系学与国家:中国人际关系与主体性建构》,赵旭东、孙珉译,江苏人民出版社 2009 年版,第 64 页。

④ 贺雪峰:《论熟人社会的人情》,《南京师大学报(社会科学版)》2011 年第 4 期,第 21 页。

⑤ 赵一强:《中国契约伦理样态与实践》,上海人民出版社 2013 年版,第 92 页。

时,自然更多的是关心各方共同利益而非个人利益,这在无形中促成了族群凝聚。

在族群当中,成员之间的情感至关重要,人们往往通过人情来建立生活秩序。从畲族民间"礼"与"情"的相依相随来看,只要人情在发挥作用,那么"礼"就暗含或体现于其中,在畲民日常生活中,"礼"已经成了一种能够唤起内心情感的行为规范。

此外,畲族族群利益协调还体现在人与自然的利益协调上。在人与自然的关系中,自然通常被看作人类的他者,似乎是"无目的之物和无意义之物",成了"人类放肆行为的一个柔顺对象"。① 美国生态思想家霍尔姆斯·罗尔斯顿曾指出,"一个人如果不能最后与自然达成和解,就说不上有智慧。"②畲民一直寻求人与自然的和谐,《高皇歌》云"山林树木由其管,旺出子孙成大批"③,畲谚亦云"造成风水画成龙";此外,畲族有一系列保护山林、农作物、动物、水源等的乡规民约,畲民还曾制订了相应的惩戒措施以约束偷盗林木等行为,如"一旦发现有人偷盗林木或当场抓获偷盗者,即罚其交纳一百斤豆、一百斤米和一百斤肉"④。不仅如此,在畲族民间,山石、树木、农作物等常常被神化,成为畲民膜拜的对象,畲族档案记忆中,有许多关于自然物崇拜的故事,如《禾镰草》《摇毛竹》《石棱与黄麻》等。以上种种无不流露出畲民对自然的敬畏与感激。

笔者在畲族村寨调研中发现,畲民特别崇拜树木,畲村周围多有拔地参天的风水树,有的甚至还供奉香火,或在树前设小庙。听畲民说,但凡开基建屋、开挖生圹等动土行为,都要请人择日吉课,等祭祀神灵获得庇佑之后才能动工。这些做法,是畲民渴望与自然和谐相处以及"顺应自然、依赖自

---

① 齐格蒙特·鲍曼:《现代性与矛盾性》,邵迎生译,商务印书馆2003年版,第61页。
② 霍尔姆斯·罗尔斯顿:《哲学走向荒野》,刘耳等译,吉林人民出版社2000年版,第78页。
③ 浙江省民族事务委员会编:《畲族高皇歌》,中国广播电视出版社1992年版,第9页。
④ 朱伟:《林业习惯法初探》,浙江农林大学硕士学位论文,2011年,第9页。

然的心理反应"①。

　　畲族"乐于山林生活的文化心理是长期在深山密林谋求生计中形成的，又反过来影响畲民具体的生活方式，使之'靠山吃山'的观念固化，并且深植在其社会经济生活之中"②。通过畲族档案记忆，世代畲民都深知土地与山林的珍贵，深知族群与自然的休戚与共，自然而然地在族群意识中生成了人与自然和谐共处的理念。在此"态度"③的导引之下，畲民在生产和生活实践中，将其演绎成一系列与生态环境保护相关的伦理原则和道德规范，而后将其写入更权威、更具体的规定和制度。

　　诚如前文讨论畲族族群凝聚表征时所述，畲族的族群意识是早在开展民族识别工作之前就已具备的。畲族长期处于华夏的边缘，使得即使在与汉族交错杂居的过程中，相较处于核心的汉族文化，畲族档案记忆也仍然处于边缘状态。从畲族档案记忆可以看出，畲民在历史沿革中不断凝聚和强化族群特征以避免被外族涵化。畲民在生成和建构档案记忆时，因记忆建立于选择和排除的基础之上，它必然将"有利益"与"无利益"的记忆明确地区分开来。因此，畲族档案记忆作为一种中介记忆，它将族群记忆先逐一储存下来，到了需要的时候，再逐一释放出来。

　　根据布迪厄的观点，人们的社会关系是"根据他们在争夺各种权力或资本的分配中所处的地位决定的"④，这些争夺旨在"继续或变更场域中这些力量的构型"⑤。如果将整个族群比喻为"同心圆式的族群认同体系"⑥，在

---

①　徐志成：《畲族生态伦理研究》，浙江财经大学硕士学位论文，2015 年，第 24 页。

②　雷伟红、陈寿灿：《畲族伦理的镜像与史话》，浙江工商大学出版社 2015 年版，第 4 页。

③　费孝通曾指出，对于"人"和"自然"关系的理解，与其说是一种观点，不如说是一种态度。详见费孝通：《费孝通论文化与文化自觉》，群言出版社 2007 年版，第 397 页。

④　皮埃尔·布迪厄、华康德：《实践与反思：反思社会学导引》，李猛、李康译，中央编译出版社 1998 年版，第 155 页。

⑤　布尔迪厄、包亚明：《文化资本与社会炼金术——布尔迪厄访谈录》，上海人民出版社 1997 年版，第 139—140 页。

⑥　王明珂：《羌在汉藏之间——川西羌族的历史人类学研究》，中华书局 2008 年版，第 7 页。

族群之中,必然存在着或层叠或扩展的利益协同圈,族群利益协调,其根本目的就在于使族群形成向心力进而在资源分享与竞争体系中占有更多优势。其实,不管是过去还是现在,畲民都是基于族群发展的长远考量协调着族群利益;当下,畲民积极参与到以传承、弘扬畲族文化为宗旨的档案记忆再生产中,也是为了凸显族群特性而给族群赢得更多的利益资源。

记忆如同历史一样根植于档案之中,它对人们的"经历、认知、叙述予以证实"①。作为与利益交叉嵌套的协调记忆竞争的媒介,畲族档案记忆是畲族"依据某些成规将其意义传播于社会之中以此确立其社会地位,并为其他团体所认识的过程"②,由此意义出发,档案记忆的族群利益协调功能,让档案记忆在族群凝聚中拥有了一席之地。

本章小结

任何一个族群都不可能是由具有共同祖先的血亲组织直接形成的,需要经过漫长的"滚雪球"才能在一定时空中得到认同并最终达成凝聚,而在此过程中,始终存在着族群利益的协调。归根结底,"群体利益是民族问题的核心"③,无论是族群还是族群中的个人,通常都拥有一种既得利益,而且要去创造并维持某种有序环境。事实上,人们的绝大多数行为都是习得的,这种习得的知识通过叙事和记录之类的手段传承,由此形成的档案记忆会在逐渐积累中演变成协调族群利益的内在动力。

历史书写的过程,充满了权力与反权力的争夺。畲族档案记忆是畲民在族群发展历史情境中进行合理选择的结果,而其选择的依据主要在于族

---

① Joan M. Schwartz, Terry Cook. "Archives, Records, and Power: The Making of Modern Memory", *Archival Science*, vol. 2, no. 2, 2002, pp. 1-19.

② 米歇尔·福柯:《知识考古学》,谢强、马月译,生活·读书·新知三联书店 1998 年版,第 56 页。

③ 张宝成:《民族认同与国家认同》,人民出版社 2012 年版,第 5 页。

群利益之需求。尤其是畲族档案记忆中的契约,始终在协调着畲族族群利益,其间虽然存在着此增彼减的经济运行逻辑。但这并非唯一的逻辑,畲族档案记忆让畲民从根本上成为彼此依赖、彼此合作,而非彼此分殊、彼此竞争的族群。

畲族档案记忆是多种社会关系相互博弈的结果,畲民通过权益的确保、人际的友爱、群体的交流,建立起安全、温情、平和的关系。既定的档案记忆为族群利益的协调提供了依据和支撑,畲民的观念结构也被真实地感知。在利益协调过程中,所有的畲民"在事关本民族利益和尊严的问题上有着无条件维护的冲动"①。如果说契约"主要是用来解决人类社会中因人与人之间不能和谐相处而形成的种种问题与恶德"②,那么可以毫不夸张地说,畲族档案记忆呈现了畲族民间社会生活的真实样态,其间洋溢着的浓浓人情,其间流露出的对合理观念的认同和追求,让畲民彼此认同、相互接近,形塑着情理兼顾的和美秩序。

畲族档案记忆对族群利益的协调,充分说明畲民"个人在群体中的利他行为与'基因'无关,而是受到社会人群集体记忆的影响"③。畲族档案记忆,既有利于奠定畲族民间社会交往之基础,亦有利于构筑畲族民间社会的共同生活,这是其他任何物质实体所无法实现的。这种寻求协调与和谐的生活哲学,无疑是值得赞许的。

---

① 王希恩:《关于民族精神的几点分析》,《民族研究》2003 年第 4 期,第 9 页。
② 赵一强:《中国契约伦理样态与实践》,上海人民出版社 2013 年版,第 111 页。
③ 陈然:《少数民族电影音乐对历史记忆与族群认同的建构》,《西南民族大学学报(人文社会科学版)》2017 年第 3 期,第 74 页。

第七章　浙江畲族档案记忆的族群冲突化解功能

人总是生活于特定场域,因而总处在关系网络里。族群与族群之间,无论存在着多大的差异,都需要交往和互动,一个族群的文化传统不可避免地面临着与其他族群文化传统的碰撞与交融,"受到存在于一个群体和另一个群体之间的模式化的观念和信仰的整体所调节和影响"[1]。本章着重从畲族与其他族群之间的冲突及其化解来论述畲族档案记忆的族群凝聚功能。

第一节　浙江畲族档案记忆揭示
族群冲突的复杂成因

"文化差异之所以被意识到,往往是通过与他者接触而来"[2],一个族群与其他族群的接触,往往会产生许多意想不到的误解。族群冲突的生成,正是缘于社会中不同族群的差异性,由此形成的复杂关系决定了族群冲突的复杂性。

---

[1] 克莱尔·亚历山大:《斯图尔特·霍尔和"种族"》,见张亮、李媛媛编:《理解斯图亚特·霍尔》,北京师范大学出版社2016年版,第167页。

[2] 黄应贵:《反景入深林:人类学的观照、理论与实践》,商务印书馆2010年版,第16页。

一、本地性与外来性的冲突

"地方"是一个生产生活的实践场域,既有场域内部各种因素的交互影响,又有来自场域之外的力量在发生着作用。在畲族民间,由本地人、外来人组成的地方场域关系是形成族群冲突的首要原因。

畲民作为初来乍到的外来者,较之先前已经居于相关地域的汉人,其异族身份和特征自然更易被凸显出来。前文在对畲族发展源流进行爬梳时所援引的诸多文献中,不少文献总是有意无意地在畲民与当地的族群之间划出一条清晰的界限,习惯将其称作"异种"之文献层出不穷。不难推知,不同族群之间基于地域性的差异性因素总是被人为地无限放大,这便直接促发了不同族群之间的斗争形态,而且在极为短暂的时间内不断升级。对于畲民来说,作为外来人与当地土著之间的矛盾冲突,焦点集中在了"边界"上,"边界"的生成无疑是族群冲突的核心所在。

畲民历经辗转迁徙,每到一地,都作为新的主体进入场域。作为移民的畲族"外来人"与先前居住于这些区域的"当地人"属于不同的主体,"各主体间利益很难达成一致,利益竞争和行动分歧越来越大"[1],矛盾也就会激化,但正是在与当地人争夺生存利益的过程中,畲族的族群性逐渐表现出来。显然,不同族群之间存在着差异,诚如丹尼·卡瓦罗拉所言,"正是差异,赋予一个群体以区别于'他者'的身份"[2]。

相对而言,畲民在较长的时间里处于弱势,他们过着委屈、隐忍的日子。在明清时期,当畲族以"迟到者"的身份定居于山区时,其"农业生态资源处于明显的劣势"[3],大多时候只能向当地的汉族地主租种田地来维持生计,

---

① 崔腾飞:《农民"争利"的日常逻辑:乡村土地纠纷的过程叙事——以 S 市三村为例》,吉林大学博士学位论文,2015 年,第 32 页。

② 丹尼·卡瓦罗拉:《文化理论关键词》,张卫东等译,江苏人民出版社 2013 年版,第 45 页。

③ 王逍:《走向市场:一个畲族村落的农作物种植与经济变迁》,厦门大学博士学位论文,2007 年,第 26 页。

一度出现"所耕田皆汉人业"①的情况。而在以租讨度日的艰难困苦里，畲民还时常会遭遇"找价"而陷入雪上加霜的痛苦境地。

此前笔者曾撰文述及畲族民间"找价"频仍的乱象，在未完全绝断之前，畲民不会果断回绝原卖主的"找补"要求，而是给予其机会②；笔者还曾引述蓝开兴面对陈祖行的卖田"找价"支付了 1.88 倍的价钱、雷孝玉面对王松寿的卖田"找价"竟支付了前一年时价的 1.77 倍③等实例，体现了畲民以隐忍来换得族群发展的无奈。在此再引现存于浙江丽水遂昌县三仁乡高桥村的民国三十二年(1943)《王炳顺卖田找价契》为证，正文如下：

> 立找田契人王坤房。本房所有水田一项，坐落本乡高桥，土名石郭田一丘，计实租二箩。今因此田先曾出卖与雷边，价值似觉轻微，故再托原中向雷唐有边找过卖价法币一千八百元。其币即日收清，其田任凭雷边仍照前执契管业。自找之后，再无找价、取赎情弊。今恐口说无凭，特立找契为据。
>
> 中华民国三十二年十二月　日
>
> 立找田契人：王坤房炳顺(章)
>
> 见中人：王子俊(章) 王松寿(章) 王兆廷(画押) 王海富(指印) 王桂林(章) 王坛福(指印)

从上面这份契约可知，畲族民间的"找价"现象一直持续到民国时期，作为买主的雷唐有向卖主支付法币 1800 元。畲族存在着长时段、大规模的移民活动，作为一个新的族群，其往往需要在相当长的时间方能习惯新的社会环境和生活方式，跨区域流动的畲族通常需要数代人的努力来适应一个地方。对于畲族来说，在新进入一个地方时，其族群性总是十分鲜明地存

---

① 江远清、江远涵：《建阳县志》卷 2《舆地志·附畲民风俗》，清道光十二年(1832)。

② 余厚洪：《清代处州畲族民间田契的分类与特色探析》，《档案学通讯》2013 年第 2 期，第 103 页。

③ 余厚洪：《丽水畲族民间契约之物权变动论析》，《丽水学院学报》2014 年第 4 期，第 10 页。

在着。

在档案记忆中,群体冲突所涉及的本地人与外地人的分野,其背后有着一整套基于分类图式的复杂心理机制,这是针对群体特质的范畴化(categorization)过程所产生的"刻板化的感知"①,从而将某一社会群体与其他群体区别开来。笔者在田野调研中,还能在一些畲族村寨里听到"客边""新客""外村人"等称谓,在这些村寨里,即使畲民已经占了大多数,他们因为"迟来"而依然被称为"新客"。对于畲民而言,来自其他族群的外源性文化,势必引发"与本体文化之间的冲突"②。在畲族档案记忆里,自然埋藏着"一个特殊的本土社会的民族精神和文化内涵",一旦揭示,就会"导致与其他本土与非本土知识基础与实践的冲突"。③

二、统治性与反抗性的冲突

南希·爱德勒曾提出文化要素的三种运动方式:"凌越"(dominance)、"妥协"(compromise)、"融合"(synergy)。他所说的"凌越"是指"一种文化要素凌驾于另一种文化要素之上,成为统治要素,扮演着统治者的角色"④。

审视畲族档案记忆,可从中发现畲民既贴近政治又远离政治:在畲族盘瓠神话、河南传说中,都透露出畲族的"皇家之气"与"官宦之家"的传统,而畲民又长时间生活于深山野林,不役不税,直至封建末期,绝大多数畲民才被编图隶籍、编甲完粮。这便意味着畲民"家族伦理和政治精神的相互游离"⑤,也显示着畲民对国家统治的抗争。

---

　① 迈克·A.豪格、多米尼克·阿布拉姆斯:《社会认同过程》,高明华译,中国人民大学出版社2011年版,第26页。
　② 衣俊卿:《文化哲学十五讲》,北京大学出版社2004年版,第96—97页。
　③ 瑾·克兰迪宁主编:《叙事探究——焦点话题与应用领域》,鞠玉翠等译,北京师范大学出版社2012年版,第286页。
　④ 转引自伦蕊:《从创新文化因素分解看科技文化与人文文化的冲突及融合》,《科技管理研究》2008年第9期,第297页。
　⑤ 蓝炯熹:《畲民家族文化》,福建人民出版社2002年版,第326页。

在很长时间里,被视为外来移民的畲民,时常会遭遇驱逐,地方管理者对于这些无根的流浪者素来有着严重的偏见,但凡出现冲突事件,总是首先支持本地人而对畲民采取压制措施。而在畲族档案记忆中,又常常能看到畲民是统治者眼中"不愿服从者"的形象。前文曾述及畲民既喜白契又重红契,但在钤盖官印缴纳契税后又不粘契尾,同时有意加强白契的订立和履行规则,这是对官府统治的无言抗争。然而,在清后期至民国时期的畲族契约中,常会载明交易标的与价格,且普遍注明"报官契税,永远管业",可知畲族民间田地、山场等的交易背后"有一整套的国家土地制度作为支撑"①。

清康熙年间,有畲民化为"齐民",至乾隆时,已有不少畲民具遵制编保甲。然而在很长时间里,一些"化外之民"仍有"免差徭"的记忆。"凡一民族之发生,各有其团结之需要,与其互相之约束,乃本其素来之信仰,或为祖先,或为物类,于以聚族而谋生"②,畲族之所以长期漂泊、频繁迁徙,之所以啸聚山林、铤而走险,很大程度上是为了逃避或反抗官吏的欺压盘剥。这种统治与反抗的冲突不妨视作社会阶层或利益群体之间的矛盾,畲民的抗争只为"聚众护利",在此过程中,畲民保持了族群独立性,催发了强烈的族群意识和族群凝聚力。

当然,为了实现一个地方的族群与族群之间的和谐共处,畲民又常常求助于官府的维护。例如,现藏浙江衢州龙游博物馆的清乾隆二十一年(1756)《毋许索累畲民藉公索诈碑》,碑文记述畲民蓝玉芬等向县衙呈词,称畲民累遭地保索累之苦,且"前有两吁天鉴,毋庸再赘",但禁而不止,再次"祈请出示杜禁勒碑",县衙特立此碑,明令"嗣后毋许索累畲民藉公索诈,如敢故违,以凭究办不饶",反映了浙西畲民受欺压的状况以及官方刻碑示禁来维护畲民利益的态度。又如,浙江丽水云和县崇头镇岩下村的清道光元年(1821)《勒石永禁碑》,记述云和县衙保护畲民农作物不遭他人禽畜践损之事。另

---

① 赵思渊:《明清乡村生活与当下有什么异同》,《解放日报》2017年9月12日第12版。
② 傅勤家:《中国道教史》,上海书店1984年版,第1页。

如浙江丽水松阳县象溪镇南坑源村的清同治元年（1862）《松阳告示碑》，松阳县衙因畲民雷天昇等人禀文而立碑禁匪，明令"再有土匪横行，敢不畏死亡徒，以身试法，实系自投罗网，一经查出或被告发，立即严拿到县，凭法惩办"，有效保护了畲民的人身和财产安全。此外，浙江温州平阳县青街乡章山村《雷氏宗谱》①所附示谕、严禁告示等载清朝平阳县衙示禁"地堡恶棍借端向畲民科派丁甲差徭采买项"，浙江温州苍南县桥墩镇小沿村《雷氏宗谱》②所载清康熙三十六年（1697）闽浙总督部院批特授温州府平阳正堂大宪勒石永禁示谕"示禁各都里保地棍捏词扰害畲民、依昔端摊派畲民丁甲、差役以及采卖杂项"，都是借助官府力量来求得不受"借端扰害"。

在族群研究中，"记忆与反抗连接"③的话题曾备受关注。在畲族档案记忆或隐或显的文字里，可以挖掘、窥探出反抗的迹象，但又会发现顺从、妥协的迹象。就客观方面而言，一个族群以档案记忆表征的方式来采取行动，从而使得族群所做的抗争得以显现出来；就主观方面而言，档案记忆符号能采取的斗争形式就是想方设法改变"对社会世界的感知图式和评价系统"④，因为档案记忆在表述族群话语之时也建构了社会事实。

哈布瓦赫曾经指出，"没有不同时又是社会记忆的社会观念……只要每一个人物、每一个历史事实渗透进入了这种记忆，就会扭转译成一种教义、一种观念，或一种符号，并获得一种意义，成为社会观念系统中的一个要素"⑤。对于畲民来说，盘瓠神话作为族群起源的"真实而严肃的叙述"⑥，所

①　浙江温州平阳县青街乡章山村《雷氏宗谱》，清同治五年（1866）。

②　浙江温州苍南县桥墩镇小沿村《雷氏宗谱》，清光绪五年（1879）。

③　Hanson Allan. "The Making of the Maori: Cultural Invention and Its Logic", *American Anthropologist*, vol. 91, no. 4, 1989, pp. 890-902; Rappaport Joanne. *The Politics of Memory: Native Historical Interpretation in the Colombian Andes*, Cambridge: Cambridge University Press, 1990.

④　朱国华：《权力的文化逻辑》，上海三联书店 2004 年版，第 73 页。

⑤　莫里斯·哈布瓦赫：《论集体记忆》，毕然、郭金华译，上海人民出版社 2002 年版，第 312 页。

⑥　维柯：《新科学》，朱光潜译，人民文学出版社 1986 年版，第 425 页。

具有的神圣性以及与此相关的不纳税等"特许状",会在族群特有记忆受到外部刺激时便自然而然地转为凸显族群意识的强大动力,继而立起抗衡国家统治或他族势力的"战旗"。一个族群的档案记忆本就有着一种与生俱来的对抗性,当统治的力量对本族群记忆形成挤压之时,两者就会呈现出对抗态势。但是,我们也应该看到,尽管畲族有自己的一套应对策略,借着神话、故事、典籍的传承而未被其他民族所同化,始终保持着其独特性而达成族群凝聚,但畲族又有着"对社会秩序与政治关系的规范与维持"①。

三、合作性与竞争性的冲突

自古以来,族群之间总是在竞争与合作的对立统一中往前行进。在畲族民间社会,农业耕作的特点正是社会生态和资源竞争最生动的体现。这方面最典型的畲族档案记忆即是"同书"②,强调共同"享有整体的财产权"③。"同书人"的产生,缘于天然的血缘关系形成了财产和权利上的"共有",对共有财产权利进行处置时,需要维护和尊重其他权利人的利益,这彰显了族群内部的合作性,保证了"家"和"族"的伦理关系的完整性和财产权利让渡的完整性,当然,也有利于契约受让人享有权利后不再收到出让方其他共有人的异议,"保证契约获得合法性并产生效力,保证契约目的的实现"④。

"因为存在稀缺,所以就存在争夺资源的冲突"⑤,尤其是当"田少人多"时,矛盾势必加剧。"生活在资源竞争与分配关系多变的现实社会中,为了

---

① 毛巧晖:《社会秩序与政治关系的言说:基于过山瑶盘瓠神话的考察》,《民间文化论坛》2017年第3期,第72—79页。

② 畲族档案记忆"同书"现象指的是对于合业耕种的田地、山场等进行转让交易时需要相关所有人共同订立,包括父子同书、母子同书、兄弟同书、夫妻同书、叔侄同书等类型。

③ 唐红林:《中国传统民事契约格式研究》,华东政法大学博士学位论文,2008年,第112页。

④ 唐红林:《中国传统民事契约格式研究》,华东政法大学博士学位论文,2008年,第113页。

⑤ 布莱恩·S.特纳、克里斯·瑞杰克:《社会与文化:稀缺和团结的原则》,吴凯译,北京大学出版社2009年版,第158页。

个人或群体利益,个人经常强调或调整自身的认同体系⋯⋯个人因此得与其他宣称此认同的人共同追求群体利益"①,而这恰恰与前文曾引述的有些地方的畲民"相与忘其所自来"的现象是对应的。

在相对闭塞的传统乡土社会,狭窄的人际交往范围限制了受契人的范围。尤其在畲族民间,早时婚配关系往往是族内婚,这就更加缩小了受契人范围。在畲族民间,受契人多为"宗人"即族群中人,这反映了古代社会财产流转的特征,从侧面展示了血缘关系赖以维系的社会机制。的确,血缘关系形成的聚居生活状态,使宗人成为乡土市场中资源交易的主要对象。"产不出户""先尽房族"是畲民的共识,将田宅权利转让给宗人,可保证权利义务关系的稳定,也保证田产纠纷能适用宗族内部的家训族规。"先问亲邻"交易习惯的确认,实际上是希望财产在族群内流传,以稳定社会关系,从而达到团结族群的目的,此时,即使"邻者"为其他族群之人,也有助于彼此族群关系的巩固。

不仅如此,在从事农业生产时,畲族男女常常一起劳作,有时耕作范围广、劳动强度大,常请族人和亲邻相帮,即采取以工换工的方式进行生产互助,由此,同一村寨每个家庭必然与其他家庭形成协作生产与劳力互惠的紧密关系。这种现象不妨视作传统的制度性安排,也可视作"一种'社会戏剧'的表演"②。就绝大多数畲民而言,日夜生活于亲邻之间,"生活小圈子几乎也就是传统契约记录的范围"③,邻里之间互助成了畲族民间重要的生活逻辑。

每个契约"必然地在部分意义上是一个关系性契约"④,在畲族档案记忆中,关系性契约中结成一体的力量,很多时候就在邻里互助中得以形成。

①　王明珂:《华夏边缘:历史记忆与族群认同》,社会科学文献出版社 2006 年版,第 255 页。

②　张原:《礼仪与民俗:从屯堡人的礼俗活动看日常生活的神圣化》,《云南民族大学学报(哲学社会科学版)》2012 年第 4 期,第 8 页。

③　王旭:《契纸千年:中国传统契约的形式与演变》,北京大学出版社 2013 年版,第 286 页。

④　赵一强:《中国契约伦理样态与实践》,上海人民出版社 2013 年版,第 87 页。

契约中的"见人""中人"等,不是最亲近的亲属,就是最亲近的近邻,他们的存在是契约具有合法性的关键。畲族民间来自不同族群的相邻人家,若能和睦相处、互帮互助,自然有利于构建以和为美的地方社会图景。同一族群之人,其自我实现的动机与途径是一体的,无论从哪个层面看,族群里任何一个"他人"都不可能外在于"自我"。但是,在许多时候,畲族与其他族群之间,彼此形成的"弟兄般的关系"记忆,也会"凝聚一些在对等基础上既合作且竞争的人群"①。任何族群都是基于生活的需要而建构出来的,族群中人不仅要生存,还要生活,如会想办法积累资源,与其他族群形成社会性互动,乃至于去追求其行动的意义等。档案记忆更多的是"以身体实践中的历史场域再现的社会活动实现的,以强化某一人群组合的凝聚"②,但畲族原本仅有四姓,后来增加了吴姓、李姓、顾姓等他姓,因此毋宁说是通过族群往来创造了新的集体记忆而达成新的族群凝聚。

若说族群是"竞争性的社会建构"③,畲民的族群凝聚的确是为了在权力和资源竞争中占据先机。在族群互动中,竞争性冲突固然无法避免(为了在生存中解决资源相对不足给多民族杂糅聚居带来的矛盾时更是如此),然而畲族族群最终总选择了"共生"作为实现地方资源互享的路径,这就很好地表明了在族群发展演进历程中,"共生"乃众望所归,而"冲突"绝非人心所向。回头再看前文述及畲民的"隐忍"时,似乎能够找到"委曲求全"的真谛。

四、融合性与分裂性的冲突

任何族群都不是孤立的,当与其他族群交往、交流、交融之时,来自其他

---

① 王明珂:《历史事实、历史记忆和历史心性》,《历史研究》2001 年第 5 期,第 143 页。

② Lewis A. Coser. "Intoduction", in Maurice Halbwachs, *On Collective Memory*, Chicago: The University of Chicago Press,1992,p. 136.

③ Paul Gilroy. "Steppin'out of Babylon-Race, Class and Autonomy", in CCCS, *The Empire Strikers Back: Race and Racism in 70s Britain*, London: CCCS, Univeirisity of Birminham, 1982, p. 392.

族群的影响或干扰,无疑会影响着本族群的心理和价值取向。当一个族群与其他族群的生活真正进入一种状态,当"意义发出者"与"意义被赋予者"是分离的,并且"身份是多形式的、分裂的、变化多端的",自然难以产生"集体主义行动"。[①] 畲族到了新的居住地,在与当地汉族居民的接触中意识到自身文化较之当地汉族文化的异质性,便试图"构建及维持自己的族群认同意识"[②]。

如若没有外族文化干扰,畲民的始祖崇拜(盘瓠神话)并不会给他们带来心理负担,但来自外族的"歧视"不免让畲民心中对盘瓠崇拜产生了一丝难以言表的隐衷,甚至在某些时候形成极为严重的心理创伤。对此,畲民作出了相应的心理调整,如前文曾引述雷一声想在修谱时删去盘瓠神话之举,但遭受族人反对而只好依循旧谱。可以看出,在畲族档案记忆中,盘瓠神话的能量是巨大的,已在畲民心中根深蒂固而不可动摇。这表明了档案记忆作为一种文化文本,拥有一种奇效,即其所负载的能量可以"跨越历史的鸿沟结合在一起"[③]。

封建时代的畲民属弱势族群,要强化族群的绵延功能,实现族群的自尊、自立和自强,首先在于族内人丁增殖与家族兴旺。因此,在婚姻问题上,虽然畲族的族训家规中已有堂而皇之的明文确立——族内婚,有时为了以家庭扩容来提高生存能力或者借此强家壮族,则家庭中的口头指令和实际行为会背离明文规定,这种做法似乎不利于族群融合而可能导致族群分裂,但在最终效果上自然是进一步实现了族群融合。

对于族群冲突,库恩主张"理解族群冲突不能只从文化传统出发,而要

---

① 布莱恩·S.特纳、克里斯·瑞杰克:《社会与文化:稀缺和团结的原则》,吴凯译,北京大学出版社 2009 年版,第 61 页。

② 濑川昌久:《客家——华南汉族のエスニシティとその境界》,东京风向社 1993 年版,第143 页。

③ 阿莱达·阿斯曼:《什么是文化文本?》,张硕译,丁佳宁校,见冯亚琳、阿斯特莉特·埃尔主编:《文化记忆理论读本》,余传玲等译,北京大学出版社 2012 年版,第 137 页。

从社会历史条件中寻找族群冲突的根源"①。明清以降，畲族婚姻主流形态为族内婚，畲族《高皇歌》中也一再告诫族人"养女莫嫁阜老去"②。之所以出现这种以族内婚来排斥族外婚的情况，不只在于族群文化的差异，更在于历史上畲族与汉族之间的互不理解。在有一些地方的畲族族群，为保持族群的纯粹性而避免族群之间的争端，不仅古时实行族内婚，到民国时期仍然如此。

现存于浙江丽水市档案馆的一份民国十年（1921）"承书"③，其实也是蓝雷两姓的族内婚契，其正文如下：

> 因为蓝吉连年防（方）十九岁未娶，据（聚）亲请托媒人雷亚生问，说油田坳雷后新包姓有一女，年十四岁，无男替代，蓝边说过。房兄叔伯一力自愿为婚，承归雷家祖宗，蓝雷两造，伯叔无语，双议商量，田园松杉杂木一概归还蓝边承宗耕种，日后永远不得雷家伯叔争占。前三语[言]四，两造心愿，并无逼抑，不得反悔等情之理。恐口难凭，立承书永远大吉昌。
>
> 民国十年辛酉十二月吉日立承书兰○○

但从畲族档案记忆中，分明能看到在强调族内婚的同时，也存在着族际通婚的个案，甚至到民国时期已经默许畲汉通婚了。笔者曾阅读过清代至民国时期的 6 件浙江畲族婚契，发现其中族内婚和族际婚各 3 对，可谓平分秋色。

笔者在浙江畲族乡村调研时得知，随着畲族与其他族群的沟通的深入，

---

① Cohn Abner. *Custom and Politics in Urban Africa*, Berkeley: University of California, 1969. 转引自王琪瑛：《西方族群认同理论及其经验研究》，《新疆社会科学》2014 年第 1 期，第 56—57 页。

② "阜老"指称汉族。浙江省民族事务委员会编：《畲族高皇歌》，浙江人民出版社 1992 年版，第 12—13 页。

③ 据丽水市档案馆工作人员介绍，该契约来自景宁畲族民间，具体村落不详。契约中的"○"为签字时不识字者的画押替代方式。

族际通婚日益增多。但是,畲族的族内婚长期强调"同姓不婚"。在浙江丽水龙泉市竹垟乡调研时,曾听畲民描述,早时若发现同姓结婚,不但会引来族人的反感、舆论的责备,有时甚至还会遭遇外村不同姓的族人来"抢亲"。畲族不与"阜老"通婚,明显体现了不同族群之间的隔阂,族人将这些婚俗当作不成文的法规且不会有意违反,则体现了族群内部的融合。

"社会结构是由不同身份所组成的",族群之间"要真的能互相了解和合作,通婚是一个最重要的条件"。① 随着不同族群在政治、经济、文化上的深入交往、交流、交融,族群之间的感情也悄然发生着变化,畲汉杂居地由各自族内婚而渐变为婚嫁相通,后来也有不少汉族男子自愿到畲家"当儿",畲族李氏、吴氏、罗氏之来源即是明证。在浙江杭州建德市下涯镇马目联横村《蓝氏宗谱》②中,从"系图"可知蓝氏通婚多为汉姓,乃汉族客家融入畲族之一支。

通过畲族档案记忆,我们可以走进畲族的历史情境,历史"既作为主题,又作为召回过去的方式——这种召回是通过在人类活动的文化构架内赋予过去以生命的方式进行的"③。从中可以看出,族群冲突并非由认同之间的矛盾引起,而是受到族群的交往对象、交往模式、交往预期等具体社会历史情境的影响。族群的自我意识,往往依赖于与他者的交往、交流和交融,而在与他者交往、交流和交融的过程中,通常出现两种认同、凝聚倾向:要么强调与对方的共性,要么突出与对方的差异。如果属于前者,当事人就会包融对方的群体;如果属于后者,则会有意寻找一个足以将对方排斥在外的身份。

从畲族档案记忆中可知,畲汉之间从回避、分裂向融合、合作的转化,是与历史社会情境相对应的。一旦出现分裂,族群冲突便应运而生,或者说,

---

① 费孝通:《乡土中国(修订版)》,上海人民出版社 2013 年版,第 461、463 页。

② 浙江杭州建德市下涯镇马目联横村《蓝氏宗谱》,清咸丰六年(1856)。

③ 吕森:《历史秩序的失落——在现代性、后现代性与记忆讨论的交叉点上的历史研究》,胡传胜译,《学海》2001 年第 4 期,第 31 页。

由于族群冲突的存在,分裂就不可避免地存在。由此可见,族群交往中一旦拒绝融合,必会强调自身的族群特性,有意突出"非我族类"的"不怀好意"或"别有用心",进而以安全防卫、惩恶除暴等为由排斥对方;反之,如果在族群互动中有意趋向融合,则通常不会太在乎对方的族群身份及不同族群间的差异,甚至会主动消除两个族群过去发生的不快或仇怨。

综观畲族档案记忆,其内部也常见矛盾冲撞:档案记忆作为族群成员共享往事的过程,总是依赖于一定的社会历史环境和现实价值需求;档案记忆作为族群共享往事的结果,则总是渗透于族群意识的凝练和族群行为的聚合之中。一方面,档案记忆对历史的再现不是简单、空洞和零碎的抽象,而是生动、丰富和完整的具体;另一方面,档案记忆的内容则可能是某种物质客体或"某种具有主观附着和精神涵义的东西"①。畲族档案记忆中,畲汉边界的生成和转变,与社会变迁相伴随,其过程同样也是以口传故事与谱牒书写等的互动为表现形式,不断生成和重构着畲族记忆。翟学伟曾指出,中国人社会行为的运作中"并不怎么在意结构本身对自己造成什么制约,以及是否需要用什么行动来重塑规范",而是"注重为了获得自己的利益……通过什么方式可以突破其现存所对应的结构"②,在这当中,人们的行为有权变性、能动性,其行动逻辑受社会结构影响其大,因而建立一个可容纳共性和差异的解释框架,能更好地认识族群冲突的来由和结果。

畲民有蓝、雷、钟等不同姓氏,同一宗族也可能居于同一村寨或迁居他处。在浙江金华武义县俞源乡钟蓬畲族村,《雷氏宗谱》原谱为清顺治元年(1644)出生的一百五十三世祖源兴公的三个儿子各为一宗各自所修,1940年续修,2007—2008年重修,重修时将三支宗谱"合为一本",计二县区(武

---

① 莫里斯·哈布瓦赫:《论集体记忆》,毕然、郭金华译,上海人民出版社2002年版,第335页。
② 翟学伟:《中国人的关系原理:时空秩序、生活欲念及其流变》,北京大学出版社2011年版,第153页。

义、婺城)九乡镇十八村六百多人口(在册人口)①。三支宗谱合为一本的修谱事件,鲜明地表达了同一族群加强凝聚的愿景。更有意思的是,在畲族民间,还曾出现"陈、张、钟、吴四姓联宗""萧、钟、叶、林同宗""何、韩、蓝联宗"等情形,但是,与畲族的族群凝聚不同的是,这种联宗的结果"不是形成一个新的宗族级别,而是形成一个建立在共同利益基础上的同姓或异姓的功能性地缘联盟"②。

族群作为"一个被设计好的整体",它总是成功地使族群记忆融合于一体,进而"通过一个共同的记忆结构建立了一个整体"③。相比较而言,融合是主流,即使其间出现看似无法消解的冲突,也始终无法阻挡档案记忆不断融合的进程,融合体现了不同族群文化之间的同一性。从一定程度上讲,档案记忆的冲突固然会引起族群认同的危机,但其最终结果又往往是强化了族群成员的认同感和凝聚力。

第二节　浙江畲族档案记忆呈现
族群冲突的多样形态

没有一个族群仅依赖乡土根性就能获得生存和发展,都必须与外界接触。族群关系的复杂性寓示着族群冲突是历史的、具体的,族群的差异可"建构为经济、政治或意识形态的对立"④,族群冲突的生成、激化、弱化、消解,必然在档案记忆里留下痕迹。

---

① 钟发品:《亲历畲族祭谱发谱仪式》,见浙江省政协文史资料委员会编:《浙江畲族百年实录》,浙江人民出版社 2013 年版,第 887 页。

② 钱杭:《血缘与地缘之间——中国历史上的联宗与联宗组织》,上海社会科学院出版社 2001 年版,第 2 页。

③ 阿莱达·阿斯曼:《记忆作为文化学的核心概念》,杨航译,冯亚琳校,见冯亚琳、阿斯特莉特·埃尔主编:《文化记忆理论读本》,余传玲等译,北京大学出版社 2012 年版,第 123 页。

④ Stuart Hall. "Gramsci's Ralevance for the Study of Race and Ethnicity", *Journal of Communication Inquiry*, vol. 10, no. 2, 1986, pp. 5-27.

一、经济层面的冲突记忆

档案记忆的较量，其背后隐藏着不容忽视的经济因素。赫克特曾指出，经济上的不平等同时增加了族内团结和族际敌对。[①]

在畲族民间，土地是封建经济之基础，土地关系也反映着人际关系。笔者曾对清代浙江处州民间畲族契约做过调研，发现订立卖契后一次或多次"找价"的民间惯例屡见不鲜。清道光年间，卖主陈祖行与买主蓝开兴立活卖契后，9年内曾托中人向蓝开兴"找价"3次。当然，此类现象在畲族民间社会中是普遍存在的。如此三番五次地"找价"，虽然都没有违背《钦定大清会典事例》所载雍正八年（1730）、乾隆十八年（1753）的有关规定，"找补"的时间间隔也比较短，而且通过"中人"的"三面言定"来达成，似乎较好地体现了平等、协商、自愿的原则，但在看似情理兼顾的约定俗成背后，是畲民的不堪重负。

自清代以来，"一田两主""皮骨分立"现象在江南一带极其盛行，畲族民间也存在类似现象。在1930年南京国民政府司法行政部所编的《民事习惯调查报告录》中，曾提到浙江丽水景宁县"田亩有田骨、田皮两种所有权"，并言及"该邑各处地方皆然，与浙省各县情形无异"[②]。现存浙江丽水青田县腊口镇石帆村的清光绪二十八年（1902）《张书绅卖山断截契》，载"此山内桐、茶、松、杉、杂木一应皮骨在内，归如（入）雷姓林福、陈寿血业"；现存浙江金华兰溪市诸葛镇横畈村的民国三十五年（1946）《赵步蟾卖田杜断契》，载"今遵奉浙江省政府令规定，田地大小皮合并一业，不得分属两主"，"杜卖与诸葛乡胡家村蓝土宝"，"时值大皮田价国币三千五百元正"。从这些档案记

---

① Michael Hechter. "Ethnicity and Industrialization: On the Proliferation of the Cultural Division of Labor", *Ethnicity*, vol. 3, no. 3, 1976, pp. 212-224.

② 前南京国民政府司法行政部编：《民事习惯调查报告录》，胡旭晟等点校，中国政法大学出版社2005年版，第483页。

忆里，看到的都是"皮骨"合卖，但不排除上述契约在首次订立或"找价"时，存在卖"皮"不卖"骨"的可能性。如若畲族民间"皮骨分立"确实属于常见现象，加之前文曾述及的租讨、找价等现象的广泛存在，那么，畲族档案记忆中的苦难记忆，首先是从经济层面开始的。

畲民的契约意识最初体现在经济领域，但凡与经济利益有关之事均"立字为据"，而且每一份契约的末尾都载明"恐口无凭，立此为据"。畲族契约的意义"在于对利益、秩序、规范和责任的合理期待"[1]，畲民订立契约、保存契约、利用契约，并将之当成一种自觉的习惯。从一定程度上讲，契约既是让权利和利益得以实现与兑现的桥梁和纽带，又是让义务和责任得以规范的通道和路径，因而也就成了化解冲突的重要工具。

二、政治层面的冲突记忆

档案记忆并非与政治无缘，档案记忆总是有着政治的影子，甚至成为政治领域的焦点。历代统治者的两大任务就是政治统治和社会管理，在这两项工作中产生了大量的档案。[2] 清中后期，官府对畲民的管制同其他"齐民"一样，是十分严格的。据浙江《景宁县志》载，"今法十甲为一保，立一保正。十家为一牌，立一甲长（其畲民则编为寮长）。每家给一门牌登记户口……倘有迁移事故，通知甲长"[3]，保甲制度的大力推行，对于畲民来说，也起到了有力的引导，使这些"化外之民"逐渐成为"国家齐民"。而这一点与前文曾述及的畲民"不税不役"之记忆，形成了鲜明的反差。

明清是科举考试最盛行时期，畲民也有不少读书人，清人屠本仁曾赞叹"即此十县间，畲客且千百。子弟秀而良，亦足备选择"[4]。畲民本有科考取

---

① 刘倩倩：《论土地制度对徽州历史档案传世留存的影响》，《档案学研究》2015 年第 3 期，第118 页。

② 吴亚东：《明清时期徽州历史档案研究》，安徽大学博士学位论文，2013 年，第 24 页。

③ 周杰：《景宁县志》卷 6《武备·兵制和保长》，清同治十一年(1872)。

④ 屠本仁：《畲客三十韵》，见《处州府志》卷 30《艺文志下·诗篇》，清光绪三年(1877)。

仕之心,而时常遭遇阻碍,这便让族群冲突接连不断发生。清乾隆年间,浙江处州府时有畲民赴考,却被诬为异类而不得与试,青田、丽水、松阳等县畲民愤然上诉,官府命时任处州府青田知县吴楚椿查办此事,经调查考证,吴楚椿撰《畲民考》,云畲民"本属琼海淳良","力农务本",不能"一任土民谬引荒诞不经之说,斥为异类,阻其上进之阶",应准畲民"一体考试"。① 此调查对畲民之定性,为畲民获得科考权提供了依据。在浙江丽水莲都区联城街道下林村《钟氏宗谱》②内,载有"就畲民应试事呈奏礼部"文案,言及时任浙江巡抚阮元会同浙江学政文宁将要求畲民与士民一体应试事呈请礼部核准,强调应"与汉民一例考试隶仕籍"。又据浙江丽水松阳县板桥乡后塘村《雷氏宗谱》③转载清嘉庆八年(1803)注有"浙江布政使学先潘某"押发字样的《谕札应试章程》,可知此事不虚,说明经过近 30 年(自 1776 年吴楚椿作《畲民考》至 1803 年)的斗争历程,畲民终获国家认同而享有应试权利。《丽水地区畲族志》④对此也作了专门记述。

在争取科考的过程中,曾有畲民为自身的不平等遭遇而一再诉讼。《浙江畲族百年实录》所载雷必贵《雷云反阻考始末》一文,根据雷云亲笔所记反阻考诉状及官宪批示整理而成,详细记述雷云等借助各种档案记忆,援引其他地方"畲民准考"的案例请求准予应试,温州府为此发出布告示谕童生"务须恪遵定例,任畲民考试",可临考时又被诬言"身家不清"而致扣考,雷云呈状温州府并向温处道宪呈文,道宪批示"畲民准其考试有部议可遵……仰温州府饬县提讯究详"。⑤ 可惜考案久拖未结,雷云深知诉讼绝非为了个人,而是关乎族群集体权益,于是不远千里赴省投诉;清道光二十六年(1846)闰

---

① 吴楚椿:《畲民考》,见《处州府志》卷 29《艺文志中·文编三》,清光绪三年(1877)。
② 浙江丽水莲都区联城街道下林村《钟氏宗谱》,清光绪三年(1887)。
③ 浙江丽水松阳县板桥乡后塘村《雷氏宗谱》,民国二十年(1931)。
④ 浙江省丽水地区《畲族志》编纂委员会、中共浙江省丽水地委统战部、浙江省丽水地区行署民族事务处编:《丽水地区畲族志》,电子工业出版社 1992 年版,第 108 页。
⑤ 雷必贵:《雷云反阻考始末》,见浙江省政协文史资料委员会编:《浙江畲族百年实录》,浙江人民出版社 2013 年版,第 2—3 页。

五月十三日,雷云再次呈状而得批准"投案候讯"。兹录状文部分内容如下:

> 为粘结投讯叩即印送以办通详事,切身祖自顺治年间迁居平邑,届今九世,于乾隆三十年置立庐墓,立户税粮,现经八十余载。向系务本力农,并无鼓吹贱秽各项违碍,邻右可质。上年身等求考,蒙府主张查出泰邑咨部档案,晓谕收考。□□廪生陈重光挟怨违索,串生员李如奎揭贴诬阻,兹蒙学宪饬查入籍年份有无违碍等谕,奉前□饬吊契据粮串邻结,身均呈案。……兹奉府宪札饬,取具里邻亲族供结加印送府,核议通详……身等邀同左右邻投案候讯,惟祈立赐即讯,将所粘切结先行印送,以办通详。至重光索诈一节,再赐传究详办,以伸其冤,恩同覆载……①

在前后 3 年多的时间里,雷云叔侄先后向县、府、道、省四级官衙共呈文 29 次,这足以看出一个族群要想获得其他族群的认同并非轻而易举的事。浙江温州苍南县凤阳乡凤阳村《雷氏宗谱》②中,载有清道光二十七年(1847)温州府颁发《禁阻考告示》。从档案记忆角度看,畲民应考一旦受阻,则以其他地方的先例为证据,请求当地参照,并取得了成效,充分说明了档案记忆的参考凭证价值。

"身份总是和关于身份意识的表达及身份认同联系在一起"③,但凡族群认同,总需要为其公开的政治身份表达提供一定的情境。前述畲民争取科考权利,乃因被"指为异类"④,而畲民一再证明自己"非异类"且"身家清白",官府最终认定可"一例应考",但畲民还是时不时地遭遇阻挠。如果说经济层面的族群冲突属于苦难记忆,政治层面的族群冲突则属于伤痕记忆,

---

①　雷必贵:《雷云反阻考始末》,见浙江省政协文史资料委员会编:《浙江畲族百年实录》,浙江人民出版社 2013 年版,第 4 页。

②　浙江温州苍南县凤阳乡凤阳村《雷氏宗谱》,清同治五年(1866)。

③　张平功主编:《全球化与文化身份认同》,暨南大学出版社 2013 年版,第 185 页。

④　邹家箴:《宣平县志》卷 4《礼俗志·风俗》,民国十六年(1927)。

深镌于畲民心中。但无论如何,面对他者的不认同,畲民都勇于进行捍卫和抗争。

对于一个族群来说,无论其族群行动是出于何种目的,也不管其行动最后是否收到成效,在此过程中,族群特质是被赋予的。这也印证了如下事实,即族群"不可避免地与特定阶级位置相联系",而"阶层与社会文化的差异不再在任何绝对或约定俗成的意义上相互符合"。① 令人欣喜的是,"在阶级与民族的较量中,畲族以各部落所共同的政治目的、农耕传统和生活习俗而会聚成的统一的民族群体步入政治历史舞台"②。

三、社会层面的冲突记忆

一个族群的身份,总是关系到"社会构成的主要与次要成分"以及"权利的分配和话语权"③等实际问题。一个族群在面对共同困境时,常会凝聚在众志成城的直接行动中,"目的是彻底消除不平等的结构"④。

畲族有百折不挠的民族性格,自唐代以来,畲民作为东南沿海一支剽悍强劲的力量与封建统治者相抗衡,对封建王朝的血腥征剿和残酷剥削毫不妥协,以此起彼伏的对抗来表达斗争决心和胆略。据《新唐书》卷 190《钟传传》记载,钟传在当时江南大乱中被推为"长",于是"鸠夷僚,依山为壁",达万人之众。钟传之族属,应属于畲族先民"盘瓠蛮",他"鸠夷僚"而达万人之队伍,则可称为以畲民为主体的少数民族武装。又据《宋季三朝政要》卷 6记述,宋臣文天祥、张世杰领兵进入闽粤赣三省交界地时,直接称当地畲族

---

① 参见 W. J. Wilson. "Race-Specific Policies and the Truly Disadvantaged", *Yale Law and Policy Review*, vol. 2, no. 2, 1984, p. 272. 转引自约翰・卡马洛夫:《图腾与族群性:意识、实践与不平等的标记》,刘琪译,《西南民族大学学报(人文社会科学版)》2017 年第 5 期,第 23 页。

② 《中国民族文化大观・畲族编》委员会编:《中国民族文化大观・畲族编》,民族出版社 1999年版,第 217 页。

③ 张平功主编:《全球化与文化身份认同》,暨南大学出版社 2013 年版,第 185 页。

④ Stanley B. Greenberg. *Race and State in Capitalist Development*, New Haven: Yale University Press, 1980, pp. 7-8.

武装为"畲军"。及至元代,畲民在抗元斗争中充分表现出坚定勇敢的斗争精神,虽遭统治阶级残酷镇压,但逼使统治阶级不得不采取一些缓和阶级矛盾的措施。例如,《元史》卷 16《世祖本纪》记,元政府曾因钟明亮等聚集畲民在福建起事而免去建昌路、广昌路田租九千余石。明清时期,畲民反抗斗争见诸史料者更是不胜枚举。

民国时期,畲民继续抗争。笔者在浙江丽水景宁县调研中得知,畲族民间曾发生"斗地主反盐霸""打酒局反苛杂"[①]等事件。例如,关于"反盐霸"事件,畲族叙事歌《打盐霸》详细地记述了民国十九年(1930)浙江景宁县外舍盐霸周景元勾结官府、垄断食盐、高价盘剥,激起民众义愤,畲民蓝政新、雷之成、雷东林等发动群众,率领附近 27 个畲村 600 余人,冲到周裕兴盐货店,捣毁盐行,将其囤积的三万余斤食盐分发给贫苦农民,后来畲民还将此事编成民歌——"四格畲民蓝政新,大畈有个雷东林。发动穷人来起事,首领还有雷之成"[②],颂扬英雄气概。

在畲族档案记忆中,对于族群冲突的双方而言,"他者性"(otherness)成为在同一社会之中"自我的对照形象"[③],而非畲族与某一特定族群的经验式描述。前文探讨畲族族群意识时就曾谈及族群意识具有两面性,一方面是对族群自我的肯定、认同,另一方面则是对族群他者的否定、排斥。在"我者"与"他者"之间,始终存在着一种不平等的结构化的文化表达,在畲族档案记忆里,冲突呈现之时,尤其明显地浮现于畲民将自身放置于无法从中找到足够对称的"我者—他者"关系世界中。

无论是在族群之间还是在族群成员之间,彼此的冲突"都是有组织的体系而不仅仅是各种制度的堆积或不同动机的凑合",这一事实"意味着它们

①　景宁"打酒局"事件,反映畲汉人民对民国四年(1915)景宁设立"烟酒稽征所"税警团敲诈勒索行为的反击,相关档案现存浙江丽水景宁县档案馆。

②　雷阵鸣、雷招华主编:《畲族叙事歌集粹》,中国人事出版社 2002 年版,第 133 页。

③　约翰·卡马洛夫:《图腾与族群性:意识、实践与不平等的标记》,刘琪译,《西南民族大学学报(人文社会科学版)》2017 年第 5 期,第 19 页。

引起的社会心理紧张同样是体系的"①。对于族群冲突的认识,不能停留于冲突本身,而必须分析族群冲突在国家机制和民间社会不断再生产的复杂方式。在族群社会学家看来,"偏见的情感"和"意动的维度"都是"社会距离的反映"②,虽然畲汉杂居,同处一个区域空间,但很多时候,畲民属于空间上的他者,被视为"熟悉的陌生人"。

布尔迪厄说过,"一个场域很像一种博弈……场域有其内在的规律性,也有制裁、检查、惩罚和奖励,但所有这些都不是制度化的"③。对于族群发展而言,畲族历代族群性抗争行动无疑是具有重要意义的。一方面,历代畲民的共同抗争冲击了统治者的高压政策,迫使统治者采取一些缓和社会矛盾的措施,这客观上有利于畲族民间社会生产力的发展;另一方面,在抗争中,畲民并肩作战,生死与共,增进了彼此情谊,加强了族群团结。

四、生活层面的冲突记忆

但凡一个族群,其所有档案记忆的"枝丫"或"根须",都不可避免地与其生活中所触及的其他记忆的相应层面产生着刮擦和叠合。畲民的生活世界首先是一个"日常活动的世界","生活不仅有它的行为构成,而且有它的精神构成"④。在日常生活中,畲民"以重复性思维和重复性实践为基本存在方式,凭借传统、习惯、经验以及血缘和天然情感等文化而加以维系"⑤。

前文已述及畲族与其他族群在经济、政治、社会结构方面的不平等关系,其实,从畲族档案记忆看,在一个分层的、碎片化的社会环境中,畲民生活的所有空间都标示出了族群的差异性。即便到了民国时期,在日常生活

---

① 克利福德·格尔茨:《文化的解释》,韩莉译,译林出版社 2014 年版,第 243 页。
② 马丁·N.麦格:《族群社会学(第 6 版)》,祖力亚提·司马义译,华夏出版社 2007 年版,第 67 页。
③ 皮埃尔·布尔迪厄、罗杰·夏蒂埃:《社会学家与历史学家:布尔迪厄与夏蒂埃对话录》,马胜利译,北京大学出版社 2012 年版,第 105 页。
④ 高丙中:《民俗文化与民俗生活》,中国社会科学出版社 1994 年版,第 133—134 页。
⑤ 衣俊卿:《现代化与日常生活批判》,人民出版社 2005 年版,第 31 页。

方面,畲族和汉民族依然存在鸿沟。从史图博等人当年在浙江景宁敕木山畲村做调查时所见的"(畲民)对汉人总觉胆怯而且不信任","汉人则把畲民看做外来人,比自己低一等"①之类的情形可以看出畲汉之间的隔阂。

在畲族档案记忆中,尤其是在畲民向汉人租佃、借用、典当田地或山场的契约里,有大量的细节显示出族群之间的不平等,它并非纯粹来自经济层面,而是渗透在生活的方方面面,只不过是在契约中更清晰地反映了畲民在一个社会中长期处于边缘而被安置于从属地位的事实。也正因如此,在畲汉互动过程中,汉文化对畲族有着极大的影响,但不可否认的是,诸如"仁恕""有序"等儒家思想以及"温良恭俭让"的中和情调,不只在单纯的族群与族群之间,也在整个社会生活空间产生了深远影响。

畲族,"插花式"地生活于汉族社会中,畲族的档案记忆对于畲民而言具有经验借鉴意义与实践指导价值;与此同时,同处一地的不同族群,在对本族群的自我认定过程中,必然会通过否定其他族群的族性来表达或彰显自身的族性。如果说汉人对畲民有否定性表达,那么反过来,畲民对于汉人也会有类似的否定性表达。如此,必然导致畲民对共享记忆的怀疑,他们甚至会因不平等关系而产生紧张感。

畲族民间场域是"由特殊的家庭关系,或社会政治秩序所规定的各种各样的特定环境构成的"②,"过日子"是一系列权力游戏和政治斗争过程③,对于畲民来说,"过日子"作为一种生存方式,其实也是其生活逻辑。在畲民日常生活中,常有"家人/熟人/生人"④等分类,面对不同的对象,畲民会采用不同的相处方式,因而也就形成了不同的互动效果。最值得一提的是,畲族民间有"认表亲"习俗,畲民与非亲非戚的生人之间建构起一种"基于血亲和

---

① 浙江省少数民族志编纂委员会编:《浙江省少数民族志》,方志出版社1999年版,第629页。
② 王德福:《做人之道:熟人社会中的自我实现》,华中科技大学博士学位论文,2013年,第36页。
③ 吴飞:《论"过日子"》,《社会学研究》2007年第6期,第66—85页。
④ 杨国枢等主编:《华人本土心理学(上)》,重庆大学出版社2008年版,第185—188页。

姻亲的拟制亲属关系"①,这种亲属延伸可以把族群之外的其他人带入一个"熟悉的和相互信任的关系圈子"②中,这样就不妨把族群"理解为一系列关系,一种特定历史力量与进程的产物,而不是一个原生的'给定物'"③。

与彼此相安无事的生活有所不同的是,诉讼意味着冲突双方要"清算"他们相互间的关系,从而使他们原有的乡邻关系被瓦解,而"亲密的共同生活中各人互相依赖的地方是多方面和长期的,因之在授受之间无法一笔一笔地清算往回"④。一旦出现"清算",对生活于熟人社会中的个体而言是可怕的,这种亲密关系的断裂所导致的不利后果可能不仅仅波及当事人本身——"纠纷常扩及家族、村庄及行会,因此诉讼经常导致争执者与其家庭之间多年怨恨的产生"⑤。畬族民间通常以调处方式来化解冲突,且以"坚实的传统思想文化观念作为支撑"⑥,意即畬族档案记忆赋予了畬族民间调处以强大的社会生命力。

此外,在畬族民间,祭祖作为重要的仪俗活动,在过去是秘而不宣的族群内部活动,当它表征为畬族档案记忆时,这种记忆在形塑着族群认同与凝聚,但它在畬族发展史上又常常于不经意间成为族群之间矛盾冲突的"导火索"。时至今日,畬族民间时常通过对祭祖仪式等档案记忆的展演,让仪俗活动走向广阔的市场。刘朝晖曾指出可从历史记忆的展演中看出各族群是如何经由各自的祖先崇拜和神明信仰来调和矛盾和冲突⑦,但在郭学松等

①　蓝希瑜:《认表亲:赣南畬族拓展"社会圈子"的实践》,《贵州民族学院学报(哲学社会科学版)》2012年第1期,第46页。

②　杨美惠:《礼物、关系学与国家:中国人际关系与主体性建构》,赵旭东、孙珉译,江苏人民出版社2009年版,第104页。

③　约翰·卡马洛夫:《图腾与族群性:意识、实践与不平等的标记》,刘琪译,《西南民族大学学报(人文社会科学版)》2017年第5期,第24页。

④　费孝通:《乡土中国(修订版)》,上海人民出版社2013年版,第68页。

⑤　罗伯特·F.尤特:《中国法律纠纷的解决》,周红译,《中外法学》1990年第2期,第61—64页。

⑥　胡谦:《清代民事纠纷的民间调处研究》,中国政法大学博士学位论文,2007年,第46页。

⑦　刘朝晖:《乡土社会的民间信仰与族群互动:来自田野的调查与思考》,见徐杰舜主编:《族群与族群文化》,黑龙江人民出版社2006年版,第641页。

看来,这种以身体记忆为载体的仪俗活动,所呈现的族群特征是"浅于表化的"①;从更深层的角度来看,畲族档案记忆中的最初样态才是借以强化族群凝聚力的根本,而仪俗展演则是从文化层面促进族群之间的认同。

综合上述多方面的族群冲突记忆,不难发现,畲族族源叙事记忆是形成族群冲突的起始,但族群冲突最终体现在族群交往互动的过程中。族群冲突起因的复杂性和族群冲突的多样化形态,一再表明畲族档案记忆是"族群自我的界定与当前族群认同意识的主观反映"②,但它又不仅仅局限于此,而是基于不同的情势需要和目标,与其他族群一起不断想象和创制出"共同的族群"认同意识,这无疑是畲族在与社会其他族群共处过程中的生存手段和发展策略。因此,在畲族档案记忆的作用下,族群边界能动地呈现"认同—去认同—再认同"的反复变化过程,而这个动态过程,为畲族族群凝聚所需的"趋利避害"提供了合乎情理的注脚。

族群之间的关系并非一成不变,而是随着社会、政治、经济结构的变化而动态演进。若说畲族档案记忆中的各个层面的文化表征并非简单、任意的安置,鉴于畲民用群体身份的方式使经济、政治、社会、生活等层面的不平等、不公平通过档案书写转化成了固化的记忆,那么必须在实践中将这种族群之间的冲突视为族群发展中不可忽视的一种动力,因为"冲突有利于建立和维持社会或群体的身份和边界……可以防止社会系统中各子群体之间界限的逐步消失"③,这便意味着档案记忆中的冲突以一种反作用力的方式促成了族群的凝聚。

一个族群常将属于自身的成员定义为相互依赖、亲密无间的群体,与他者形成相互对抗的集体认同。从畲族档案记忆中可以看出,"包容"是通过族群认同而达成族群凝聚的法则,"斥异"则是通过族群区分来达成族群凝

---

① 郭学松等:《作为象征载体的身体运动:乡土社会仪式中的历史记忆与认同》,《上海体育学院学报》2016年第6期,第48页。

② 江杰英:《论历史记忆与族群认同》,《广州大学学报(社会科学版)》2012年第4期,第29页。

③ 科塞:《社会冲突的功能》,孙立平等译,华夏出版社1988年版,第17—23页。

聚的法则。① 对于同一族群来说，从"我"到"我们"的包容，主要取决于具有共性基础的档案记忆对族群身份识别的事实性存在，同时也受制于具有差异性基础的档案记忆为族群边界设置的建构性后果。对于不同族群来说，由"我们"对"他们"的斥异，除了"只有在区分'我群'与'他群'时，或由外界强加给一群人时，才构成族群特征"②这一直接原因外，也缘于档案记忆生成或建构时的内部主张与外部要求的对抗。若想通过包容来达成凝聚，畲族档案记忆的意义就表现为族群成员在交往与互动中的和谐，因为族群成员在共享往事时彼此相安无事；若想通过斥异来达成凝聚，畲族档案记忆的意义就表现为构筑了族群边界，在与他者经验的对照和对比之下，主动阐释族群特质。

第三节　浙江畲族档案记忆化解
族群冲突的重要方法

从一定程度上讲，畲族档案记忆是用象征性的术语将自身与他者描绘出种种不同。这些关系被表达之时，畲族档案记忆充当了畲族特殊的集体意识的重要媒介。"族群意识也包括集体意识及其符号象征的形塑，这些符号为不同的社会群体之间标记出区别"③，说的正是这个道理。

---

① 关于"包容"与"斥异"，可参阅詹小美、苏泽宇"异质趋同""排他斥异"以及詹小美"历史记忆的认同与区分"等论述。详见詹小美、苏泽宇：《全球化进程中的认同逻辑与向度》，《学术研究》2016年第11期，第29—34页；詹小美：《历史记忆固基文化自信、文化认同的逻辑延展》，《思想理论教育》2017年第9期，第23—29页。

② 汝信：《社会科学新辞典》，重庆出版社1988年版，第1246页。

③ 约翰·卡马洛夫：《图腾与族群性：意识、实践与不平等的标记》，刘琪译，《西南民族大学学报（人文社会科学版）》2017年第5期，第17页。

一、在隐忍中保持族群本真

"小不忍，则乱大谋"，这句话在畲族民间亦极为流行。畲族民间对"无讼"境界十分向往。畲族族训家规中强调"忌争讼""睦乡邻"，认为"讼者，大则殒命，小则破家，吾族人忌之"，因而"不得因小忿而起争端，遇忿争者必竭力劝解"。[①]

畲民非常顾全大局，即"将对立的双方——又是进而涉及周围的人们——的社会关系加以全面和总体考察"，"喜欢相对的思维方式，倾向于从对方的任何一侧都多少分配和承受一点损失或痛苦中找出均衡点"。[②] 在族群冲突中，畲族遵循的原则主要有三：息事宁人原则、忍让共存原则、道德教化原则。其中最显著的是心存隐忍。究其原因，畲民素来持有崇尚和谐的世界观，高度强调美与善的统一，排斥与厌弃矛盾、冲突，推崇与追求调和、折中。

综观畲族档案记忆，族群之间冲突的调解，常由亲邻、"中人"来主持，通常以乡规民约为依凭。例如，在友邻主持的冲突调处中，"友"的成分相对复杂，一般是指"当事人双方都认识的村落中与当事人没有亲属关系的其他熟人"[③]，"邻"则包括族邻（属于同一宗族的邻居）、地邻（比邻而居之普通人）。比较而言，族邻或地邻对产生冲突的当事人有比较清楚的了解，对于冲突产生的原因也能作出恰当的判断，因此，他们当仁不让地成为化解冲突的最佳人选。而只要他们出场，问题通常能够迎刃而解。

在浙西、浙北一带，有许多畲民生活在多个族群交错杂居之地，因为族群之间互动频繁，每一个族群都难以完全保持其族群特性，这样一来，部分

---

①　《畲族简史》编写组编：《畲族简史（修订本）》，民族出版社 2008 年版，第 29—30 页。

②　滋贺秀三：《中国法文化的考察——以诉讼的形态为素材》，见滋贺秀三等：《明清时期的民事审判与民间契约》，王亚新、梁治平编译，法律出版社 1998 年版，第 13—14 页。

③　胡谦：《清代民事纠纷的民间调处研究》，中国政法大学博士学位论文，2007 年，第 72 页。

畲民长时期隐而不显地混迹于汉族之中,使得畲民在图腾的忌讳和转换方面表现得格外暧昧。在这些地方,畲族为了免遭歧视而"忌讳和隐蔽以祖先崇拜为本质的盘瓠信仰"①,因而,当族群冲突得到化解之后,其族群特性便会很快地重放光彩,这从相关地方近些年"盘瓠信仰"的文化复兴中可见一斑。

此外,透过畲族档案记忆来看畲族民事纠纷调处的做法,会发现其运用的依据主要有两类。一是习惯法。畲族民间的习惯法是畲民在"长期生活与劳作过程中逐渐形成的一套地方性规范"②,运用习惯法来化解冲突,其效力来源于畲民对于其中所包含的地方性知识的熟悉和信赖,畲族社会中的乡规民约、家训族规等均可对特定范围的民事活动与纠纷发挥教化和训诫作用。二是情与理。在传统乡土社会,调处"必须准情夺理,以情义为主,方能和众息事"③,情理"既有强行性公序良俗的意义,又被作为妥协分担损失的折衷手法而使用"④,畲族民间也往往通过讲情理来调处冲突。

畲族本是"一个和平的、谦虚的民族",他们总是"非常好客、亲切有礼貌",他们"既不纠缠不休,更不唯利是图"。⑤ 笔者在前文曾述及,畲民在面对接连不断的"找价"时,始终能够做到宽容隐忍,从实际上来看,这绝不仅仅是一种气量,更是畲民在处理族际关系时的"大智若愚",因为借此可以"获得信任、认可直至达成和谐"⑥。

---

① 谢重光:《畲族与客家福佬关系史略》,福建人民出版社2002年版,第284页。
② 梁治平:《清代习惯法:社会与国家》,中国政法大学出版社1996年版,第166页。
③ 梁漱溟:《梁漱溟全集(第一卷)》,山东人民出版社1989年版,第706页。
④ 滋贺秀三:《清代诉讼制度之民事法源的概括性考察——情、理、法》,见滋贺秀三等:《明清时期的民事审判与民间契约》,王亚新、梁治平编译,法律出版社1998年版,第35页。
⑤ 史图博、李化民:《浙江景宁敕木山畲民调查记》,中南民族学院民族研究所编印,1984年,第33—34页。
⑥ 余厚洪:《松阳蓝氏分关书中的畲族记忆探析》,《丽水学院学报》2017年第4期,第59页。

二、在坚持中表明族群立场

在人际互动中,任何一方通常无法独立地证明自身的合理性,亦无法检验自身的合法性,需要"从一定的距离对行为者做出判断"[①]。诚如王晓葵所言,"存在对立的历史事实的时候,决定差异的往往不是事实本身,而是对事实认知的态度不同"[②],在此情况下,通常要求不能过分执着于自身而应适当考虑到对方的实际状况。

前文曾提及畲族的族内婚,在畲族发展史上,由于政治和文化等多方面因素的影响,畲族的婚姻形态以"族内婚"为主,畲民把"不与汉族通婚"作为一条族规来实行。畲族"族内婚"的流行,主要在于辗转迁徙的畲民,每进入一个地方,对当地汉人缺乏了解而显得格格不入。邱国珍在《浙江畲族史》中指出,尽管入浙后的畲族与汉族长期杂居共处,两族关系日益密切,然而"两种不同文化因子的民族"仍不可避免地发生误会和冲突。[③] 对于畲民而言,"外界仍是充满敌意的场所",因而他们"尽可能地保留能够给他们带来保护的旧制度"。[④] 从畲族档案记忆中可以看出,在很长时间里,畲民将"畲汉不婚"视为不成文的规范来自觉执行,"渐渐对'惯例'采取了自然而然的遵循态度,使'惯例'在俗民生活中有不可替代的共识,这样就把形成的习俗惯制转化为俗民群体的行为模式了"[⑤]。畲民积极地采取这种具有内驱性的集体力量来应对外向型力量之冲击,既体现了族群意志与族群共识,也展现了族群应对风险的经验与智慧。

婚姻是"男女两性之间一种特定的社会关系"[⑥],它不仅关系着男女双

---

① 罗红光:《常人民族志——利他行动的道德分析》,《世界民族》2012年第5期,第54页。

② 王晓葵:《记忆论与民俗学》,《民俗研究》2011年第2期,第32页。

③ 邱国珍:《浙江畲族史》,杭州出版社2010年版,第70页。

④ J.米格代尔:《农民、政治与革命:第三世界政治与社会变革的压力》,李玉琪、袁宁译,中央编译出版社1996年版,第12页。

⑤ 乌丙安:《民俗学原理》,辽宁教育出版社2001年版,第51页。

⑥ E.C.库兹明、B.E.谢苗诺夫:《社会心理学》,卢盛忠译,杭州大学出版社1984年版,第248页。

方的未来生活,更是家庭和族群关系的拓展与延伸。畲族先前推行的"族内婚",固然是畲族构建"族群边界"的产物,其间体现了族群与族群之间的差异,而当畲汉之间打破了壁垒出现两族通婚,就意味着畲汉族群边界的改变,因此势必生成族群互动的新模式,这样一来也就为新的族群认同和凝聚提供了更为广阔的空间。

然而,不难发现,在畲族的"招赘婚"中,通常还是以族内男子作为首选对象居多。在浙江丽水莲都区联城街道下林村《蓝氏宗谱》中,有关于"招赘婚"的记述,兹摘引部分文字如下:

> 章孙公继子行念十九讳字君彦名马福天宁寺官屋基村蓝陈宝公之子,银珠夫……章孙公继子行念二十讳字君商名树明朱弄洋村蓝永武公之子,金珠夫……①

从这些记述可知,蓝陈宝之子蓝马福、蓝永武之子蓝树明都选择了入赘,他俩分别与蓝银珠、蓝金珠姐妹配婚。如采用汉族"大男子主义"观点来看,通常认为入赘是"没出息""不光彩"的事,然而在畲族民间,这其实是十分寻常之事。在畲族民间,入赘畲家的男子,与族群中其他成员一样享受着同等待遇,从来不会因此而受到排挤或打压。

在畲族档案记忆中,除上述婚姻方面的档案记忆外,畲族祭祀仪俗档案也有鲜明的族群特征。浙江丽水遂昌县周应枚《畲民诗》言"九族推尊缘祭祖"②,畲民认为畲族能代代相继,是祖先护佑之结果,因而对于祭祖格外尊重而虔诚。前文曾述及畲民雷一声在编修族谱时意欲删除族谱谱端的盘瓠神话,但最终放弃了这个念头,从中可知,盘瓠信仰在畲民心中根深蒂固地存在着,畲民借助祭祖仪式,除了祈愿当下以及表达对历史的缅怀之外,更是对族群意识的张扬和承续,昭示着族群的凝聚。可以看出,在族群身份认

---

① 浙江丽水莲都区联城街道下林村《蓝氏宗谱》,复印件藏丽水学院中国畲族文献资料中心。
② 褚成允:《遂昌县志》卷11《风俗·畲民附》,清光绪二十二年(1896)。

同的建构中,作为个体的"我"被融合进了作为群体的"我们"之中,对于每一个畲民而言,这是一个无法化约的社会事实,这也说明了族群成员要摆脱族群性是极不容易的事。

克利福德·格尔茨曾指出,前人与后人属于"连时间社群也不共享的个人",因而"不能互动"。① 然而,在畲族档案记忆中,诸如"敬祖如在"的思想,其实极好地体现了后人对前人的尊重,同时也隐含了前人对后人的影响。对应地,在前人存在对其他族群之人的否定性表达时,后人便会沿袭相应的处理方式;当然,如若后人采取了某种对待其他族群之人的态度,则可以从档案记忆中追溯到该态度的由来。这也恰恰说明了族群特性并非一朝一夕形成,而是族群在长期发展过程中沉淀而来。

在畲族档案记忆里,族群的特性"被'表达'(articulated)成各自分离的社会背景"②,对其进行分析,不难看出,这些"背景"总是要求展现出在每个场合下被视为"适当"的独具特色的行为,形成一个族群的行为模式。罗伯特·霍奇与冈瑟·克雷斯曾提出了"思想控制体系"(logonomic system)的概念,用以指称"一系列规定着意义生产和接受的条件的规则"③。畲族档案记忆,"好像表达一种共同的生命形式"④,无时无刻不在斟酌着畲民的认同感。单从族群之间的冲突成因及表现形式来看,一个族群的立场是用以塑造自身族群意识并与他者区别开来的出发点,在此基础上的族群交往才可以保持族群自身的独立性、完整性。毕竟,这才是一个族群真正的本色或底色。

---

① 克利福德·格尔茨:《文化的解释》,韩莉译,译林出版社 2014 年版,第 431 页。

② 齐格蒙特·鲍曼、蒂姆·梅:《社会学之思(第二版)》,李康译,社会科学文献出版社 2010 年版,第 129 页。

③ 罗伯特·霍奇、冈瑟·克雷斯:《社会符号学》,周劲松等译,四川教育出版社 2012 年版,第 4 页。

④ 诺伯舒兹:《场所精神:迈向建筑现象学》,施植明译,华中科技大学出版社 2010 年版,第 64 页。

三、在互动中彰显族群包容

传统乡土社会，是基于血缘和地缘的亲情与乡情共同体。生活于同一地方的社会成员，彼此之间总有着交互缠连的联系，同时又存在无法厘清的各种"情面"。

对于族群内部来说，族群成员的互动基于共同的族群意识，而在族群与族群之间，人们的良性互动则非常需要彼此的包容。"包容提供了解决冲突问题的方程式，是实现共同价值观的保障"[1]，族群互动中一旦产生矛盾、冲突，通过相互忍让、妥协以达到维持整体和谐、安宁是人们遵循的基本准则，畬族档案记忆既可化解矛盾，又可迅速恢复被矛盾破坏的乡邻关系，从而使彼此能在同一地域内和谐共处。

在埃里亚斯看来，"事件"总是按一定次序历时排列，而不是杂乱无章地共存于一个平面的心理图景。[2] 在档案记忆里，有关族群历史事件，其"客观性充其量是一些'背景'的轻轻转动"[3]，所指涉事件之真实性，需要在线性历史因果观中去寻得。从现存畬族档案记忆来看，记述畬族和其他族群之间关系的事件，借助事件的"线性时间定位"以及背景的"线性时间定位"，可对其性质进行界定。例如，从畬族民间的"找价契"来看，设若当初畬民一概拒绝汉人在卖田卖地时的频繁"追找"，则畬民很可能在当地难以立足而不得不继续辗转迁徙，这样的话，也就无法被当地原住民认可、接纳，更不要说实现族群之间的融洽相处、友爱互助了。[4] 当然，畬族民间的"找价契"，在前后"找价"的时间间隔等方面，其实都未违背官方的规定，而且在其他类

---

① 金巍主编：《梅花与牡丹："一带一路"背景下的中国文化战略》，中信出版社 2016 年版，第 43 页。

② 方慧容：《"无事件境"与生活世界的"真实"——西村农民土地改革时期社会生活的记忆》，见杨念群主编：《空间·记忆·社会转型："新社会史"研究论文精选集》，上海人民出版社 2001 年版，第 468 页。

③ 王德胜：《文化的嬉戏与承诺》，河南人民出版社 1998 年版，第 242 页。

④ 余厚洪：《丽水畬族民间契约之物权变动论析》，《丽水学院学报》2014 年第 4 期，第 10 页。

型的众多契约里,我们还能看到许多温情的场面。契约需要节制,节制可"使契约行为的合理性得到彰显,形成良好的契约秩序"。[①] 在畲族契约中,畲民的宽容"并不是一种无道德原则的行为",而是"以一种伦理方法来处理问题的较好选择"[②],不失为一种寻求族群发展的策略,使得畲民在复杂的族群关系中得以顽强地生存。

前文提及畲汉隔阂,其实,隔阂并非不可化解。畲族与其他族群的关系,通常在相互信任与理解中得到改善。尤其是在婚姻方面,畲族之前恪守的"莫嫁卓老""不与土人为婚"之婚姻习俗也不断地发生着改变。据民国《龙游县志》载,"近土人间有娶其女为妇者"[③],畲汉通婚越发普遍了。浙江丽水遂昌县畲族中有顾姓,顾姓原为汉族,顾明秀于清乾隆三年(1738)入赘于石练乡定村蓝天德为婿,改名"蓝明秀",而后搬至桃坑村居住,历代子孙都娶畲女为媳,女儿也嫁畲男为妻,他们都讲畲语,生活习俗也与畲族完全一样。[④] 在浙江温州苍南一带,畲族中有吴姓、李姓,也是类似的情况。从这类事件还可以看出,在族群之间的互动中,彼此都在内心深处慢慢地植入了对他者的包容。

"象征是包括多数人共认的意义",即同一"事物或动作会在多数人中引起相同的反应"[⑤],畲族档案记忆不只是一种纯粹物质性的媒介,它更是一种具有象征意义的符号,这些档案文本及其附着的文化(通过文本、口述访谈、影像等途径建构的社会历史发展背景、人物故事、地方与族群的历史特殊性等),持续地证明着畲族档案记忆已悄然成为畲民生命中不可分割的重要组成部分,它们一起成为畲民共享的精神和文化。

---

①　赵一强:《中国契约伦理样态与实践》,上海人民出版社2013年版,第165页。

②　赵一强:《中国契约伦理样态与实践》,上海人民出版社2013年版,第170—171页。

③　余少宋:《龙游县志》卷2《地理考·风俗·畲客风俗附》,京城印书局,民国十四年(1925)铅印本。

④　雷关贤、雷云光:《遂昌畲族史源》,见浙江省政协文史资料委员会编:《浙江畲族百年实录》,浙江人民出版社2013年版,第34页。

⑤　费孝通:《乡土中国(修订版)》,上海人民出版社2013年版,第15页。

在族群互动的过程中,不同族群文化的相互接触、彼此交流和融会贯通,有效地"赋予原有文化生命力和发展动力"①。在畲族与汉族等其他族群互动的过程中,族群之间的壁垒逐渐被打破,档案记忆对族群社会的整合功能得到了强化。根据加拿大社会学家欧文·戈夫曼的"拟剧理论",我们可以在档案记忆中发现,一个族群或社会之中的成员,如同舞台上的演员,"在社会互动中各成员需要不断地调整自己的表现方式"②。在很长时间里,有不少人总认为畲汉两族人民潜意识里存在隔阂,不可避免地会产生误会和冲突。然而,笔者在对畲族档案记忆进行识读后发现,在畲族民间,很多时候都呈现出极为亲和的气氛,或许这正是缘于在族群文化冲突出现之后,族群成员对异质文化予以广泛关注和必要审视,进而在实质上达成档案记忆的互相吸引、互相渗透,而这也恰恰体现了档案记忆的包容性。

四、在适应中寻求族群和谐

任何一个族群,都是在适应中生存。借助畲族档案记忆,畲民试图在保持与过去的联系中寻得对当下的适应。在畲族档案记忆中,除了忠于传统和维护风俗,"回忆"(经常将过去的东西现代化)的分量也举足轻重。

在传统乡土社会,典卖田宅一般要"先问房亲,房亲不要,次问四邻,四邻不要,他人次得交易"③,尽管到了明清时期,"先问亲邻"因未作详细规定而慢慢淡化④,但在畲族民间,无论是清代还是民国时期,畲民依然坚持"先问亲邻"。从一定程度上讲,这就是族群团结意识的自然流露。由于畲族通常"插花式"杂居于汉族村落,在异姓聚居的村落里,不同的族姓为了维持杂姓聚居的和谐,往往也有其内部求得平衡共存的机制。聚居于同一村寨内,

---

① 张云鹏:《文化权:自我认同与他者认同的向度》,社会科学文献出版社 2007 年版,第 198 页。
② 侯钧生主编:《西方社会学理论教程》,南开大学出版社 2010 年版,第 261 页。
③ 《宋刑统》卷 13《户婚律》"典卖指当论竞物业"门。
④ 柴荣:《中国古代先问亲邻制度考析》,《法学研究》2007 年第 4 期,第 131 页。

久而久之也就形成了某种意义上的亲邻关系,而在土地等物产大多只能在聚居村寨附近的范围内交易的情况下,不同的族姓都是亲邻,反而无从存在严格意义上的"亲邻优先权"。从客观上看,"注重相邻关系的处理,是有助于社会团结与稳定的"①。关于这一点,后文将会再次述及。

上文述及畬族与其他族群互动中的包容,其间体现族群关系的物质边界和社会边界都是由档案记忆形塑的。客观而言,不论用来划分不同族群之特定关系的依据或实质是什么,"认同"都是"不可化约的事实"②。

在畬族民间,有"认表亲"之俗,这在畬族档案记忆中清晰可见。例如,在畬族民间契约中,买主和卖主之间,通常以"亲边"关系来描述,这虽然与前文所述的"亲邻先买权"有一定的关系,但是,并非所有的"亲边"都能从畬族谱牒等档案中找到一一对应的关系。从一定程度上讲,"亲边"一词就是"认表亲"的最好注脚。此外,还有"兄边""弟边""叔边""侄边""舅边"等具体表述。畬族档案记忆中大多以"亲"代"表",仅有少数会直接言明彼此属"表亲"关系。例如,清同治十三年(1874)《蓝门雷氏送坟地契》言,出送与"俵(表)员(玄)孙钟福旺边安太祖坟荣(茔)一穴","俵(表)员(玄)孙"道明了"表亲"关系。这也就意味着,在契约中所表述的"亲",除少数为嫡亲外,绝大部分属于表亲。蓝希瑜曾对赣南畬人做过研究,指出畬人对"非亲非戚"的异姓他族常以表亲相称、相认,但认表亲与亲属关系里的"中表"表亲关系不同,虽然认表亲建构起的是一种"拟制的、非严格意义上的'亲属关系'",但在事实上反映着畬民的理性选择。③

"亲属",包含着亲密的感情依恋,亲属关系是凝聚作用扩展的最便捷路线。在畬族档案记忆里,亲属关系"依谱系来规定",而亲属称呼则"可用到

---

① 王旭:《契纸千年:中国传统契约的形式与演变》,北京大学出版社2013年版,第291页。

② 约翰·卡马洛夫:《图腾与族群性:意识、实践与不平等的标记》,刘琪译,《西南民族大学学报(人文社会科学版)》2017年第5期,第17页。

③ 蓝希瑜:《认表亲:赣南畬族拓展"社会圈子"的实践》,《贵州民族学院学报(哲学社会科学版)》2012年第1期,第46—47页。

没有亲属关系的人身上"①,这表明畲族在与其他族群交往互动中扩展和延伸了亲属关系。这种关系极好地顾及了畲民的实际生活情境,尤其是对于迁徙流散的畲民来说显得格外重要,"一群并不住在一起的人,在生活的互助上必然赶不上一群住在一起的人","住在一起,或相近的人容易往来,因之也成了亲属扩展的对象"②。毋庸置疑,畲族档案记忆中与"亲"相关的称谓,极好地显现了畲民在社会交往中人际关系处理之智慧、高明,也充分流露了畲族民间彼此相亲、相容的和谐与友好。正是这种亲属关系的拟制,使得畲族档案记忆里呈现的是渐渐消除了陌生感的熟人社会。

亲属的功能,镶嵌在居住格局、物权关系、人际纽带以及畲家与外姓人结成的婚姻关系里,"与被视为一家人并且是靠天然的和道义的纽带紧紧束缚在一起的宗亲不同……姻亲关系需要更多的努力来维持和发展"③,畲民日常生活中的社会互动,通过关系网络机制表现出亲属关系规则和表亲关系规则。从上面论述中可知,根本否定畲族与汉族之间有文化和血缘的交融,这是不现实的,在族群交往和交流中,冲突和斗争固然不可避免,但合作和融合更是不可或缺。照此说来,族群意识绝非如格尔茨所说"产生于人的先赋性社会存在……而是出于一种与生俱来的亲近感"④。

其实,一个族群的归属感往往依赖于社会实践和利益需求。畲族与汉族的长期交往、交流,不断促成其与汉族的融合。在畲族档案记忆中,无论是外来者还是本地人,其实都不能简单地将之视为被动的或是仅仅为了争夺利益的记忆主体,基于和谐共处的立场,他们彼此之间往往会通过"一种有限度的社区团结"⑤来应对可能出现的冲突,这种团结会对族群内外的不

① 费孝通:《乡土中国(修订版)》,上海人民出版社2013年版,第578页。
② 费孝通:《乡土中国(修订版)》,上海人民出版社2013年版,第586页。
③ 阎云翔:《礼物的流动:一个中国村庄中的互惠原则与社会网络》,李放春、刘瑜译,上海人民出版社2000年版,第105页。
④ 克利福德·格尔兹:《文化的解释》,纳日碧力戈译,上海人民出版社1999年版,第295页。
⑤ 张友庭:《社区秩序的生成:上海"城中村"社区实践的经济社会分析》,上海社会科学院出版社2014年版,第131页。

同力量和不同族群形成重要影响。从笔者的见闻来看,除了盘瓠神话和祖图之外,畲族谱牒、契约与当地其他文书并无太大区别。现存浙江金华婺城区琅琊镇泉口铁店村的《蓝氏宗谱》①,与其他蓝氏宗谱有着明显区别,该谱行位不用"大小百千万念"6 字,而用"天地洪荒"等 40 个字,或可视作与汉族融合的典范。由此可知,畲民并非完全生活于封闭的世界,在辗转迁徙中,在卜居生活中,畲民总处于与汉族杂居相处的环境中,他们说汉语,写汉字,与当地汉族居民进行着互动。其族群性中含纳了其他族体的一些成分,体现出不同族群档案记忆的相互吸纳与融合。当然,虽说畲族为了适应汉族社会而对传统社会记做出了很多调适性的修改与变通,甚至可能让记忆与记忆之间充满了错位和冲突,但畲族档案记忆的本质并未发生变化。

族谱是团结族人的有力工具,畲族持续不断的修谱活动为散居各地的畲民提供了建立共有认同的机会。在畲族民间,还有联谱修纂的做法,力求将不同宗支的同姓人联成一体,增强团结,促进凝聚。如此修谱,可谓同姓寻宗的族群联谊,其意义远远超过了族谱编修本身,而在于借此推动更大范围的族群团结和凝聚。至民国时期,仍有此类案例。例如,在浙江金华武义县柳城畲族镇源口村,有民国二十九年(1940)《雷氏宗谱》,与该村同版本的还有武义县俞源乡钟蓬村、井岗山村,坦洪乡大西畈村、黄干山村,王宅镇马地头村,熟溪街道蜈蚣形村以及金华婺城区苏孟乡清江桥村等地族谱共 10本。这种档案记忆符号表现出一定程度的实在或虚拟的血缘认同关系,但更注重的是相邻或相近的地缘关系,它通过满足共同的功能和利益需求而维系。族群交往中,存在着"一种维系有序社会生活的制度安排",同时又存在着"一种社会过程"②,畲民借此可以更迅速地适应社会生活并参与到社会活动之中。

---

① 浙江金华婺城区琅琊镇泉口铁店村《蓝氏宗谱》,民国八年(1919)。

② A. R. 拉德克利夫-布朗:《原始社会的结构与功能》,丁国勇译,中国社会科学出版社 2009年版,第 10—11 页。

"人们通常以两种方式互相影响和影响他们周围的世界。这两种方式是:角色和情感"①,显然,避免双方公开冲突的办法之一就是彼此回避或给予对方极大尊重。无可争辩,"所有社会都控制其成员的天性,并努力控制容许互动的范围"②。在畲族档案记忆中,通过对比性分析可知,族群互动中的"友谊"似乎成了一种责任,这种责任要求双方不得公开争吵或彼此产生冲突。由此可见,族群互动形式具有双向性。进入汉族聚居地的畲族族群不会单向度地顺从、适应汉族,他们融入汉族地区的过程其实是影响、重塑、丰富当地记忆的过程。族群具有"外圆内方"的特性和不同程度的可塑性,其核心文化要素在不断强化中鲜明地呈现,而边缘文化要素则会与主流文化融为一体。但畲族的族群特性作为当地记忆的元素和资源,激活并充实了地方社会的记忆。所以,既不能盲从"同化论",期望进入汉族地区的畲族完全融入主流文化,从而让地方记忆变得单纯而又单调;也不能盲从文化"多元论",认为族群性可以在畲汉交融中完整无缺地保留下去,从而让"插花式"乡村变成档案记忆的拼盘。

由于意识到了"我者"与"他者"互动中的复杂关系,"我者"和"他者"都不再是明确的概念,两者都"只能在变化着的关系(对话、交往、混合)中获得重新定位和重新调整"。③ 对于畲族来说,借助互相认同、彼此包容的纽带形成整体团结,是一个族群在一个地方社会中得以生存发展的本能,即詹姆斯·C.斯科特所谓的"调适性智慧"(adaptive wisdom)④,如此方有利于重新建立维持地方秩序的平衡机制。综观畲族档案记忆,随着利益分配和竞争格局的改变,有关族群冲突的记忆其实也在慢慢淡化和消解,而族群融合的记忆则日益分明并形成主流。

---

① 许烺光:《驱逐捣蛋者——魔法·科学与文化》,王芃等译,南天书局1997年版,第81页。
② 齐尔格特·鲍曼:《通过社会学去思考》,高华等译,社会科学文献出版社2002年版,第12页。
③ 赵汀阳:《认同与文化自身认同》,《哲学研究》2003年第7期,第22页。
④ 詹姆斯·C.斯科特:《农民的道义经济学:东南亚的反叛与生存》,程立显、刘健等译,译林出版社2001年版。

本章小结

　　族群凝聚,不只在族群内部的自我认同中生成,通常还会在与其他族群的交往互动甚至冲突对抗中形成,因为认同意识通常是在自我与他人的交往互动中产生。换言之,只有置身于多元文化互动中,才会去深入思考"我是谁""我们是谁"的问题。借助畲族档案记忆,可以观察和感知边界是如何在互动中显现或制造的,可以从中体会自身所属族群的特殊性。

　　本章所述族群冲突,其本质是主体间性。畲族档案记忆中的主体间性主要存在于畲汉互动交往中,两者曾呈现出"我者"与"他者"对立的原生性冲突,同时又反映为族群在比较、竞争、对抗中寻得的认同和团结。为此,需要把畲族档案记忆视为不同文化联系和接触的场域,毕竟,族群凝聚的特定内容依赖于"参与者生活在其中的社会文化秩序,以及他们之间关系的准确性质"①。在畲族民间社会,虽然也曾出现过非此即彼的紧张对立关系,但是在族群交往互动过程中,因为沾染了畲族民间实践的智慧,使得各种各样的场域更显默契、融合。和而不同,可谓一个族群在与其他族群交往、交流、交融中所彰显出的君子属性。

　　作为内涵性存在的畲族档案记忆,其中的观念性的文化赋予了畲族民间客观事物以内容和意义,更重要的是,其中的"文化观念有助于调和表面上不相容的一整套对立事物"②。"文化认同作为一种结构性的整体,生发于一定的经济基础,延展于一定的政治中介"③,而族群冲突的形成与化解,

---

　　① 约翰·卡马洛夫:《图腾与族群性:意识、实践与不平等的标记》,刘琪译,《西南民族大学学报(人文社会科学版)》2017年第5期,第19页。

　　② 齐格蒙特·鲍曼:《作为实践的文化》,郑莉译,北京大学出版社2009年版,第10页。

　　③ 詹小美:《历史记忆固基文化自信、文化认同的逻辑延展》,《思想理论教育》2017年第9期,第25页。

其实是族群交往方式的一种投影,通过族际互动所达成的理性共识往往具有极强的包容性。畲民依据社会特征承认族群文化,进而获得所属族群的认同,这是畲民与生俱来的认知与需求。与此同时,畲民在与其他族群交往互动和参照对比的过程中自认为和被认为具有共同的起源与世系,从而使畲族成为具有某些共同文化特征的人群范畴。正因为如此,畲族档案记忆不再是大写的统一的档案记忆实体,而是包含了多种合理性的档案记忆复合体。因而,如若离开了畲族档案记忆之文化认同的张力与导引,畲族族群凝聚便会流于空泛。当然,畲族的发展和进步,不仅依靠自身档案记忆,还依靠不同族群文化的碰撞、交融,畲族档案记忆在其间确保了协调的永存,不仅强化了族群自身的认同,也塑造了畲族与其他族群的关系。

第八章　浙江畲族档案记忆的族群规则维护功能

对于一个族群来讲,所谓的有序与失序总是并肩而行的。如何形塑一个族群的规则,显得至关重要。毕竟,族群的发展绝不能"仅仅依靠自然情感,而必须有所超越",重要方式就是制度化、规范化和礼仪化。① 福柯说,"档案首先是规定能说什么的法则……从一开始就定义了它的可言说性的系统"②。作为"规定能说什么的法则",档案"被重新解释成了制定文化言说的程序的行为"③。在畲族档案记忆中,族群规则的表现方式也成了族群凝聚不可化约的组成部分。

第一节　浙江畲族档案记忆维护
族群规则的呈现方式

在传统社会理论中,社会秩序存在的合理性无外乎三种:其一,社会运作中充满了规章制度和高压强制等有力手段;其二,社会秩序是基于共同的

---

① 苏力:《费孝通、儒家传统与文化自觉》,见黄平主编:《乡土中国与文化自觉》,生活·读书·新知三联书店 2007 年版,第 9 页。

② 米歇尔·福柯:《知识考古学》,谢强、马月译,生活·读书·新知三联书店 1998 年版,第 186—188 页。

③ 阿莱达·阿斯曼:《回忆空间:文化记忆的形式和变迁》,潘璐译,北京大学出版社 2016 年版,第 401 页。

协议、规则或者说是传统；其三，社会的和谐要求一种对基本价值观的共识，尤其是对社会构建规则的意义的共识。① 认识畲民赖以生存的自然环境，理解畲民与自然的关系、畲民个人与族群的关系以及不同族群之间的社会关系，都离不开档案记忆。记忆在赋予生活以意义时，还告诉人们需要做什么、怎么做以及如何与他人相处。②

一、家训族规：良民心态和法律观念的化身

畲族的家训族规涉及范围甚广，立足于保家卫族，提倡"和睦乡邻""捍宗卫族""护卫风水"等，一般规定"规避官司""不损他人""严禁偷盗"等。

从现存畲族档案记忆看，为尊祖、敬宗、睦族，畲族对于同祠堂的族人设有族规，对家人设有家训，这些族规、家训都详细地规定了本族人及家人所应遵循的伦理规范，代表性的有《祖训十二款》《家训十六条》等。浙江杭州建德市下涯镇马目横联村《蓝氏宗谱》所载家训记述了"敬祖宗""孝父母""和兄弟""别夫妇""序长幼""训子孙""亲九族""勤职业""敦节俭""守礼法"③等十则；浙江丽水莲都区丽新乡长岗背村《蓝氏宗谱》所载家训侧重"敦礼仪""敬师友""慎嫁娶""务勤俭""息词讼"④等内容；浙江丽水遂昌县大柘镇后垄村《蓝氏宗谱》⑤，其《凡例》定有族规八条。家训族规，旨在"确保人们心理的平衡与社会的默契，保持和加强社会与个人行为的传统"⑥，

---

① 参见布莱恩·S.特纳、克里斯·瑞杰克：《社会与文化：稀缺和团结的原则》，吴凯译，北京大学出版社 2009 年版，第 89—91 页。

② Maria G. Cattell, Jacob J. Climo. "Introduction: Meaning in Social Memory and History: Anthropological Perspectives", in Maria G. Cattell, Jacob J. Climo, eds. *Social Memory and History: Anthropological Perspectives*, Walnut Creek, CA: Altamira Press, 2002, p. 1. 转引自马翀炜、戴琳：《民族文化遗产的国家认同价值》，见黄忠彩主编：《中国人类学民族学研究会优秀论文集（第一辑）》，知识产权出版社 2016 年版，第 449 页。

③ 浙江杭州建德市下涯镇马目联横村《蓝氏宗谱》，清咸丰六年(1856)。

④ 浙江丽水莲都区丽新乡长岗背村《蓝氏宗谱》，民国三十一年(1942)。

⑤ 浙江丽水遂昌县大柘镇后垄村《蓝氏宗谱》，民国四年(1915)。

⑥ R.D.詹姆森：《民间故事的形成——一个外国人眼中的中国民俗》，田小杭、阎苹译，上海文艺出版社 1995 年版，第 10—11 页。

畲族的家训族规维系着畲族的血缘网络结构与封建伦理等级秩序,也规范着族群成员的日常行为,维系着族群发展的纽带。可以说,"通过一套共有的符码和一套共有的象征规则,各个前后相继的时代也会保持生命力"①。

在畲族档案记忆中,除家训族规外,"上古遗风"是畲族谱牒中最具规训意味的内容。畲族修谱本是为了尊祖收族、光前裕后,对祖先懿行贤德进行细致整理和充分揭示,并用祖先辉煌业绩、高尚情操来陶冶激励后人,达到子孙繁衍、家族荣宠的目的。族规,用于约束族群成员的行动,是家族伦理精神的基本阐释。在畲族档案记忆中,族规逐渐成为族群成员所共同遵循的惯例,主要有两种:一是由家族议定以文字载入族谱的规范,一是社会活动中不成文的习惯法。畲族家训族规,是畲民在长期生产生活中形成的,用来调整其社会或成员之间的权利义务关系、维持社会公共秩序的一种行为规范体系,它重在维持畲族内部的社会秩序,兼顾协调与其他族群乃至国家之间的关系。畲族家训族规所调整的事务主要涉及婚姻、继承、析产、买卖、借贷、典当、租赁等内容,其形态也丰富多样,有的自然生成,有的人为创设;既可传于口耳,又可见诸文本;或是明确约定,或是弹性规范。

畲族家训族规是族群成员必须遵守的行为规范,以训诫为主、惩罚为辅。例如,强调尊祖敬上,如若子孙犯分,长者有权进行训诫,"子弟当尊敬长上……若有越名犯分,投明族长,责其不逊之罪"②;又如,强调兄友弟恭,和睦亲情;强调亲疏一体,共相资助。至今畲族民间仍然随处可见父慈子孝、兄弟和睦、邻里互助等情形。

除了成文的家训族规外,畲族在长期生产生活中还形成了不成文的行为规则。《丽水地区畲族志》中载有浙西南畲村"习惯法"③,这些约定俗成的"规则",要求畲民共同遵守。兹摘引数条如下:

---

① 莫里斯·哈布瓦赫:《论集体记忆》,毕然、郭金华译,上海人民出版社2002年版,第47页。
② 浙江丽水莲都区太平乡巨溪富村畈村《钟氏家谱》,清光绪三十一年(1905)。
③ 浙江省丽水地区《畲族志》编纂委员会、中共浙江省丽水地委统战部、浙江省丽水地区行署民族事务处编:《丽水地区畲族志》,电子工业出版社1992年版,第225—226页。

(1)在祠堂内须按辈分称呼,不准呼名字。

(2)不许虐待父母和配偶。违犯,情节一般,要认错改正;严重的要杀猪、杀鸡……

(3)强占他人之妻或拐卖儿童、妇女,家中锅灶被捯掉,中堂上瓦片要被敲毁。

(4)禁止偷窃他人财物。但如是饥饿难忍,不予处罚,并给救济,使之不偷;如属贪财,除赔偿外,还要挨打;惯偷,则被赶出村庄不许入界。

(5)田边种树要隔一定距离。烧毁山林要插苗补种,并赔偿经济损失。

从上面的引述可以看出,畲族家训族规可谓"德治"与"法治"兼用,其中,训诫为德治,惩罚为法治。从一定程度上说,畲族家训族规因为经过世代教化、传承,成为被整个族群所选择、接纳、共享的制度或规范,它们有着极高的权威性、强大的延续性、稳固的认同性,事实上成了畲民信奉的法律样式和推崇的生活惯例。

在传统乡土社会,只有"因血缘关系所产生的强烈宗族认同感和强大凝聚力"[1]才能维系族群的团结。在畲族谱牒之中,常常以大篇幅的文字内容来宣扬畲族先民的互助、勤劳、俭朴、拼搏等精神,用以提醒已经安稳定居的子孙们,是列祖列宗在不断迁徙和劳碌之后才促成了安定的生活和积攒了丰厚的家业,可见畲民"将族人与命运抗争的拼搏精神和生存方式传播给后代,以鼓励后代勤劳致富、克服困难、改变命运的目的从未放弃过"[2]。

概而言之,畲族的家训族规作为一种"祖宗言",成了族群生存的重要维系。因为在家训族规之中,渗透了该族群独有的思维方式,熔铸了该族群的整个精神,因而凝聚了该族群的秉性与品格。

---

① 梁聪:《清代清水江下游村寨社会的契约规范与秩序——以锦屏文斗苗寨契约文书为中心的研究》,西南政法大学博士学位论文,2007年,第119页。

② 胡琳玉:《畲族家风的传承及其现实意义》,浙江财经大学硕士学位论文,2016年,第9页。

二、契约伦理:权益分配与情义兼顾的典范

伦理,作为人与人、人与社会、人与自然等合理关系的表达,是个体处世的主观意念、群体道德的客观基准和社会存在的自在自为的规范的总和,伦理关系通常以"善"为基,"主观的善和客观的自在自为地存在的善的统一就是伦理"①,而伦理精神体现了"人们如何安顿人生,如何调节人的内在生命秩序"②。从畲族档案记忆看,畲族伦理力量要求族群成员必须恪守既定的道德观念、价值取向和行为准则等。当同一族群中的大多数家族伦理力量汇聚为一股合力时,便直接影响着整个族群的精神品格的形成。

畲族契约与畲民生活息息相关,明中叶之前,以口头约定为主,明代中后期起,契约文书在畲族民间开始大量使用,可谓"凡事均有约",契约成为畲民日常生活中极普遍的事物。从中可以看出畲族民间契约"大行其道"的实情。

从现存众多的畲族契约文书中可以看出,畲民具有强烈的契约精神。这种契约精神,来源于畲民因常年受到统治压迫,不得不离家迁徙而对完整独立家庭的强烈渴望,同时也体现了畲民对族群长者的尊崇敬畏,这便在富有外化"定在"的契约之外建立了一种畲民自古崇尚的道德权威,这也是畲民"道德生活得以维持的纽带"③。因前两章已用较多篇幅述及畲族民间契约,本章谈及族群规则时不再直接引述契约原文而以概述方式呈现。

前文曾述及关系性契约,因为契约中有具备约束力的规则,其间蕴含或潜藏着社会秩序。冯学伟曾指出,地契、牛契、租契,是"个体生存的契约秩序",婚书、阄书、房契,是"种的繁衍的契约秩序"。④ 在畲族民间,林林总总

---

① 黑格尔:《法哲学原理》,范扬、张企泰译,商务印书馆1979年版,第162页。
② 赵一强:《中国契约伦理样态与实践》,上海人民出版社2013年版,第62页。
③ 蒋卉:《畲族契约文书的伦理思想分析》,浙江财经学院硕士学位论文,2012年,第15页。
④ 冯学伟:《明清契约的结构、功能及意义》,法律出版社2015年版,第115—118页。

的契约文书,不仅仅让族群之中的成员所生活的社会是具体可感的,更重要的是,契约文书为畲民提供了一种制度保障,有效避免了混沌无序。尤其是契约之中的伦理,让每一个社会生活场景都自然而然地具有了道德性。畲族民间现存契约种类丰富,从多个层面展现了契约伦理在畲民道德生活中扮演着重要的角色。

"契约即允诺"[①],允诺是契约的生命。契约的伦理价值表现于"人们在订立、执行以及毁约中所表现出来的伦理性质和执行契约中所需要的伦理基础"[②]。"契约伦理"作为一个独立概念,是具有特殊蕴意的。将其放在畲族民间社会来考量,可以发现:一方面,畲族契约伦理与畲民个体道德始终保持着内在的一致性,畲族契约伦理的实现,离不开族群中每一个成员之个体道德的充分实践;另一方面,畲族契约伦理是畲族民间社会的一种世俗伦理,它是一种涉及订立契约双方当事人的诸如财产所有权、亲邻先买权等利益的伦理形态。也就是说,契约双方利益的有效协调,其实是契约伦理得以良好体现的必要条件,质言之,契约关系即伦理关系。

从社会记忆层面来看,契约中的"中人"其实是社会道德秩序的一种象征。前文曾述及在畲族民间契约中,担任"中人"者通常为亲邻,而非其他所谓有面子、有威望之人。当然,由亲邻充当"中人",无疑极有效地形成了隐形的道德舆论压力。如若发生矛盾纠纷,当亲邻来出面协调的时候,他们对于当事人和相关事端的来龙去脉有比较清楚的了解,因而有助于促成纠纷的化解;同时,相关当事人会给亲邻面子并关注自身在族群之中的形象。上述含有道德成分的因素,可以大大提升矛盾纠纷协调的成功率,也能够在更短的时间里恢复相关当事人先前的友好关系。

契约伦理"是以契约精神为核心扩张而成的社会性的关系性理念,并成

---

① 查尔斯·弗里德:《契约即允诺》,郭锐译,北京大学出版社 2006 年版,第 1 页。
② 晏辉:《契约伦理及其实现》,《道德与文明》2002 年第 6 期,第 32 页。

为人们行动的基本准则和处理社会关系的基本原则"①。畲族民间契约中的人际范式,并不限于订立契约时人与人的关系,还包括被畲族族群所认可和共享的关于立契、履契等的地方性知识与规则,包括参与立契的族群成员之间的人际互动,以及正式和非正式制度等社会性因素对立契活动的影响。前文曾述及在畲族民间契约中,因为"情"与"义"的渗入,契约当中的个人利益追求与道德责任履行自然紧密地融合于一体,因此其维系的不是个人短期利益而是"社会生活的长期秩序"②。换言之,畲族契约伦理可分解为道德权利和道德义务两个基本构件,这两个基本构件的对等关系,保障了理性的人与人之间在权利与义务上"严格稳定的对等性质"③。

　　一个族群,自然有着自己的文化、思想观念和生活方式,族群认同,就是基于同样的知识、观念和信仰背景而产生的。"民事契约是日常生活中经济往来的行为规则凝结"④,如果族群内部的民事习惯不能统一,就很难让族群成员之间发生经济联系。族群成员之间的经济往来是频繁的,在订立契约活动中能相互学习借鉴,这就使得族群成员的交往有了共同基础。"社会通过契约得以运行,在总体上能够维持民事秩序"⑤,畲族契约之于畲民生活而言,其意义不言而喻,因为契约文书为畲民"追求自己的理想生活提供了约束和保障机制及互相之间的行为规范"⑥。畲族契约伦理的良性发展,使得生活于其中的畲民在物质利益乃至精神上的矛盾均能得到合理有效的解决,从而保持着畲族民间社会外在井然、内在有序的风貌。

---

　　① 强昌文:《契约伦理与权利:一种理想性的诠释》,山东人民出版社 2007 年版,第 15 页。

　　② 阎云翔:《礼物的流动:一个中国村庄中的互惠原则与社会网络》,李放春、刘瑜译,上海人民出版社 2000 年版,第 219 页。

　　③ 甘绍平:《当代伦理学前沿探索中的人权边界》,《中国社会科学》2006 年第 5 期,第 19 页。

　　④ 陈敬涛:《敦煌吐鲁番契约文书中的群体及其观念、行为探微》,中国政法大学出版社 2013 年版,第 24 页。

　　⑤ 寺田浩明:《权利与冤抑——寺田浩明中国法史论集》,王亚新等译,清华大学出版社 2013 年版,第 111 页。

　　⑥ 冯学伟:《明清契约的结构、功能及意义》,法律出版社 2015 年版,第 2 页。

毋庸置疑,众多契约在畲民日常生活中切实发挥其应有的作用,而且将生活于其中的畲民也都一并纳入畲族的契约伦理之中。前文曾举例描述过畲族契约文书中"在见人"数量之多,也曾举例论述过畲民多人一起立下"承仰约"来合作完成任务等,他们愿意共同立约或签押,在其经验意义上,因为族群当中的每一个成员都能严格地遵守契约当中的规定,在嵌入互信机制之后,彼此之间更能自觉地履行义务和承担责任。可以说,在畲族民间,维持着族群规则和社会秩序的,正是已经融入社会生活方方面面的契约。

赵一强曾经指出,伦理精神是"社会内在生命秩序体系",表现了"民族伦理的深层结构"及其"内聚力与外张力"。[①] 畲族民间契约本身内含的伦理性与契约当事人道德性两相结合,就让畲族民间的伦理精神之实体主义价值取向得到了淋漓尽致的体现。由于"伦"的本质并不仅仅局限于个体与个体的关系,而是着重强调个体与整体的关系,畲族民间契约注重处理契约整体利益与契约分殊利益的关系,更多地显示出合作、负责、温情等特质。

三、乡规民约:政治精神和社会仪礼的结合

在相当长的时段内,传统农村社会结构都可以用"乡土社会"一词来概括。乡土社会是"熟人社会",同时又处在富于伸缩的"差序格局"里。[②] 在这样的社会结构中,需要以礼治来维护乡土社会秩序,而礼治,就是"对传统规则的服膺"[③]。畲族民间的乡规民约,就是一种通过自订的行为规范使乡民互劝互助、奖善罚恶的基层自治方式。

畲族档案记忆中,在田地山场交易方面存在着种种乡规,包括寻找交易对象时的"先尽亲邻",以及首立契约后的"回赎"与"找价"等。从"回赎"与"找价"来看,如若没有乡规民约的限制,则已经绝卖的土地有可能还会"回

① 赵一强:《中国契约伦理样态与实践》,上海人民出版社 2013 年版,第 62 页。
② 费孝通:《乡土中国(修订版)》,上海人民出版社 2013 年版,第 28 页。
③ 费孝通:《乡土中国(修订版)》,上海人民出版社 2013 年版,第 52 页。

赎"，同时，最初的土地拥有者也很可能会近乎无赖地"找价"而不管买卖转手了多少次。在畲族民间，畲民在家训族规、契约伦理的指引之外，也将乡规民约作为自身行为规范和社会交往准则。

畲族乡规民约是多样化的，既有血缘性乡约，也有地缘性乡约，制定乡规民约的核心目的都在于"正人心而厚风俗"。从生成形式看，包括数人之约、村寨之约、多村盟约以及请求官府示禁等。从具体内容来看，包括伦理教化、环境保护、禁偷禁扰、兴学办教等。畲族乡规民约中，除了政治精神的成分，还有社会仪礼的成分。但凡一种民俗或一套习惯，时常表现为一种"在无形之中维系社区正常生活秩序的民间社会力量"①，那么对族群中的每个人而言，它们都是一种外在的强制力量。生活于同一族群中，每个族群成员必须接受相关仪礼规范，不然就会受到排挤。当然，它在对族群成员形成约束的同时也提供了一套"游戏规则"，促进了族群所处社会的井然有序。

社会仪礼，是乡规民约的一个表象系统，在其背后是更深层次的社会历史结构。例如着装样式、农事劳动、婚嫁程式等反映着一个族群的表象系统，而只有从社会历史情境出发来探视，才能将这些外在表象与哲学思维、宗教崇拜、生态伦理等构建的知识框架相联结。这也是笔者在前文论述档案与记忆之密切关系时一再强调的。

畲族档案记忆中，对自然"负有责任"的乡规民约，推崇植树补基，力求实现挡风聚气之功效，制约和规范着畲民开发利用自然的生产生活行为，有利于实现人与自然的和谐相处。这些档案记忆因历史时间与地域不同在形式上各有差异，但内容大多与保护山林、农作物、动物、水源有关，除了在族谱中有记述外，有些还被刻在石碑上。例如，浙江丽水云和县崇头镇岩下村有一块清道光年间的"勒石永禁碑"②，为畲民蓝日才等向云和县衙要求"保护农作物不遭他人禽畜践损"而立。

---

① 高丙中：《民俗文化与民俗生活》，中国社会科学出版社 2000 年版，第 6 页。

② 吕立汉主编：《丽水畲族古籍总目提要》，民族出版社 2011 年版，第 71 页。

　　许多时候,乡规民约常常将村落家族伦理放大成乡村政治精神,把国家政治与家族制度联系起来,用以维护地方秩序。在此情况下,正统思想将畲民悉数框了进来,可以说,由家族伦理与政治精神顺理成章地重叠一起而构成的社会记忆,极好地支配或导引了畲民。"内生于乡土社会的秩序对乡土社会的有序化是必需的"①,在畲族档案记忆中,"在集体行动中以动员族众保护族寨和举族倡导助人为善是最具代表性的两种"。② 在相当长的历史时期,畲民始终把守护村寨当作头等职责。

　　乡规民约是自治的一种体现③,追求的是同一地方人与人之间出入相友、守望相助的理想境界。乡规民约不断涌现,很好地规范了地方社会生活的方方面面。直到现在,一些地方的村规还不同程度地遗留着传统乡规民约的内容,从中可见传统乡规民约足以为今天的社会管理模式创新提供借鉴。这种"怀旧"并非"在现实层面上返回过去",而是通过档案记忆,使族群的历史与现实进行碰撞,从而"在一个个被记忆和现实双重塑造的碎片中找到自身存在的真实感"。④

　　从畲族乡规民约不难看出,畲民作为操演者在生产、管理或使用档案记忆时,总带有某些认知内容的东西,而且通过文字或具体行为呈现它。畲族档案记忆作为一种符号在不停地传达意义,使畲民形成"以习惯活动为重要内容的体现性经验(embodied experience)",并把"认知记忆和习惯记忆结合起来"⑤,对档案记忆习以为常;因而族群成员共同记忆的认知内容,具有更强的说服力和持久力,这有助于达成族群凝聚。

---

① 杨玉豪:《乡土社会视野的法治》,《求实》2003年第2期,第63页。
② 蓝炯熹:《畲民家族文化》,福建人民出版社2002年版,第254页。
③ 牛铭实:《中国历代乡规民约》,中国社会出版社2014年版,第3页。
④ 赵静蓉:《怀旧——永恒的文化乡愁》,商务印书馆2009年版,第191页。
⑤ 保罗·康纳顿:《社会如何记忆》,纳日碧力戈译,上海人民出版社2000年版,第116、108页。

四、会社组织：村民自治与族群团结的象征

在古汉语中，"社"与"会"本是分开使用的。"社"通常作为一个认同标志，同社之人自然也就形成共同体；"会"通常作为自愿结合性组织，滥觞于民间的结会互助。后来则有"会""社"交叉的现象，一并作为民间组织。

在畲族民间，自清代以来，陆续出现了各种会社组织。会社组织在畲族民间并不罕见。在浙西南一带，畲民通常自发组织"摇会""谷会"等，创导者受领各会员的谷物或钱资，集资办事业。例如，现存浙江丽水遂昌县大柘镇的《摇会账簿》[1]，该摇会以雷振德为首事者，会员有雷春林、蓝金富、蓝兆明等9人，共7股（其中有4人为2股），每股集资大洋5圆，5年轮流结束；又如，现存浙江丽水莲都区老竹镇道弄源村《会书》[2]，是蓝火旺等与乡党商议成立的经济互助会，诸君商定各集资金凑成一定数额，以1个月为1期，每期轮至得会者，则得会人之股份，由起会者担负，如数付讫，以全其数，轮至末会而止，以期做到有无相通、成人之美。

畲族村寨多处偏僻之地，而且分布零散，致使土匪、盗贼和无赖之徒横行畲村，畲族民间通过会社组织来抵制骚扰破坏、保障畲民权益。由于这类档案记忆直接关系畲民切身利益，畲民将其载于谱牒让族群成员永远铭记，或者勒石刻碑以昭告四乡村民。笔者在浙江丽水、温州、金华等地调研时，曾听畲民述及早时"巡洋社"[3]的组织和运行情况，通常会选择在清明前后请戏班演"巡洋戏"，巡洋社员在戏台前悬挂或扦插松杉杂木等树枝，表明自演戏之日起开始封山蓄林，并在各山岔路口插上"巡洋牌"示禁。而且，畲民自发成立的"巡洋社"，也是对当地非畲民所组织的"巡洋社"的一种对抗。

据雷国强《封山育林有奇俗》一文介绍：畲族民间素有"禁山会"组织，负

---

① 浙江丽水遂昌县大柘镇《摇会账簿》，民国十二年（1923）。
② 浙江丽水莲都区老竹镇道弄源村《会书》，民国十二年（1923）。
③ "巡洋社"是畲族民间自发成立的农社组织。

责山林封山育林事宜。"禁山会"由本地较有威望的人组成,置立禁约,制度严明。要封山时,"禁山会"请全体村民会餐一次,称为吃"封山饭",席间宣布封山范围、年限及禁令,处罚偷伐封山树木者的办法包括罚戏、罚放电影、鸣放火炮等。[①] 从中可知"禁山会"是畲族为保护山林而自发组织的民间性团体,会具体规定采摘、砍伐时间和流程,也会对违反禁约者进行惩罚。

畲族民间的会社组织,除了防旱、防涝、防虫促进生产或者防盗、防赌、防火维持治安等方面的组织之外,还有许多带有公益性、联谊性的会社组织,如"路会""桥会""谷会""狮灯会"等,这些组织通常是针对某一个项目开展捐资、互助和管理等事宜。例如,现存浙江丽水景宁县鹤溪街道东弄村的《狮子会账簿》[②],记述了东弄村畲民在民国十年至十三年(1921—1924)为欢度节日而组织狮子会,正月初二至元宵到临近各村各户登门舞狮,带队者记录各户所献红包,正月二十日结算盈余。

总的来说,畲族民间这些自治组织的兴起,较好地承担了团结族群的任务,加之其规范合理的会规制度,既调集、检阅了畲族的族群力量,也增进了乡里诸姓的和睦友善,在维护族群利益、地方秩序等方面发挥了重要作用。

"一切行为方式,不论它是固定的还是不固定的,凡是能从外部给予个人以约束的……都叫做社会事实。"[③]一个族群的档案记忆,既是该族群的建构性产物,也是一种展现了该族群的集体表象、集体意识的社会事实。毕竟,同一族群或者在同一地方生活的人们,如果在相互的行为、权利和义务上没有一定规范可循,族群必然是不稳固的,族群所在的地方也必然会失序,因为有了畲族档案记忆对族群规则的维护,畲族的族群凝聚才有了可能。

---

① 雷国强:《畲风越韵》,炎黄文化出版社 2002 年版,第 33 页。
② 浙江丽水景宁县鹤溪街道东弄村《狮子会账簿》,民国十二年(1923)。
③ E.迪尔凯姆:《社会学方法的准则》,狄玉明译,商务印书馆 1995 年版,第 34 页。

第二节 浙江畲族档案记忆维护
族群规则的适用范围

社会制度"是人类活动有组织的体系","在一合作的事务上和永久团集着的一群人中,有它特具的一套规律及技术"。① 族群形成的基本物质前提是具备赖以生存的相对稳定的土地(空间)和绵延数代的繁衍经历(时间),同时还必须具备基本的精神条件,即规范族群成员的客观理念,以文字表达或口传心授的方式来汇聚力量和统一行动。族群凝聚,往往依赖于共享的记忆,在族群日常社会、经济与政治生活中时刻发挥着它的作用。畲民在长期的生产和生活中积存了不少规则,为畲族民间社会秩序提供了保障。

一、克己与向善:崇仁尚礼的个性形塑指南

众所周知,契约比较强调内容自由原则,曾有学者担心"若是当事人对于其可以得到什么'利益'及该负担怎样的'对价',无法基于自己的自主意识",而是由诸如传统习惯或国家等来决定,那就"没什么契约的自由可言"。② 的确,契约自由的首要意义在于契约内容应是基于契约当事人意志的真实表达,但是,外在于当事人的规范,采取以当事人真实意志为基础的方式进行呈现时,是对契约自由的合理化修正,因为,规则的出现绝非凭空而来,而是立基于一定的脉络背景。因此,费孝通指出,"社会秩序范围着个性,为了秩序的维持,一切足以引起破坏秩序的要素都被遏制着"③。

---

① 马凌诺斯基:《文化论》,费孝通译,商务印书馆 1940 年版,第 17 页。
② 周伯峰:《民国初年"契约自由"概念的诞生:以大理院的言说实践为中心》,北京大学出版社 2006 年版,第 38 页。
③ 费孝通:《乡土中国(修订版)》,上海人民出版社 2013 年版,第 45 页。

孔子最注重推己及人。这"己","得加以克服于礼,克己就是修身"。[1]
畲族档案记忆,对于生活于畲族民间的人而言无疑是一种有效的约束机制。

在此,笔者拟借用"内价值"与"外价值"二词来说明。所谓"内价值",是
指一个地方的文化"在其存在的社会与历史的时空中所发生的作用,也就是
局内的民众所认可和在生活中实际使用的价值"[2];所谓"外价值",就是畲
民可以"从邻里、朋友和人际关系中获得的社会承认与社会评价及他们对这
种承认和评价的自我感受"[3]。例如,契约中对买受人进行身份限制主要是
为了社会角色的保全。从畲族档案记忆中不难看出,族群中任何一个人在
与他人交往互动时,如果缺乏符合族群需要的整体一致性,其交往必然受
挫,而角色保全,其目的就在于维持每个角色应有的内在协调性[4],减少彼
此之间可能产生的冲突。从一定程度上讲,档案记忆提供了一种契约规范,
这种契约规范首先基于族群成员的个性形塑。

在畲族民间,亲邻作为"中人"参与契约的订立,绝非如同其他地方的契
约中人那样是为了获取酬礼,他们更为看重的,应是对族群身份的肯定。诚
如前文所言,在畲族民间,基于特殊的人情、伦理所形成的观念,对族群成员
的行为有着强有力的规范作用,如若脱离或违反这种规范,就会遭人鄙夷、
被人排斥。可以说,"克己向善"根本就是一种由文化价值所支持的社会规
范,也是一种制度性规范。[5] 畲族档案记忆成为畲族地方秩序的构筑者和
维护者,旨在使畲民在长期生活与劳作过程中所形成的一套地方性规范具
有确定性和执行力,保证乡土社会稳定。

本书第六、七章中曾多处述及畲族以礼入契,对于畲民来说,合于礼的

---

① 费孝通:《乡土中国(修订版)》,上海人民出版社 2013 年版,第 27 页。

② 刘铁梁:《民俗文化的内价值与外价值》,《民俗研究》2011 年第 4 期,第 36 页。

③ 贺雪峰:《乡村社会关键词:进入 21 世纪的中国乡村素描》,山东人民出版社 2010 年版,第
120 页。

④ 麦克尼尔:《新社会契约论》,雷喜宁、潘勤译,中国政法大学出版社 2004 年版,第 38 页。

⑤ 金耀基:《中国社会与文化》,(香港)牛津大学出版社 1992 年版,第 30—33 页。

行为,就是公认合理的行为。当然,"人服礼是主动的","从教化中养成了个人的敬畏之感"。① 在畲族档案记忆中,维系人情往来的"送礼"是和制作与保留礼单账簿的习俗联系在一起的。礼治从表象上看"好像是人们行为不受规律拘束而自动形成的秩序",但"必须以传统可以有效地应付生活问题为前提"。② 在礼尚往来当中,畲民学会如何与不同类型的人打交道,也懂得在"熟人社会"中如何把握自己行事的分寸,其行动当中常常暗含着道德与责任。更重要的是,在族群互动当中,任何一种行为都是具有双重性和通融性的,无论是族群利益的协调还是族群冲突的化解,都说明了"群体联系的紧密和相互之间所负有的义务"③。

档案记忆背后其实也涉及规范、秩序与观念,若把"所谓'法'或'法秩序'理解为人们不直接依靠暴力而通过语言和交往形成秩序的行为总体",那就可以说"正是这些契约关系构成了明清时期法秩序的实体部分"④。很显然,在畲族民间,契约规范构成了畲民所在地方社会之"法秩序"的主体部分。数量庞大的畲族民间契约,寓示着畲族民间有异常活跃的契约行为,而这些契约规范着畲民日常生活世界的方方面面。毋庸置疑,畲族民间社会实质上也是一种礼治社会,畲族档案记忆是一种重要的非制度化的社会规范力量,在化解族群冲突、协调族群利益等方面发挥了不可替代的作用,在维护族群规则方面更是具有深远意义。可以说,畲族档案记忆作为一种社会规范能有效弥补制度化社会规范的不足,通过其独特的调节功能维护畲族地方秩序,从而解决乡土社会诸多问题,推进乡土社会和谐发展。

由此推知,崇仁尚礼的契约关系,成了畲族民间的"社会约制"。因为,

① 费孝通:《乡土中国(修订版)》,上海人民出版社 2013 年版,第 49 页。
② 费孝通:《乡土中国(修订版)》,上海人民出版社 2013 年版,第 50 页。
③ 高亚春:《符号与象征——波德里亚消费社会批判理论研究》,人民出版社 2007 年版,第 165 页。
④ 寺田浩明:《权利与冤抑:寺田浩明中国法史论集》,王亚新等译,清华大学出版社 2012 年版,第 136—137 页。

同在一个生活世界的交往参与者,都可以"根据规范确认的命令模式,以主体间共享的生活世界为背景,来理解所有的命令"①。可以说,为畲族民间社会、族群成员所共同遵从的社会规范,无疑是形塑族群个体的重要指南,也是维护畲族族群稳定与地方秩序的最重要的档案记忆。

卢梭说过,"社会秩序乃是为其他一切权利提供了基础的一项神圣权利。然而这项权利绝不是出于自然,而是建立在约定之上的"②。畲族档案记忆的存在,极好地说明了在"约定"的作用下,畲民的许多行为都变得有规可循,从而形成畲族民间稳定和谐的社会秩序。

二、共建与共享:析分扩容的完美持家方略

家庭,是一种由亲密私人关系的人所组成的群体,家庭关系"包括了个人的过去、现在和未来对亲密关系的社会性建构"③。由于家庭涉及社会网络结构的许多方面,是社会发展、进步、和平的重要基础。畲族传统的价值取向是固守祖家业产和增置业产,因此,在畲族民间,几乎所有的人家都把分家析产看成族群的重大事件,因为这意味着族群的析分与扩容。

古人在"别籍异财"方面的论述中常强调要想真正做到累世同居而其家不灭,就必须具备两大条件:一是要有好的家法;二是代代有贤者持家。从畲族档案记忆中可以看出,畲族民间有好家法之人家并不少见,能持家之贤者更是大有人在。但累世同居毕竟只是一种美好的愿景,即使分家析产,只要能传承好家法,只要有贤者持家,就可以保证家族的延续和兴旺。此处所说的贤者,人们可能会习惯性地理解为作为一家之主的男性贤者,其实从畲族谱牒和分关书中,还可以看到诸多贤妻良母式的女性贤者形象,在畲族分关书中,通常少不了对贤妻良母的赞美之词。例如,现存浙江杭州建德市航

---

① 于尔根·哈贝马斯:《后形而上学思想》,曹卫东、付德根译,译林出版社 2002 年版,第 118 页。
② 让-雅克·卢梭:《社会契约论》,何兆武译,商务印书馆 2003 年版,第 8 页。
③ 大卫·切尔:《家庭生活的社会学》,彭钢旎译,中华书局 2005 年版,第 123 页。

头镇灵栖村《钟门雷氏分关书》①，述及钟门雷氏生锦祥、锦福二子，在先夫早逝的情况下，她含辛茹苦将孩子带大，"长、次两房各俱婚配，生育男女成人长大"，其操持家业之能干、统理事务之精明，跃然纸上。

"家产是用于维护家族或家庭共同的生活的目的，并非家长一人的专有财产，而是一种家族或家庭成员共有的财产"②，因此，家长对家产的处理不能随心所欲，而是需要根据一定的程序和规则来析分。在畲族民间实践中，存有一套力求"五世其昌，百年富贵"③的严密习惯，保证分家析产顺利进行。

首先，"邀众亲族""爰请亲友"。对于族群来说，分家析产意味着新家庭的出现，而新家庭需要得到族群和地方的承认，因此，亲族友邻来商议和见证分家析产成了不可或缺的程序。其次，"抽拨提留""品搭均分"。如若家产析分不当或搭配不均，则有可能导致今后诸子不和等种种隐患。在提留父母田、幼子田、长孙田等之后，"品搭"是指将田地、山场等业产按土地状况好坏、距离远近等进行合理搭配，分为在份额上整体平衡的数股，家中大小农具及家具等也按质搭配。这个过程需要多方认真协商，也需要各方予以礼让，是分家析产的核心环节。最后，"抛阄拈定""各立分书"。"品搭"完毕后，抓阄定股，拈得的阄号即代表所分得的业产。兄弟拈阄后即立分关书，把各自财产、义务和权利都写清楚，并经各方签字画押为据，在此之后依所执分关书各自"管业"。④

从现存畲族档案记忆里，能够清晰地看到畲民的分家析产过程。兹摘引几例分关书部分文字如下：

---

① 浙江杭州建德市航头镇灵栖村《钟门雷氏分关书》，民国三十一年(1942)。

② 仁井田陞：《中国法制史》，牟发松译，上海古籍出版社2011年版，第172页。

③ 浙江丽水莲都区岩泉街道后甫圳古村《蓝银福分关书》，民国三十八年(1949)。

④ 《中国民族文化大观·畲族编》委员会编：《中国民族文化大观·畲族编》，民族出版社1999年版，第205页。

（1）浙江金华婺城区汤溪镇鸽坞塔村《钟景春分关书》①

邀请族长、亲戚前来公议，将田地、屋业、器皿物件，品搭均匀，三股分开，焚香祷祝，拈阄为定。受业三房取孝、友、顺三行为号，毋得争论。幼子、长孙俱有取给。再拨祀田，身后次序轮流，以接先灵，永远血食之需。

（2）浙江丽水莲都区联城街道胡椒坑村《蓝天申户连环分关书》②

邀同族房亲友将父母手所置微产乐业、田园山场、兴造房屋基地、荒圩田地，答一抽拨父母、清明祭田、长子之田以外，代为肥瘦大小、长短阔狭，品搭均匀，神前撮阄为定，编为礼、智、信三房，其立连环分关三本，各执一本。

（3）浙江杭州建德市航头镇灵栖村《钟门雷氏分关书》③

商议妥洽，将夫手以及氏手暨儿手承置产业，房屋、田地、山塘、器皿、什物一切等项，内除取拨且，余肥瘦相牵，品搭两股均分，当场编立元、亨两字号，分析拈阄为定。

在畲族的分关书中，常常会有情深意切、语重心长的序文。上文述及的浙江金华婺城区汤溪镇鸽坞塔村《钟景春分关书》言"分居之后，务须兄友弟恭，勿嗜利而忘义，虽各分爨，如同居庶，不失手足之情。且不忘父母之命，又必诗书教子，以振家声；更要勤俭齐家，以振基业"；浙江丽水莲都区联城街道胡椒坑村《蓝天申户连环分关书》言"自分之后，尚念各宜同胞，勿存异志，孝友为怀，并振家声，于后启克勤克俭，存心克绍，箕裘于先人，庶素愿亦可慰先人之素志也"。

对于畲民而言，分关，是一个有着强烈仪式感的过程，"没有仪式，那些

① 浙江金华婺城区汤溪镇鸽坞塔村《钟景春分关书》，清道光三十年(1850)。
② 浙江丽水莲都区联城街道胡椒坑村《蓝天申户连环分关书》，民国三年(1914)。
③ 浙江杭州建德市航头镇灵栖村《钟门雷氏分关书》，民国三十一年(1942)。

情感就不会存在,没有那些情感,社会组织就不能以目前的形式存在"①。在畲族人看来,分关仪俗是他们彼此认同并信奉的一种规范行为,因而诸如此类的档案记忆也是维系族群团结的黏合剂。从畲族档案记忆可以看出,畲家子女在衣食住行等世俗生活中,总是自觉或不自觉地接受父辈的言传身教。

族群的扩容路径,除了上述分家析产外,还有迁徙和转战。据《宋季三朝政要·附录》《元史》卷 135《塔里赤传》《元史纪事本末》卷 1《江南群盗之平》等文献记述,以畲民为主体的武装力量称为"畲军",在转战中,畲军的绝对服从和成员之间的绝对团结,以及对敌我爱憎的绝对分明,作为一种集体无意识,凸显为捍卫族群的战斗力和凝聚族群的向心力。

畲族的迁徙,持续时间久,跨越范围广,尤其是明清时期的迁徙,日益频繁。据《浙江省少数民族志》记载,于明万历四十二年(1614)从福建宁德迁入浙江景宁的钟石洪一家,从其先祖自宋元祐元年(1086)由广东潮州潮阳县迁出算起,在 528 年里,他们随山种插、游耕不定,钟家共迁徙 23 次。②

从一定程度上说,游耕者容易脱离族群的羁绊,然而,在他们的潜意识里,深烙着盘瓠神话等鲜明的族群印记,他们在"向山而居"的指引下,以坚忍不拔、共济互惠等族性,拓展和延伸着族群的力量。现存畲族谱牒大多修于清代以后,大部分记载了明代以来的家族史,部分谱牒甚至追溯至唐宋或更早,作为族群伦理的范本、族群精神的结晶,谱牒成了族群于散处中相认的重要标志。

族群成员因军事或迁徙而分居于零散村落,族群生命力的维系只能靠族群精神、民族情感的支撑,道义上的联络,以及成员之间的往来、互动和帮助。对于畲民来说,经由档案记忆,总有一幅图像被视为过去发生的"事实"存在于社会意识之中而被共同接受,每一个人都依循着其依据该位置而有

---

① 拉德克利夫-布朗:《安达曼岛人》,梁粤等译,广西师范大学出版社 2005 年版,第 240 页。
② 浙江省少数民族志编纂委员会编:《浙江省少数民族志》,方志出版社 1999 年版,第 103 页。

的本分来过生活，在共享记忆里和谐相处。

三、训诫与惩罚：宽严相济的全员治理模式

齐格蒙特·鲍曼曾指出，"民族文化的规划"总是"以集体的名义"来"许诺将共同体团结的安全网覆盖至如履薄冰的个体身上"。[①] 毋庸置疑，族群生命力的维持离不开面向族群所有成员的种种规则。"把我们同社会其他成员捆绑在一起，乃是一种起连接作用的键链，其性质正如把蚁穴中的蚂蚁或有机体的细胞连接起来的键链一样。"[②]有了档案记忆作为规则，还需有与其相协调的运作机制相配合，否则档案记忆无从得到遵守。

在传统乡土社会中，与规则相协调的运作机制可称为"社会裁定"，前文述及的乡规民约等，其担负的功能即是对一地居民的行为举止予以规范化。面对族群及其所在地方的各种规约，族群及族群中的成员会对自己的行为方式作出回应，"合适"的、"合于礼"的，则肯定、赞许、褒奖，如果相反，则可能是否定、责难、惩治，在畲族民间主要表现为训诫与惩罚两个层面。

单从训诫角度来说，畲民重在伦理道德的教化，重在以伦理道德兴旺家族。畲族谱牒所载"遗训"通常包括君臣、父子、夫妇、昆弟、朋友、教子、读书、生意、治家、处世等方面。在众多家训族规中，畲民在思想意识上格外推崇"孝悌"。"生存世界与想象世界借助一套单一的符号体系混合起来"[③]，在畲族档案记忆中呈现的训诫，会自然而然地在畲民日常生活世界里真实地表现出来，而且这种真实感是直接制造出来的，中间的转化环节或可忽略不计。

若从惩罚角度来说，畲族的家训族规、乡规民约等，是畲民的道德契约，

---

① 齐格蒙特·鲍曼：《作为实践的文化》，郑莉译，北京大学出版社 2009 年版，第 55 页。

② 亨利·柏格森：《道德与宗教的两个来源》，王作虹、成穷译，贵州人民出版社 2000 年版，第 73 页。

③ 克利福德·格尔茨：《文化的解释》，韩莉译，译林出版社 2014 年版，第 138 页。

是在整个族群当中有着至高无上地位的伦理法规。在正常情况下，既成的家训族规、乡规民约，会要求族群或地方上的每一个成员毫无例外地去恪守和遵循。例如，畲民认为合族以敦睦为尚，因此，特别强调"倘若不遵名分，公就祖厅责罚，令其自知改过"，如若有人"越名犯分"，则族里将"会家长以家法重惩，令其当面服罪"。畲民会以一种"审判布告式"的家族权力话语处罚当事人，足见家训族规能作为一种象征性符号来警醒后人。

档案记忆作为一种符号权力，总是"无孔不入地渗透到行动者的身体、前反思性的实践里"，进而"聚集为场域的特定空间、独特的场域逻辑"，并最终"区隔、筛选和规训行动者"。① 在畲族档案记忆中，训诫中的义务和处罚中的压力并行不悖。一方面，要求族群成员团结一致和无条件服从；另一方面，并非由一系列必须服从的禁令构成，而是用超越个人利益的隐忍、仁爱等德性去感召族群成员。二者虽有差异，但相互联系，相互渗透。惩罚性禁约将强制力分了些给另一方，而训诫性规则又将其温馨传了些给另一方。

在传统社会，"事实与规范经常是杂糅在一起的"②，不用说是民间法律生活，即便是官方司法审判，也常将事实与规范结合在一起。从畲族档案记忆中可以看出，无论是规训性的记忆，还是禁约性的记忆，都具有极强的规范意义。这些档案记忆"对畲族村寨的群众乃至全族人民都具有普遍的约束力"③，族群中的任何一个人，包括与畲民同处一个地方的其他人，都得遵守这些训诫和规约，一旦违反，就将依照有关规定论处。因此，畲族档案记忆的族群规则维护范围，是从家庭中的个体，到族群中的家庭，再到整个族群中的所有成员，意即它从形塑单一个体到最终指向整个族群，因而构成了

---

① 张意：《文化与符号权力：布尔迪厄的文化社会学导论》，中国社会科学出版社 2005 年版，第 15 页。

② 韩伟、赵晓耕：《中国传统契约"原因条款"研究——兼与欧陆民法原因理论之比较》，《北方法学》2014 年第 6 期，第 133 页。

③ 雷伟红：《调适畲族家族法，构建畲族地区和谐社会》，见《畲族文化研究论丛》编委会编：《畲族文化研究论丛》，中央民族大学出版社 2007 年版，第 267 页。

一种对于维护社会意向来讲十分重要也是必需的机制。畲族民间社会正是因为存在这样的制约机制，才使得畲族档案记忆形成自我规约的系统的逻辑，从而作为一种理性的和实践的存在来维护族群规则，并促使畲族民间始终保持稳定而和谐的秩序。

第三节　浙江畲族档案记忆维护族群规则的基本策略

散落于畲族民间的档案记忆，其实凝结于一切可能的载体中。格罗塞曾经指出，"'集体记忆'是后天的习得和传承"[①]。毫无疑问，畲族档案作为中介，引导畲民习得和传承有关知识和经验，进而转化为畲族记忆，从中探寻族群精神和生命价值。

覃兆刿曾指出，从静态上看，档案是"人们有目的有选择有秩序地保存下来用以记忆的历史记录"；而从动态上说，档案则是"人们对记录行为的实体加以维护、保存、利用的管理过程"。[②] 畲族档案记忆，对于族群成员而言，确认了其族群身份，对于族群发展而言，则不仅实现了对畲族血缘伦理的维系，也体现了对畲族民间地方秩序的维护。

一、建立内化机制

就像布迪厄所提出的"习性"（habitus）、"资本"（capital）和"场域"（field）等概念一样，档案记忆对于族群规则的维护，首先在于对"人的心性

---

① 阿尔弗雷德·格罗塞：《身份认同的困境》，王鲲译，社会科学文献出版社2010年版，第34页。

② 覃兆刿：《档案文化建设是一项"社会健脑工程"——记忆·档案·文化研究的关系视角》，《浙江档案》2011年第1期，第23页。

结构和社会位置的隐秘关系"①的揭示。

畲族档案记忆作为族群记忆的一种重要形式,记忆中所呈现的"过去的形象",可以是"秩序的工具",也可以是"失序的动因"②,因而需要有一条"暗示的规则",即"任何社会秩序下的参与者必须具有一个共同的记忆"③。对于族群来说,但凡任何一个认同或归属于该族群的人,都必须遵守族群的统一规则和惯例。畲族族群凝聚,源于族群成员把族群规则内化,使身处该族群时可以不加思考地使用恰当的动作或语言。诚如梁治平所言,"正式法所代表的是一套农民所不熟悉的知识和规则,在很多情况下,它们与乡土社会的生活逻辑并不一致……人们往往规避法律或者干脆按照习俗行事"④,这里所说的"习俗",即人们"习得的文化",其本质就是族群过去的记忆。

畲族档案记忆规范着畲民的衣食住行、婚丧嫁娶、节日庆典、人情往来、生产生活等方方面面。畲族民间广泛使用的不同类型的契约样本,储存着畲民所需的信息和规则,在模仿和重复等过程中,那些社会性的、共同接受的习惯规则会形塑并维护着既存的社会秩序。因此,"规矩是'习'出来的礼俗。从俗即是从心"⑤。在畲族档案记忆中,分明含有"贱讼""息事宁人"的价值观,因为,畲民生活于相对封闭的同一个"地方",为了生存,许多时候需要协作和帮助,内心深处本就不愿处理纠纷诉讼而更愿和平共处。孟繁华曾经指出,"内在文化指令像隐形之手一样,支配着我们的意识甚至全部"⑥,这意味着档案记忆作为一种"暗示"和"询唤",让人们在无意识中找到生存和行动的依凭,让人们在日常生活中找到意义世界。

---

① 张意:《文化资本》,见陶东风等主编:《文化研究(第 5 辑)》,广西师范大学出版社 2005 年版,第 275 页。

② 齐格蒙特·鲍曼:《作为实践的文化》,郑莉译,北京大学出版社 2009 年版,第 21 页。

③ 保罗·康纳顿:《社会如何记忆》,纳日碧力戈译,上海人民出版社 2000 年版,"导论"第 3 页。

④ 梁治平:《乡土社会中的法律与秩序》,见王铭铭、王斯福主编:《乡土社会的秩序、公正与权威》,中国政法大学出版社 1997 年版,第 464—465 页。

⑤ 费孝通:《乡土中国(修订版)》,上海人民出版社 2013 年版,第 9 页。

⑥ 孟繁华:《众神狂欢:世纪之交的中国文化现象》,中国人民大学出版社 2009 年版,第 15 页。

畲民在一定的社会空间内生存,其绝大多数记忆亦是在社会交往中获得的,畲族档案记忆是对畲族民间社会的白描抑或是对畲民自身经历的重大事件的记录,必然具有社会性。畲族档案记忆中的习惯,其本质属于知识传统,这套知识"生自民间,出于习惯,乃由乡民长时期生活、劳作、交往和利益冲突中显现"[①],而其效力"来源于乡民对此种'地方性知识'的熟悉和信赖"[②]。畲族档案记忆被用来分配畲民之间的权利与义务,化解和协调畲民之间的冲突与利益,无论以文字还是非文字形式,都在一套关系网络中实施,由此规范和主导着畲民的实践,并且随着社会的变迁而不断成熟。

畲族档案记忆给予畲民的心理构图,并非属于臆想,而是建立在档案记忆的潜移默化上。在所有的畲族档案记忆中,都"存在着一种不可磨灭的关联性",如同"历史事实的'集装箱'"[③],这些档案记忆总是被畲民根据其社会与生活重要性的逻辑所记忆,是"事件真实结果的选择性记述,但这种选择并非毫无章法"[④]。现在看来,"记忆共同体的每一个人都负有竭力分享和保存记忆的义务,但不是说每一个人都有牢记一切的义务……这种义务的继续有效有赖于共同体中的每一个人所承担的最低责任"[⑤],从一定程度上讲,记忆与不朽的观念密切相关。在畲族民间,过去的记忆已经积淀于畲民的身体与内心,对于过去的记忆,虽然在很多时候根本"不用追溯其历史来源",然而畲民总以"现在的举止重演着过去"[⑥],而无论这些记忆"多么明显地是自发的或习惯的","都要涉及生活准则及世界观的融合"[⑦]。

---

① 梁治平:《清代习惯法:社会与国家》,中国政法大学出版社 1996 年版,第 127 页。

② 梁治平:《清代习惯法:社会与国家》,中国政法大学出版社 1996 年版,第 166 页。

③ 海登·怀特:《历史情节的编织与真实性问题》,胡修雷译,见李宏图、王加丰选编:《表象的叙述——新社会文化史》,上海三联书店 2003 年版,第 177 页。

④ 克斯汀·海斯翠普编:《他者的历史——社会人类学与历史制作》,贾士蘅译,中国人民大学出版社 2010 年版,第 10 页。

⑤ 阿维夏伊·玛格利特:《记忆的伦理》,贺海仁译,清华大学出版社 2015 年版,第 52 页。

⑥ 保罗·康纳顿:《社会如何记忆》,纳日碧力戈译,上海人民出版社 2000 年版,第 90 页。

⑦ 克利福德·格尔茨:《文化的解释》,韩莉译,译林出版社 2014 年版,第 138 页。

　　畲族档案记忆所设想的是利用不同形式的防范系统规范和疏导人的行为,畲族档案记忆是存在于族群成员观念中并为族群所认同,同时又决定其族群文化形态及其发展的共同信念。畲族档案记忆的族群规则,不只是畲民的基本生活准则,更是归属于畲民的一种思维结构和记忆符号[①],它们相互作用,营造成畲族的心理屏护。由此可以推知,任何一个地方的社会秩序都必须以生活于其中之人的共同情感为基础,对于一个地方的族群来说,任何一个族群成员的情感都理应受到尊重。

　　很难想象"一个社会的秩序可以不必靠什么力量就可以维持,人和人的关系可以不根据什么规定而自行配合"[②],畲族档案记忆的发展,其实就是在制度设计与宗法精神的背景下完成的。层层规则将人们的生活充分地"格式化"了,无论什么人,只要身处一个族群中,只要身处于一个社会里,就不得不就"范"。毕竟,它们"靠了内心的强制及神秘的道德压力来左右人们的行为"[③]。更重要的是,整个族群因此变得更加统一协调,其凝聚力自然而然也就加强了。

二、倡导和美家风

　　家风,通常指一个家庭"在世代繁衍过程中逐步形成的相对稳定的价值取向、行为规范和为人处世之道"[④],家风蕴含着道德文化基因。畲民在独特的社会生活环境中,在与其他族群的互动交往中,形成了独特而丰富的家风,畲族家风不仅内化于畲民的日常生活之中,同时也载述于畲族谱牒之中,借助档案记忆让畲族后世传阅、学习和传承。

　　畲族档案记忆中的家风,以家训族规等形式体现,用以约束和规范家庭

---

　　① 余厚洪:《形式、内涵与规则:浙江畲族契约关系论析》,《云南民族大学学报(哲学社会科学版)》2018年第5期,第69页。

　　② 费孝通:《乡土中国(修订版)》,上海人民出版社2013年版,第46页。

　　③ 费孝通:《费孝通论文化与文化自觉》,群言出版社2007年版,第19页。

　　④ 吴林红:《好家风是"幸福密码"》,《安徽日报》2015年5月28日第11版。

及族群成员,具有一种强大的感染力量,有着潜移默化、陶冶性情的作用。畲族之和美家风,在畲民的待人接物、生活习惯、劳作生活等方面都有所涉及。在民国十四年(1925)《松阳县志》卷 6《风土》中,大力称赞了畲民最重祭祖、最重家长、最重信义、最能忍耐、最好结纳等秉性,畲民具有厚德足嘉、朴诚、发奋、忠直、甘吃亏等美德。民国时期,何子星在《畲民问题》里专门概括了畲民道德观念的互助、合群、俭朴、忠厚、信义、谦让、忍耐、和平、勤劳、刻苦等"十端",认为"他们具有这十种德性,诚然是一种优良的民族"。① 在畲族谱牒中,亦常记述畲民"十端",意在经由累世传承而形成优良家风。

在浙江丽水景宁县郑坑乡吴村《雷苍生家庭流水账》②中,记录了该户从民国十二年至十四年(1923—1925)的家庭收支情况,其中以干谷抵银圆作田租、赊来货物作干谷付等,体现了有借有还的信义;捐给"白露会"银圆 2 块作修桥铺路用,体现了参与公益的善心。

在畲族民间,视孝慈、仁爱等为家庭和睦的重要规范,极为推崇忠、孝、仁、爱思想,并将其贯彻于畲族生活的各个方面。例如,畲民分家析产时,给各房所取之号也嵌入这些思想。浙江金华婺城区汤溪镇鸽坞塔村《钟景春分关书》③,受业三房取"孝、友、顺"为号;浙江丽水莲都区联城街道胡椒坑村《蓝天申户连环分关书》④,编为"礼、智、信"三房;浙江丽水遂昌县黄沙腰镇大洞源村《蓝兴财兄弟分款字据》⑤,受业四房直接以"忠、孝、仁、爱"为号。分家析产时不仅强调孝敬父母、兄弟友爱,而且提倡勤俭持家、重义轻利,提醒兄弟"分关"但不"分心"。

当然,"百善孝为先",孝是"建立在祖先崇拜基础上的'尊祖敬宗'的宗

---

① 何子星:《畲民问题》,《东方杂志》民国二十二年(1933)第 30 卷第 13 号,第 63—64 页。
② 浙江丽水景宁县郑坑乡吴村《雷苍生家庭流水账》,民国十二年至十四年(1923—1925)。
③ 浙江金华婺城区汤溪镇鸽坞塔村《钟景春分关书》,清道光三十年(1850)。
④ 浙江丽水莲都区联城街道胡椒坑村《蓝天申户连环分关书》,民国三年(1914)。
⑤ 浙江丽水遂昌县黄沙腰镇大洞源村《蓝兴财兄弟分款字据》,民国三十五年(1946)。

族道德,体现着一种返本报初的道德精神和'继志述事'的历史责任感"①。畲族民间有大量与"孝"有关的礼俗歌,例如,流传于浙西南一带的《孝女哀歌》《孝子哭娘》《忠孝节义》②等,在传情达意的同时又极富教育意义。"孝行是缘自孝心的一种自然发挥与真实流露,不是为博取好名声的刻意做作"③,笔者在畲族乡村调研时发现,畲民对长辈十分敬重,年轻人遇见长辈都要问安道好,都会主动让路、让座。据此可以推知,一个家庭有了好的家风,家庭就团结和睦,对于一个族群来说,一个一个好家风,便共同构筑出了族群团结的精神面貌。

毋庸置疑,"家善,是其他一切善的源头和基本内容"④。现存浙江金华婺城区汤溪镇鸽坞塔村《鸽坞塔村钟运来派下祠堂议约》⑤,因丁口益众、人事渐繁,于是合族通众立议规十余条,例如:"对大中学毕业者贴大钱6万文整",规定档次细致,且有田分,体现了对族中子弟教育的重视;"六旬以上抚以大钱,各旬加倍",展现尊老之风。"家训形式上是家庭内部的,但本质内容上还是社会的"⑥,宣扬优良的家风,有利于良好社会秩序的形成。毕竟,一个家族中会涉及诸如物件、田地、房产等财产问题,畲民家族人口繁众、家族关系复杂等情况自然不会少见,"如果对其中的家族事物、经营事项和族风族规不进行严格的规定和执行,族内的纷争将直接导致整个畲族家族的中落与衰败"⑦。因此,畲族档案记忆中的家风传承,包含了家训族规的明确信息,对族群内部分工协调和财产妥善处置等均有重要意义。

---

① 肖群忠:《伦理与传统》,人民出版社2006年版,第316页。
② 原件《孝女哀歌》现存浙江景宁县郑坑乡半岭村钟会进处,《孝子哭娘》现存浙江景宁县鹤溪街道滩岭村蓝海清处,《忠孝节义》现存浙江松阳县板桥乡后塘村雷贤土处。复印件藏丽水学院中国畲族文献资料中心。
③ 隋思喜:《内圣外王:修己安人》,中州古籍出版社2014年版,第53页。
④ 笑思:《家哲学——西方人的盲点》,商务印书馆2010年版,第496页。
⑤ 浙江金华婺城区汤溪镇鸽坞塔村《鸽坞塔村钟运来派下祠堂议约》,民国四年(1915)。
⑥ 戴素芳:《传统家训的伦理之维》,湖南人民出版社2008年版,第11页。
⑦ 胡琳玉:《畲族家风的传承及其现实意义》,浙江财经大学硕士学位论文,2016年,第18页。

在畲族档案记忆中,畲民通过订立家训族规的方式,一方面宣扬本民族在历史发展中总结出来的对族人及族群发展至关重要的道德品质,一方面向子孙后代灌输遵守儒家伦常和国家秩序规范的意识,让其不敢轻易忤逆祖先,避免道德失范影响祖宗基业,达到谕诫告示的作用。订规立约,目的就是"敬宗睦族",对外保持团结一致以维护族群整体利益,对内协调族人矛盾以维持族群生活秩序。

一家之风,大而言之,即成一族之习性。在畲民家庭中,每一个成员受档案记忆之传统习性的实践引导,往往是在无意识层面展现着他们的言行举止。很显然,畲族档案记忆中的家训族规,是从身体实践到意识形态再到身体实践的转变过程的反映。从生活中来,到生活中去,可谓"由行到意"再"由意到行"。畲民家训族规象征着权威,畲民不仅对家训族规充满敬畏,对记载家训族规的档案文献也好生收藏。畲族档案记忆中的家训族规,为畲族民间社会的发展提供了一种历史基础,而且培育了一种族群人格,即不把任何一个成员从族群关系中孤立出来,强调族群成员言行举止的规范有度。

三、形成地方秩序

"秩序"一词是"秩"与"序"的合成。秩者,常也,含有常规和规矩之义;序者,次也,列也,有次序之内涵。从词源学的角度来看,"秩序"一词在我国古汉语中原属于伦理行为范畴,指涉辈分等级、亲疏远近,后来又由家族扩展至国家的政治层面,指涉尊卑贵贱、上下有别、内外有序的身份等级,近代以来才衍生为与社会生活、社会行动的规范、制度相联系的普遍性范畴。[①]

程文超在评论"作品"时曾指出,"时间给了故事以秩序……叙事就与人们的客观经验和'内感觉'形式一致"。[②] 在畲族档案记忆里,谱牒无疑是畲

[①] 刘芳:《社会转型期的孝道与乡村秩序——以鲁西南的 H 村为例》,上海大学博士学位论文,2013 年,第 18 页。

[②] 程文超:《反叛之路》,中山大学出版社 1999 年版,第 140 页。

族家风多样化传承载体中最形象、最系统、保留最完整的载体。笔者对现存大量的畲民族谱进行整理归纳后发现,它们具有较为统一的格式、大同小异的家族伦理内容和家风传承思想,其主要目的不外乎"敬宗收族""睦族治乡""阐扬伦理"等。可以说,通过畲族谱牒档案,畲族的家风家训被固化、凝结,如同谱牒之中家族系谱的"图标",在为畲民提供了和美家风的范本之时,也为畲族所在地方之和美秩序的生成提供了一种判断标准和建构依据。从畲族谱牒中可以看出,畲民将道德作为整个族群的第一要务,作为一切行为规范的核心。社会的有序发展源于各种规范对人的思想与行为的导引和约束,畲族的家风传承,弘扬的是族群中每个成员友善邻里、互帮互助的大同思想,正因为如此,畲族地方和美秩序的建构才落到实处。

前文曾提到畲族档案的地方性特点。有学者指出,民族认同的根据和轴心,都在于"地方性的、民族性的文化"[①],这便意味着具有地方性的畲族档案是维系畲族情感的重要纽带。从畲族档案记忆中可以看出,生活在同一村寨的畲民,"抬头不见低头见",由于长期的交往与沟通,他们之间形成了一个利益共同体。在同一个地方,畲民作为生活于同一场域的"日常人",其处事原则不仅仅是合乎政策与利益,在很多情况下他们考虑的是习惯、情感与面子等不成原则的原则,这其实就是档案记忆需要"入乡随俗"的客观要求。在畲族档案记忆里,记忆主体之间多是熟悉的,彼此间存在着感情,这种熟悉的情感纽带成了畲民之间互动的一种依据。与此同时,虽然畲民的生产方式和生活方式随着社会变迁而变化,但其中自有其传统性,就像"村民生产方式离不开土地的特性"而"决定了村民对固有生活方式的坚持"[②]一样,记忆客体决定着记忆主体在对自身进行叙事之时也成了所在地方社会结构的一种表述。

---

①　童萍:《文化民族性问题研究》,人民出版社 2011 年版,第 125 页。

②　崔腾飞:《农民"争利"的日常逻辑:乡村土地纠纷的过程叙事——以 S 市三村为例》,吉林大学博士学位论文,2015 年,第 36 页。

通常来说，一个地方就是一种秩序，并且根据该秩序将族群成员"安排到共存的关系之中"，"地方"其实暗含了对"稳定性的揭示"。[①] 对于地方秩序来说，"只有善的、好的、正义的、合乎道德的选择，才是应该进行的，而恶的、坏的、非正义的、不合道德的选择，则是应该摈弃和排除的"[②]。畲族档案记忆里的族群规则，本就采用了一套循序渐进的"管理"程序。

首先是"劝"，是对真、善、美的倡导和肯定。畲民为了让族群中每一个成员都拥有好的品行，会在畲族谱牒中以家训族规或旌表赞许等方式，劝导族群成员尊宗敬祖、明礼守法、孝老爱亲等。在田野调查时，笔者发现畲族有很多礼俗歌和生活歌，其间也包含劝人如何处事等内容，例如，浙江温州苍南县莒溪乡洋尾村《十二劝善歌》[③]，内容包括劝少郎要专心读书，娶妻生子后要知书达礼、孝敬父母、勤俭持家等；又如《劝佳歌》[④]，共有"十劝"，劝人做"佳"心莫粗、莫心疑、要想长、心莫乌、要想前、莫多嘴、爱斯文、心要平、心放悠、心放宽。

其次是"严"，是对假、恶、丑的防范和否定。它旨在让族群成员能够正确掌握善恶的评判标准，主动把恶习、恶行挡在身外。畲族的族规中明确要求子孙成为正直的人，从事正当职业，切忌游手好闲、吃喝嫖赌等，因而强调父母对子女管教从严。例如，浙江金华兰溪市水亭乡《哭嫁歌》[⑤]，母亲希望女儿出嫁后"做人媳妇莫嘴多，莫来无乱多啰苏；讲好讲坏都要想，寮里有活要多做"，希望女儿在为人妇后不要多嘴惹事，切忌只说不做。

再次是"戒"，是对不良德行的告诫和警示。如，畲族谱牒中明令戒斗、戒讼、戒酗、戒嫖、戒财、戒饮鸦、戒不慎、戒枉法，以此求得"家道日隆，子孙

---

① 米歇尔·德·塞托：《日常生活实践 1.实践的艺术》，方琳琳、黄春柳译，南京大学出版社2009年版，第199页。

② 贾高健：《三维自由论》，中共中央党校出版社1994年版，第238—239页。

③ 浙江温州苍南县莒溪乡洋尾村《十二劝善歌》，清宣统元年(1909)蓝宗启抄本。

④ 畲语称"婆婆"为"阿佳"，此《劝佳歌》是劝如何做好婆婆。

⑤ 浙江金华兰溪市水亭乡《哭嫁歌》，详见兰溪市水亭畲族文化站编印《兰溪水亭畲族资料》。

日盛"。现存浙江金华婺城区汤溪镇鸽坞塔村《鸽坞塔村钟运来派下祠堂议约》①，强调所议各规必须人人遵守，"倘若稍有违犯不遵者，无论何人永不得领取祠内血食"。

最后是"禁"，是对不当或不良行径的严厉惩处。意即族群成员不得违禁，否则就要予以严惩。如，畲族谱牒中强调"禁乱伦灭礼""禁非种承桃""禁族党赌博"。在浙江丽水松阳县象溪镇石马源村口，有民国元年（1912）松阳县颁刻的《禁赌博碑》②，碑文记述石马源畲民蓝成法、蓝生法等人，目睹庄内有惰民引进赌博，设梗聚财，祸害村人，连村中少年子弟也相率效尤，废时倾家荡产，于是禀县知事依法立碑禁赌，明令"一经告发或饬拿，按新刑律条文惩办，绝不姑息"。在浙江景宁东弄村畲民情况调查材料中有"不得打妻，否则岳父母来时就需躲避，并备酒席由族中长辈出来说情，讲好以后不犯，才敢出来见面赔罪"③等描述。在与畲民的闲聊中笔者得知，诸如此类"家暴"都属"禁"的范围，在畲族民间，妇女在嫁到夫家后，倘若受到夫家虐待，其娘家便会组织亲房叔伯母舅等众人赶到男方家讲理，直至男方认错，此举称为"做娘家头"（畲语称"打生利亲"），因而畲族社会中虐待妇女之事很少发生。

综上所述，构成畲族社会的支配性力量的族群规则，往往是约束性法则，既有劝勉，也有禁区，畲民只能顺从习惯法或不成文法约束自己的情感与行为。通过上述"劝""严""戒""禁"四个层层递进的步骤，族群规则自然而然地渗透到畲民生活之中，对于指引族群成员正确行事、稳定民间地方秩序都起到了很大的作用。在此过程中，畲民充当了施行教化的主体，同时又是接受教化的对象。

---

① 浙江金华婺城区汤溪镇鸽坞塔村《鸽坞塔村钟运来派下祠堂议约》，民国四年（1915）。
② 浙江丽水松阳县象溪镇石马源村《禁赌博碑》，民国元年（1912）。
③ 施联朱等：《浙江景宁县东衕村畲民情况调查（1953年）》，见《中国少数民族社会历史调查资料丛刊》福建省编辑组编：《畲族社会历史调查》，福建人民出版社1986年版，第12页。

　　然而,"任何一种规则所引导的顺序设定,都会遇到特定语境的限制"①,在畲族档案记忆中,为了族群凝聚的需要,自然会受到档案记忆文本或叙事者提取记忆时主观因素的影响,但"在一个被共同利益的纽带绑缚在一起的功能性共同体中……辨识出在这个共同体中满意地生活以及共同体作为一个整体取得成功所必需的约束与合作规则是比较容易的"②。众所周知,记忆总是出于某种目的和特定功能而生成,在畲族档案记忆的规则维护之下,社会关系得到了固化,也得到了细致的阐释,它们"以'经验知''民俗知'统合",恰似"维系世代间的'话语'"③,由此形塑的记忆,是畲民时刻都在实践的准则,因而能使畲族地方秩序得以稳定地确立。

　　费孝通曾指出,"各个社会都为其成员的生活方式规定着一个谱法",社会结构的"有条有理",是"先于这些人的存在",该结构中所规定的"角色间的相互行为模式也是个人在社会中生活时不能超出的规范"。④从一定程度上说,畲族档案记忆如同"一个有秩序的版本"⑤,在族群发展的历程里,它们继续作为一个有秩序的版本,对档案记忆进行着合情合理的诠释。的确,"习惯被坚持的时间长度已经使得它们成为某种权威,或仿佛许多人以这种办法来做出这件事情的事实使得行为本身成为价值上可行的"⑥。久而久之,整个的关于档案记忆形成的习惯性行为的观点,自然成为一个传统的行为而无须特别证明了。

　　畲族民间社会是一个充满风俗、习惯、仪式等符号的生活世界。畲族档案中的记忆,作为族群发展历史的事实,不管"看上去显得多么简单",都"只

---

① 王宪昭:《盘瓠神话母题数据的资料学研究》,《民间文化论坛》2018年第3期,第21页。
② 富勒:《法律的道德性》,郑戈译,商务印书馆2005年版,第210页。
③ 櫻井龙彦:《从开发及环境问题探讨民间传承学的作用》,《民间文学研究》1999年第4期,第92页。
④ 费孝通:《费孝通论文化与文化自觉》,群言出版社2007年版,第109页、第115页。
⑤ 齐尔格特·鲍曼:《通过社会学去思考》,高华等译,社会科学文献出版社2002年版,第245页。
⑥ 齐尔格特·鲍曼:《通过社会学去思考》,高华等译,社会科学文献出版社2002年版,第115页。

有通过这些符号材料的媒介和中介"的分析才能"把握真实的历史材料"①。畲族档案记忆在表达族群历史深度的感受性时,也表达了一种"确立起来的秩序"②。畲族档案记忆存在的最主要目的是让畲民在有序的秩序中长久生存,因而它有时并不着意于程序正当或证据完整。从畲族档案记忆的族群规则中,可以穿透历史的眼光来看待畲族社会进而在庞杂的往事中探求档案记忆的来龙去脉,在维护族群规则之时,就是在整合族群价值观。可以说,所有畲族档案以及新修畲族记忆的最终指向,无一不是进一步确认畲族的族群身份和价值。

"秩序的产生主要不是靠规范与规范之间的互动,而是靠规范与社会诸因素之间的互动"③,从制度的背景与环节上考察,畲族档案记忆对于族群规则的维护,在运作中更易受到社会结构的影响。畲民以档案记忆为媒介结合成一定的社会团体,或以档案记忆的形式就乡村的日常生活制定一些具体规则,这本身就构成了畲族社会秩序的一个方面。也就是说,考察畲族族群规则维护,除了要考察其主体构成外,还需与整个社会的发展变迁及其结构状况联系起来。

本章小结

畲族档案记忆为畲民设定了一套价值观念体系,进而赋予档案记忆主体以意义,其意义与实践的重要性又会随其在社会秩序中的不同位置而变化,引导着档案记忆主体的力量,规约着档案记忆主体的行为。

在"皇权不下县"的传统政治格局中,畲族地方社会秩序的生成无外乎

---

① 恩斯特·卡西尔:《人论》,甘阳译,上海译文出版社 2004 年版,第 241 页。
② 米歇尔·福柯:《词与物:人文科学考古学》,莫伟民译,上海三联书店 2001 年版,第 174 页。
③ 梁聪:《清代清水江下游村寨社会的契约规范与秩序——以锦屏文斗苗寨契约文书为中心的研究》,西南政法大学博士学位论文,2007 年,第 5 页。

来自两种力量:一种是来自地方社会之外的诸如政治、法律等具有强制力的外输性力量,一种是来自地方社会内部的诸如乡规民约、家训族规等具有约束力的内生性力量。从畲族档案记忆中可以看出,畲族民间更多的是与血缘、地缘、信仰等高度相关的规训,其"内生秩序"占据了主导地位。在维护族群规则方面,档案记忆体现了其意义的两极性,"感觉极聚集了那些被期望激起人的欲望和情感的所指;理念极则能使人发现规范和价值,它们引导和控制人作为社会团体和社会范畴成员的行为"①。

畲族档案记忆,如同一套传统的规则,把畲族民间社会控制在有序的范围内,维系着族群凝聚,以档案记忆为出发点建构的各种社会关系,推进了畲民从古至今的生活。从这个层面来看,畲族档案记忆已经不只是一种"记忆",而是一种"规定",它依据畲族历史上各种各样的事务、大大小小的事件以及整个族群自身的需要和价值观的认同,来明确规定族群内所有成员的言行举止。而其根源在于"人们之间的相互依赖决定着群体的行为逻辑"②,足见档案记忆"也有某种秩序"③。对于族群凝聚而言,其作用无可比拟,其贡献亦不可磨灭。

"实践有塑造惯习的倾向,但惯习也帮助统一并产生实践"④,留存于畲族档案中的记忆,"既在事物中,也在心智中;既在场域中,也在惯习中;既在行动者之外,也在行动者之内"⑤,畲族档案记忆,是畲民的社会实践能力和本质力量对象化结果的凝结、积淀,是记忆主体对过往历史进行确认、延续

---

① 维克多·特纳:《象征之林:恩登布人仪式散论》,赵玉燕等译,商务印书馆 2006 年版,第 28 页。

② 迈克尔·施瓦尔:《生活的暗面:日常生活的社会学透视》,汪丽华译,北京大学出版社 2008 年版,第 59 页。

③ 阿莱达·阿斯曼:《历史、记忆与见证的类型》,陈国战译,《首都师范大学学报(社会科学版)》2017 年第 5 期,第 106 页。

④ 乔治·瑞泽尔:《当代社会学理论及其古典根源》,杨淑娇译,北京大学出版社 2005 年版,第 166 页。

⑤ 皮埃尔·布迪厄、华康德:《实践与反思:反思社会学导引》,李猛、李康译,中央编译出版社 1998 年版,第 172 页。

的载体。作为畲族民间有机的社会记忆系统,畲族档案记忆会以各种方式将相关元素渗透到畲民的社会行为生活中,对畲民的个体行动、人际关系、社会秩序产生着不易察觉但又至关重要的影响,从而全方位、多层次地调控着畲民的社会生活,并力图实现地方社会的有序与和谐。

第九章　浙江畲族档案记忆达成族群凝聚的规律探寻

　　"民族实际是因地因时而变化的"[①]，档案记忆的生产和再生产本身是一个动态过程，与此对应，档案记忆达成族群凝聚也处于不断演化的状态。本章拟从记忆主体与记忆客体、自我归类与他者审视、历史根基与现实逻辑、文本书写与意义诠释、地方知识与文化秩序等方面探寻浙江畲族档案记忆达成族群凝聚的规律。

第一节　记忆主体与记忆客体的互构

　　"记忆是对过去的一种可塑性理解"[②]，一个族群的发展总是受到谱牒、契约、家训、族规等众多记忆的控制和约束。

一、族群记忆主体的想象叙事

　　族群记忆主体的活动具有选择性，他们"总是在可能性时空中有意识、

---

　　① 费孝通:《中华民族多元一体格局》,中央民族大学出版社 1999 年版,第 9 页。

　　② 阿龙·康菲诺:《历史与记忆》,付有强、张旭鹏译,《天津社会科学》2014 年第 6 期,第 130 页。

有目的地创造客观世界",其记忆很显然地"具有价值偏好"①。在一个族群的档案记忆中,其"历史叙述过程中同时呈现的不仅仅是历史记忆,而且伴有想象、分析、价值判断等"②,"想象"对于"民族国家建构以及国史编纂具有必要性"③,对于一个族群来说也是如此。在畲族档案记忆中,记忆主体对民族英雄及其事迹的"集体想象与建构"④,使档案记忆渗进浓郁的主观色彩。

虽然记忆源于事实,但是"在'原生性'的基础上,'被记忆'的只是'建构'后的事实"⑤,在族群凝聚的过程中,"随处可以看到世系谱牒作为一种'固化的想象'和建构对象在其中所扮演的丰富多彩的角色"⑥,在畲族档案记忆的多重价值里,其族群起源叙事的主体想象之价值就在于它的不可或缺性。然而,也正是记忆主体的想象,才使得畲民在有意无意之间介入了何种内容应该写入档案的判断过程中。从其结果来看,尽管在一定程度上赋予了畲族档案记忆中所记录的内容以某种虚构色彩,但对于档案记忆的生成者、管理者和使用者而言,档案记忆的内容就是一种与自我认同直接相连的东西。由此可见,档案记忆并非惰性的、消极的存在,对于族群凝聚来说,它是一种积极的行动。

在畲族民间,总祠的发展有一个从想象到具象的过程,其间也透露着畲族"一家亲"的合和感。由于畲民心中有一座总祠建于广东潮州凤凰山,于是在谱牒中形成了"如出一辙"的记忆。浙江温州文成县黄坦镇底庄村《雷

①　赵传海:《文化基因与社会变迁:中国社会主义路径走向的民族文化解析》,河南大学出版社 2010 年版,第 77 页。
②　左玉河:《历史记忆、历史叙述与口述历史的真实性》,《史学史研究》2014 年第 4 期,第 12 页。
③　王德威:《想象中国的方法:历史·小说·叙事》,生活·读书·新知三联书店 1998 年版,第 2 页。
④　王明珂:《历史事实、历史记忆与历史心性》,《历史研究》2001 年第 5 期,第 138 页。
⑤　范映渊、张梦媛:《历史记忆话语权的文化批判与建构》,《广西社会科学》2016 年第 11 期,第 134 页。
⑥　张全海:《世系谱牒与族群认同》,世界图书出版上海有限公司 2010 年版,第 34 页。

氏宗谱》中《粤东祠据》称,"凤凰山原有祠址与南京一脉相连,因世远祠宇倾圮……今族众将凤凰山旧址重建总祠……列楚为我盘蓝雷钟四族永远同据"①。四姓大宗祠深烙于畲民心中,成为无法磨灭的族群符号,是真是幻对于畲民来说已无关紧要。

王明珂曾经指出,"人群以共同族源来凝聚认同,而认同变迁又由改变族源来完成。因此,强调、修正或虚构一个族源历史,对于任何人群都非常重要"②。族源记忆,是族群识别的重要变量,畲族档案记忆中,对于自己祖先的追述,其实就是形成独特身份的一种表达。由于档案记忆对于族群凝聚的重要性远超过血缘世系,自然可以想见,为了实现族群凝聚,畲族在历史发展过程中对其档案记忆会进行什么样的改造或重构。从族源叙事来看,畲族的历史可以说是一部长时段视角下的辗转迁徙的历史。在档案记忆中,可以看到畲民通过臆想、改造、拼接等手段,将族群始祖和迁徙历史不断神话化的现象。

从前文有关畲族盘瓠神话等的分析中可知,畲族的形成过程其实是一个神话化过程。波兰汉学家克尔吉兹托夫·高里考斯基曾经指出,"每一种真实的事物一旦被神话的光环所笼罩,便能在人们心目中唤起某种情感,使人们乐于爱护它、捍卫它"③。畲族档案记忆中族群起源的神话叙事,对族群生活的价值选择具有决定性影响。"故事形象与民间生活传奇形象,一直是民族精神生活形象的丰饶的财富……在一定程度上主宰了民族的精神价值生活。"④从这个层面上说,畲族档案记忆已经凝结为族群精神价值的象征,它让人们重新反省生活并理解生活,它构成了现代人评价生活甚至想象生活的伟大依据。

不仅如此,畲族档案记忆中有关盘瓠传说的异文,或者南京传说、迁徙

---

① 浙江温州文成县黄坦镇底庄村《雷氏宗谱》,清光绪二十年(1894)。
② 王明珂:《华夏边缘:历史记忆与族群认同》,社会科学文献出版社 2006 年版,第53—54页。
③ 克尔吉兹托夫·高里考斯基:《民族与神话》,高原译,《世界民族》2001 年第 4 期,第 57 页。
④ 李咏吟:《形象叙述学》,浙江大学出版社 2009 年版,第 387 页。

故事等,还时常"将无时间性注入文本",给"故事的展开提供最大限度的自由"①,这就极好地证明了一个族群的历史性具有历史主体所决定的高度选择性,其间包含了历史行动者的企图和动机。② 但不可否认的是,尽管畲族档案记忆中的族群起源叙事是"传说化了的充满了神异性特征的历史记忆"③,这些记忆的内涵无不直接指向畲民"刀耕火种"的生产模式、"向山而居"的生活方式,从中还可以看出畲民的思想观念、行为习惯等。也就是说,在畲族档案记忆中,总有一些细节生动细腻地呈现了畲族的历史,这些细节不但体现了档案记忆主体的精神状态,而且流露出档案记忆主体的心理奥秘。

二、档案记忆客体的场域约束

回忆之地确实是一种"由空间和时间组成的奇特织物"④,它把历史的过去与感性的当下交织于一体。面对畲族档案记忆,其实面对的就是关乎畲民生活形式、态度、行为和经验的具体场域。

档案记忆是在特定的社会体制和文化传统中产生的,在族群发展过程中,具体到族群的某一事件是被记入档案还是被遗忘在过去,其背后总离不开各种社会因素的复杂运作。也就是说,畲族档案并非绝对客观的遗留物,是在族群发展历史中有意识、有目的、有选择地存留下来的,其间象征着权力归属和价值取向。畲族档案记忆的理性选择和有意避讳,尤其在族群交往互动越发明显地表现出畲族族群认同的神圣化倾向。

就畲族族群意识的产生与畲族档案记忆之间的关系来看,这里存在一

---

① 卞梦薇:《论民间叙事的"无时间性"》,《民间文化论坛》2017 年第 1 期,第 72 页。

② Emiko Ohunki-Tiemey. "Introduction: The Historicization of Anthropology", in Emiko Ohunki-Tierney ed., *Culture Through Time: Anthropological Approaches*, Stanford: Stanford University Press, 1990, pp. 1-25.

③ 张帅:《老人群体与地方社会的历史记忆》,山东大学博士学位论文,2017 年,第 204 页。

④ 阿莱达·阿斯曼:《回忆空间:文化记忆的形式和变迁》,潘璐译,北京大学出版社 2016 年版,第 393 页。

个值得思索的问题:究竟是那些外在于、先于具体个体而在的档案文本启发了畲民的族群意识,还是共同的族群记忆给那些原本应该是"纯粹自然"的档案文本打上了民族特质烙印? 相比于"成文式档案记忆"而言,"神异性档案记忆"更是指向一个族群的社会历史发展过程,因此,畲族族源叙事所呈现的档案记忆往往更加直指人心,在情感维系和社会秩序的强化方面更加具有优势。姚新勇曾指出,"具有特定文化意义的时空本身并不具备文化意蕴,它是由'先于'具体的你之前的他、他们与世界的存在性关系所形成的,并且经由记忆的中介与你联系在一起"①,可以说,畲民在阅读和使用畲族档案记忆时,作为记忆主体之"观者"与作为记忆客体之"被看文本"的族群记忆、族群意识在同一时间被唤起。

相比较而言,社会形式的记忆,因其依赖于交互性的交往方式而偏于短暂,文化形式的记忆,诸如以档案等方式保存的记忆则是追求持久性的。档案的形成"就是为了强化社会和强化人的记忆功能,保证社会发展的连续性和联系性"②。畲族档案记忆中的叙事,因为从来没有被筛选和修剪过,也从未经过重新拼接,故能非常纯粹素朴、细致入微地叙述细节,因而能合理反映特定时空的社会真实,其间不仅有"清晰的产权关系及其规范要约"和"别具一格的诚信体系",也有"朴素的循环经济和生态经济思想的成功经验"③等,可从中回望畲民过去的生活图景,窥探畲民的思想观念、生活情趣、处世态度等。

档案记忆实现族群凝聚功能的演进过程,自然也是以畲族档案记忆为中介,但同时离不开档案记忆主体即族群成员的动机、行为。在族群社会中,档案记忆是族群内有选择性的认同的一部分,这些被认同的历史记忆

---

① 姚新勇:《"历史重述"与"景观再造"——关于当代少数民族文学文本形态变迁的思考》,《民族文学研究》2016 年第 2 期,第 83 页。

② 陈智为:《档案社会学概论》,南开大学出版社 1989 年版,第 13 页。

③ 林庆、李旭:《城市化背景下少数民族乡村文化的保护——以云南为例》,云南人民出版社 2015 年版,第 9 页。

"将掺和着主观的或客观的、自述的或他述的过去被反反复复记忆和重构"①，因而常被看作"人们各种主观情感、偏见，以及社会权利关系下的社会记忆产物"②。

在记忆主体与记忆客体的互构中，记忆主体从其所处时间和场域认识、感知、建构并丰富了记忆内容，记忆客体则在记忆内容"发生变迁、(选择性)重构甚至被颠覆"③中用"容器"存储下来，以确保记忆框架总能不断地适应社会变迁。从记忆主体与记忆客体的关系和相互作用来看，畲族档案记忆达成族群凝聚，首先是从档案记忆的主体性出发的，但与此同时，畲族档案记忆中的畲民共同塑造了历史性与历史主体性，而且不能否认畲族档案记忆作为"历史的制作"在很大程度也受制于"当地对于历史的思考方式"④。畲族档案记忆达成族群凝聚，其实融合了前文所述的"建构论"和"工具论"两种视角。

概而言之，畲族档案记忆达成族群凝聚，既反映了畲民的主体需求与价值取向，也反映了畲民所处不同社会发展阶段在生存权利、生存智慧等层面的实践活动，可谓档案记忆在主体尺度和客体尺度的辩证统一。

第二节　自我归类与他者审视的互动

族群档案记忆的价值究竟在哪里？族群档案记忆的意义，首先是对"我者"还是对"他者"？

---

① 贺宇：《历史记忆与族群认同——"喇嘛学者"与乌拉特民歌"希鲁格道"的人类学考察》，《内蒙古大学艺术学院学报》2017年第3期，第6页。

② 王明珂：《历史事实、历史记忆与历史心性》，《历史研究》2001年第5期，第139页。

③ 曾澜：《地方记忆与身份呈现——江西傩艺人身份问题的艺术人类学考察》，复旦大学博士学位论文，2012年，第32页。

④ 克斯汀·海斯翠普编：《他者的历史——社会人类学与历史制作》，贾士蘅译，中国人民大学出版社2010年版，第114页。

一个族群的形成,是族群自我归类之"内演"和族群他者审视之"外缘"的互动结果。①爱德华·W.萨义德曾经指出,"每一种文化的发展和维护都需要一种与其相异质并且与其相竞争的另一个自我(alterego)的存在",在此过程中,既有"自我身份的建构",同时又牵涉"与自己相反的'他者'身份的建构",并且在"对与'我们'不同的特质的不断阐释和再阐释"之中开展着竞赛。②

一、自我归类中凸显族群边界

"如果每一个群聚区奉为真理的东西是他们集体经验的基础,那么他们视野四周的视域也就是集体真理的界限。"③对于畲民来说,由于族群意识的萌芽,他们开始有了对于亲缘根基记忆的生产和再生产,而实际上,在生产和再生产这些记忆之时所形成的档案记忆,又会进一步催生并延续畲民诸如敬拜始祖等思想观念和仪式行为。

前文述及畲族在较长时间里不许族群成员与汉族通婚,是因为担心通婚会对族群信仰带来冲击,这样一种族群危机感,让族群之间鲜少对话,因而会形成有力的文化维护机制。也就是说,在乡土社会,畲民的婚姻往往并非一己、一家之事,而是一族之事,受到传统的制约和舆论的监督。

畲族民间有许多仪俗活动,具有鲜明的族群特性,当这些仪俗活动在畲族档案记忆中得以呈现时,自然也将其族性清晰地流露出来。例如,现存浙江杭州建德市更楼街道于合村桐子源自然村的钟光生户祖簿、礼簿、账簿④凡8种,每种1本,其中祖簿列名27人,详记生卒时间;民国二十三年

---

① "内演"与"外缘"分别指族内成员自身行为影响和外族影响,此外还有"天截",即来自自然环境的影响。详见罗香林:《客家研究导论》,众文图书有限公司1981年版,第67—68页。
② 爱德华·W.萨义德:《东方学》,王宇根译,生活·读书·新知三联书店1999年版,第426页。
③ 齐格蒙特·鲍曼:《流动世界中的文化》,戎林海、季传峰译,江苏凤凰教育出版社2014年版,第41页。
④ 浙江杭州建德市更楼街道于合村桐子源自然村《钟光生户礼仪账册文书》,民国二十一年至三十六年(1932—1947)。

(1934)钟雷氏仙逝"丧礼簿",所列礼品各色不等;民国三十六年(1947)孝子钟光生"超度伤门进出用簿",载录收支明细。从中可以了解民国时期畲民举办红白喜事及祭祀、超度亡灵的收支与风俗情况。

畲族档案记忆实现族群凝聚功能的动态过程中,族群认同塑造着个体记忆,个体记忆的内容往往是由族群认同所形塑,是在共同的符号中组织而成的。族群成员会将自己归属于族群之中,产生自豪和亲切的情绪体验,"感到自己是组织的一员,享有一定的地位和权利"[①]。这就进一步说明,强调"我们"与"他者"之别的共同情感和心理现象生成于族群认同的过程中,发展于从"我"到"我们"的历史性跨越中。

从畲族档案记忆中可以看出,畲民的思想观念和行为举止总是在表达着族群的共同情感和社会心理。也就是说,畲民在自我归类的过程中,始终在强调着归属感的生成是"我们何以是我们"的证明,正因为如此,在"我们"与"他者"的比较中,凸显了族群边界。对于畲民来说,他们自认为是特殊形式的"我们",因而借助畲族档案记忆来承载其族群特性,并有意突出畲族生活的本质与蕴涵,同时也以此来协调族群成员的行为。

前文曾述及一个族群常将属于自身的成员定义为相互依赖、亲密无间的群体,而与"他者"形成相互对抗的关系。毋庸置疑,畲族档案记忆,从族群凝聚角度出发,必须是以对档案记忆之"我者"——畲民的价值为核心和基础,唯有如此,才能产生对档案记忆之"他者"的价值。换言之,其自身首先有"使用价值",才能在族群交往、交流、交融中拥有"交换价值"。族群的自我归类,显然就是在现实层面进行"我和谁在一起"与"我和他有区别"的身份考量。从"我"到"我们",是一种包容,而"我者"与"他者",是一种"斥异"。从包容性来说,畲族档案记忆的意义就体现在为畲民提供依托感、归属感、幸福感,使畲民在共享档案记忆中愈发紧密地凝聚在一起。

---

① 于子明:《管理心理学辞典》,解放军出版社1990年版,第118页。

二、他者审视中融入主流社会

霍布斯鲍姆和兰格提出"传统的发明"这一理论,认为"被发明的传统"意味着一整套实践,其本质是"一种形式化和仪式化的过程",而且"必然暗含与过去的连续性"。[1] 因而,畲族图腾文化在传承与重构中面临着诸多现实困境。[2]

畲族作为一个边缘族群,为了融入主流社会,也曾一度对历史传承下来的档案记忆进行重新加工和编码,盘瓠故事的诸多异文版本,以及河南传说展现中原意识的过渡话语就是这方面的典型。从前文的分析中可以看出,畲民先前本已拥有的档案记忆与所进入地方的主流文化差异越大,其进入相关地方以后表现出的族群性就越鲜明。畲民与其他族群进行交往、交流、交融,在此过程中,不同族群之间的文化不可避免地发生着冲突与碰撞,其族群差异便被"我者"和"他者"充分意识到。

一个族群的档案记忆,其实就是族群成员进行社会交往的集体框架,"只要我们把自己置于特定的群体,接受这个群体的旨趣,优先考虑它的利益,或者采取它的思考方式和反思倾向,那么,我们就会把自己的记忆汇入这个群体的记忆"[3]。在一个族群之中,其族群意识和族群规则常决定性地塑造着档案记忆的社会框架。在族群发展过程中,族群边界可能是模糊不清的,尤其是当"他者"并不存在或者被无视时更是如此。"族群是一种具有社会文化边界的相对性社会群体,彼此之间往往借助于独具特色的图腾来相互区隔。"[4]单从畲族族群起源叙事的盘瓠神话来看,无论有多少种异文

---

[1] E.霍布斯鲍姆、T.兰格:《传统的发明》,顾杭、庞冠群译,译林出版社 2004 年版,第 2—4 页。

[2] 张杰:《"盘瓠禁忌"在畲族图腾文化现代重构中的困境与传承》,《民族论坛》2019 年第 1 期,第 37—43 页。

[3] 莫里斯·哈布瓦赫:《论集体记忆》,毕然、郭金华译,上海人民出版社 2002 年版,第 93 页。

[4] 蓝达居:《畲族族群认同的历史考察》,见石奕龙、郭志超主编:《文化理论与族群研究》,黄山书社 2004 年版,第 421 页。

的存在,其本质内核保持了高度的一致,也表明了畲族档案记忆的相对独立性。畲族档案记忆中有关族源叙事方面的基于主观建构又带有相对稳定性叙事元素,有利于在族群发展过程中实现对话与互动,并由此增强畲族盘瓠神话的"通约性"①,进而生成认同、聚合功能。如此,畲族档案记忆也就具有越发清晰、确凿的趋势。

在谱牒与族群凝聚方面,前文曾述及畲族通过修改谱牒将盘瓠神话演绎为河南传说,将族源追溯到中原地区,将盘自能、蓝光辉、雷巨佑、钟志深分别安上南阳郡武骑侯、汝南郡护国侯、冯翊郡立国侯、颍川郡敌国侯的封地及爵位,从而实现身份认同的转变。对于畲民来说,从盘瓠神话的族群起源叙事,延伸到河南传说的族群谱系推演,"成了一种强烈感情的外化,愈传愈真,愈传愈细"②。与之相对应的档案记忆——畲族蓝氏、雷氏、钟氏谱牒分别被冠以"汝南""冯翊""颍川"的地名。当然,在任何一个社会之中,"语言权力关系并不完全是由占主导地位的语言力量所单独决定的"③,畲族档案记忆借助这些"语言"进行言说,完全是作为一个占有相应能力而得到确认的族群,在整个社会结构的互动中呈现其所"言说的话语"。由此可知,对于畲民来说,河南传说既是对族群历史的一种确认,更是对中原文化精神的弘扬。

畲民重视修谱,认为家谱有"聚骨肉、系身心"的教化作用,当然,修谱"也许往往伴随着将一群人变为一个实惠共享群体的努力"④。毋庸置疑,编修谱牒最基本的功能是对血缘关系的认定,而另一个重要意义就在于通过寻祖问宗,加强了族群成员的交流和沟通,增进了族群成员的理解和信

---

① "通约性"属于哲学名词,通常是指事物之间的共同属性即共性。

② 谭元亨:《华南两大族群文化人类学建构:重绘广府文化与客家文化地图》,人民出版社2012年版,第123页。

③ Pierre Bourdieu, *Language and Symbolic Power*, Cambridge: Polity Press, 1991, p. 67.

④ Robert Hymes. "Marriage, Descent Groups, and the Localist Strategy in Sung and Yuan Fu-Chou", in Patricia Ebrey, James L. Watson eds., *Kinship Organization in Late Imperial China 1000-1940*, Berkeley: University of California Press, 1986, p. 122.

任;同时,借由族系传承亲情教育,提升族群认同感和凝聚力。在我国的民族识别工作中,谱牒档案无疑被引作重要的参考资料,而在畲族的识别实践中,族谱、祖图、盘瓠信仰等成为民族身份认同的凭证。一些原来未申请畲族身份的人,以其出示的族谱为证,被政府批准改为畲族。在族群内部,畲族谱牒等档案记忆是畲民生成和维持族群凝聚力的依托;在族群外部,畲族谱牒等档案记忆又是畲民获得外界认同的凭证。

族群认同的边界,首先是"基于族源记忆的差异而萌生,并造成客观文化、认同意识有别的连锁主观判定"[①],对于畲族来说,当他们将属于族群的记忆载入档案时,其实就已经达成了一种共识。畲族十分重视血缘关系,格外强调畲族四姓同出一源,并以畲族歌言等方式不断强化"都是南京一路人"的族群意识。尽管畲族始祖崇拜和图腾信仰等在接受他者的审视过程中形成了一些异文版本,但只是外在形式上发生了一些变异,其本质始终没有变化。"在族群关系之中,一旦以某种主观范畴界定了族群边缘,族群内部的人不用经常强调自己的文化内涵,反而是在族群边缘,族群特征被强调出来"[②],借助畲族档案记忆,畲民自觉地把族群意识和族群情感渗入其中,并在无意识中达成了族群凝聚。

畲族是一个与汉民族杂处近千年的少数民族,"强大的汉文化的冲击和浸蚀,没能完全改变畲族人民的传统文化习尚和风俗习惯,这不能不说是世界民族发展史上的一个奇迹"[③],其间固然有着种种复杂的社会文化因素,但畲族档案记忆的作用着实不可低估。正是具有旺盛生命力的档案记忆,构成了畲民赖以生存发展的族群精神支柱和族群凝聚的力量之源。从一定程度上讲,畲族档案记忆是畲族"共同体的依靠和支柱"[④],同时也是畲民用来向他者展示自身的一面镜子,畲民的许多风俗习惯和民族秉性等,就是通

---

① 江杰英:《论历史记忆与族群认同》,《广州大学学报(社会科学版)》2012 年第 4 期,第 28 页。
② 王明珂:《华夏边缘:历史记忆与族群认同》,社会科学文献出版社 2006 年版,第 45 页。
③ 雷国强:《畲风越韵》,炎黄文化出版社 2002 年版,第 181 页。
④ 香山寿夫:《建筑意匠十二讲》,宁晶译,中国建筑工业出版社 2006 年版,第 135 页。

过畲族档案记忆来获得他者的理解与认同。

凯文·罗宾斯曾经连续发问："遗世独立下,身份所指为何? 不是只有经由他者我们才知道我们是谁、代表什么吗?"①本节讨论的重点在于,我们必须在族群关系的脉络下考虑档案记忆的族群凝聚功能。畲族档案记忆达成族群凝聚,其实是借由畲族与其他族群的交往、交流、交融来推进的,当畲民意识到自身与他者的差异后,便会在他者的投射中开启自我分析。

第三节　历史根基与现实逻辑的互渗

档案记忆来自历史时空,如同"经纬交织的时空图式"②,但对于每一个"当时"而言,其间又充盈着动态的现实。档案记忆是一个不断行进的系统,"既包含对过去社会信息的记载,也包括信息的提取,即记忆在当下社会中的解读、传递与操演"③,从而将历史与现实紧紧地联系在一起。

一、历史根基导引的心性滋养

档案中的"过去"到底是什么? 对于未曾经历者而言,也许是"虚无"。

特定的历史时间与历史时代的记忆,往往以人的生命经历为基础,畲族档案记忆建基于畲族历史中畲民的生命经历。"传统通过对时间的控制而控制空间"④,档案记忆资源作为"对'过去'的观念的反映","有着历史根基"⑤,畲族档案记忆在书写中留下了如王明珂所说的"历史心性"的痕迹。

---

① 凯文·罗宾斯:《撕裂的身份:土耳其/欧洲》,见斯图亚特·霍尔、保罗·杜盖伊:《文化身份问题研究》,庞璃译,河南大学出版社 2010 年版,第 104 页。

② 李咏吟:《形象叙述学》,浙江大学出版社 2009 年版,第 67 页。

③ 杨雪云、丁华东:《社会记忆与地方社会秩序——以徽州历史档案为分析对象》,《档案学通讯》2010 年第 6 期,第 15 页。

④ 安东尼·吉登斯:《生活在后传统社会中》,见乌尔里希·贝克等:《自反性现代化:现代社会秩序中的政治、传统与美学》,赵文书译,商务印书馆 2001 年版,第 121 页。

⑤ 丁华东:《昔日重现:论档案建构社会记忆的机制》,《档案学研究》2014 年第 5 期,第 29—34 页。

任何档案记忆都离不开对事件情节的构建。这里所谓的"情节",是"将特定行动的诸种要素连为一体"而构成的"生活片段"。① 畲族档案记忆总以历史连续性为基础,不断缝合着记忆碎片,以此来保证畲族民间社会场域、关系的延续。当然,有一些畲族档案由于保存不善而散失,这便使得相关档案记忆失去了前后关联性,给人们推想更多未知的畲族记忆提供了广阔的想象空间。由于畲族档案记忆中的叙事情节本身具有"脉络嵌入性",人们可借助已知的情节去探究未知的情节,进而探究事件之间的特殊联系。

一个族群的"根基历史",是凝聚一个族群的核心记忆。档案记忆中的事件因被符号化而能以多种形式被叙述,也就是说,在档案记忆中,一切叙事的时间都是历史时间,而且是被社会记忆和社会行为符号化了的历史时间。历史时间是一种线性时间,无论是连续的还是断裂的,"历史时间都意味着此事件与彼事件之间的可接续性","因果关系使得时间接续具有了不可逆转的方向性,也因此赋予了时间以重量"。②

在畲族档案记忆里,有关族群共同始祖、共同祖地、共同文化等的记述,为族群认同和凝聚提供了根本性依据。虽说档案记忆是一个动态演进的系统,但档案中所留存的族群记忆始终有一种稳定感;记忆,因其自身的彼此关联,特别是"可以前后承传的基本准则",成了"固定的程式和套路"③,能够在族群内部形成持续性的认同。诚如安托瓦纳·贡巴尼翁所言,"传统是对一种模式或是一种信仰的传承,是在世代延续更替中的传承;它意味着对某种权威的效忠和对某种根源的忠诚"④。档案记忆往往具有约束、控制和权威等特性,它在"通过沟通而传承过去的同时,也在附带地承载着历

---

① 成伯清:《情感、叙事与修辞:社会理论的探索》,中国社会科学出版社 2012 年版,第 241 页。
② 陈然兴:《叙事与意识形态》,人民出版社 2013 年版,第 154、155 页。
③ 蒋原伦:《传统的界限:符号、话语与民族文化》,北京师范大学出版社 1998 年版,第 7 页。
④ 安托瓦纳·贡巴尼翁:《现代性的五个悖论》,许钧译,商务印书馆 2005 年版,第 1 页。

史"①。我们甚至可以说,档案记忆中某些不言而喻的规范和信念自始至终在发挥指导人们行动的作用。②

二、现实逻辑构建的话语体系

现实即存在本身,是面向眼前利益的满足和实现,绝不"依附于永无止境的精神过程的'无意义形式'"。③ 而记忆,总是"穿过遗忘的帷幕回溯到过去",以"对当下有重要意义的证据"来"提供关于自己来历和身份认同信息的工具"。④ 如果说人们对"记忆"的建构取决于"现实的利益",那么,人们也很容易从过去的档案记忆里找到"当时的利益"。

谁的记忆? 为谁记忆? 档案文本中总潜藏着权力因素。作为与社会权力关系交叉嵌套的方式,话语权是"一个社会团体依据某些成规将其意义传播于社会之中以此确立其社会地位,并为其他团体所认识的过程"⑤。前文述及的畲族河南传说,属于一种文化建构,是"将自己转化为帝国秩序中具有'合法'身份的成员的一种手段"⑥。由此意义出发,畲族档案记忆通过族群起源叙事、族群先祖描摹、族群事件追溯等,在不断还原中逼近历史真实,在不断形塑中修正族群符号,也在不断扬弃中弘扬文化传统,形成自己的话语体系,进而达成族群凝聚。由此说明,档案记忆在表述真实感性之时,遵循着世代相传的概念逻辑⑦,其所建构的话语体系自然在现实感性中渗透

---

① 哈拉尔德·韦尔策编:《社会记忆:历史、回忆、传承》,季斌等译,北京大学出版社 2007 年版,第 6 页。

② 保罗·康纳顿:《社会如何记忆》,纳日碧力戈译,上海人民出版社 2000 年版,第 15 页。

③ 王德胜:《文化的嬉戏与承诺》,河南人民出版社 1998 年版,第 68 页。

④ 阿莱达·阿斯曼:《回忆空间:文化记忆的形式和变迁》,潘璐译,北京大学出版社 2016 年版,第 45 页。

⑤ 米歇尔·福柯:《知识考古学》,谢强、马月译,生活·读书·新知三联书店 1998 年版,第 56 页。

⑥ 刘志伟:《传说、附会与历史真实:珠江三角洲族谱中宗族历史的叙事结构及其意义》,见上海图书馆编:《中国谱牒研究:全国谱牒开发与利用学术研讨会论文集》,上海古籍出版社 1999 年版,第 149—163 页。

⑦ 王德胜:《文化的嬉戏与承诺》,河南人民出版社 1998 年版,第 103 页。

了理性维度。

"人们认为共同祖先是证明亲缘关系最为可靠、最具说服力的证据，所以在所有凝聚人群的历史中，解释人群共同起源的历史最为重要。"①从畲族档案记忆中提炼的诸如"盘瓠""河南""凤凰"等符号，无不与族群具有代表性的过去发生着联系，它们都是族群"对代表性过去的选择性表述"，也是族群"选择性的自我归属"②。这些经由记忆主体选择、表述出来的符号，也许在表面看来是互不关联的，但从整个族群来看，各符号之间自有其内在的联系与逻辑。

一个人的身份通常是"经由基型的发展加以认定的，因为这些基型决定了容易理解的世界"③。然而，观念对现象秩序的复制本身就是存在残缺和变化的，借助档案记忆促成的认同，就是用过去的印象与当下的感知进行连接。当族群记忆"能够抓住遥远的历史事件和社会事件"之时，它依然"优先考虑当前的利益"。④ 当然，族群身份的获得，通常并不完全取决于族群成员的主观意志，它还受到族群外部客观因素的制约。例如，畲族族源叙事常以多种方式扎根于过去，而又伴随族群的发展吸引着族群成员对其根脉作探究。换言之，畲族档案记忆的生成与建构，本就是对族群身份进行反复确认的过程，也唯有如此，其族群特性与族群形象才能进一步彰显和塑造。

档案记忆在形成过程中，总是由各种各样的"描述"组合而成。"一种描述即代表一种话语逻辑"⑤，畲族档案记忆彼此之间通常存在逻辑关联。这种关联，有的呈现为同一时段不同事务间的横向平铺，有的则体现不同时段

---

① 崔明：《历史记忆与族群重构研究——以"唐汪人"为例》，兰州大学博士学位论文，2016年，第87页。

② 朱天梅：《民族文化传承视阈下的口述档案价值研究》，黑龙江大学硕士学位论文，2015年，第42页。

③ 诺伯舒兹：《场所精神：迈向建筑现象学》，施植明译，华中科技大学出版社2010年版，第21页。

④ 沃尔夫·坎斯特纳：《寻找记忆中的意义》，张智译，见李宏图、王加丰主编：《表象的叙述：新社会文化史》，上海三联书店2003年版，第141页。

⑤ 蒋原伦：《传统的界限：符号、话语与民族文化》，北京师范大学出版社1998年版，第12页。

某一事务的纵向绵延。尤其是畲族契约文书，呈现出明显的"归户性"，每家所存的契约，保持着契约文书的原始关联。这种归户性，验证了档案界针对民间档案资源管理所提出的归户管理的可行性。归户"有利于形成以家、族、会、社为单位的资源集群，形成面向组织或个人的组织体系，保存其原始存在环境的完整性及传承脉络的有序性"①；以"包"为单位，根据畲民所保存档案的原始形态来收集、整理，确保其生产使用机制、流传方式、保存系统的原生态。在笔者看来，这一包包档案，无疑构成了畲族民间"一个熟悉的社会"，而这种"熟悉"，就是畲民"从时间里、多方面、经常性的接触中所发生的亲密的感觉"②，是畲民共同拥有的渗透着现实生活逻辑的话语体系。"对自我或生活的建构或展示可能有多个版本，每个版本的建构都是与某瞬间的特殊情境相关"③，在档案记忆的书写过程中，书写者常常根据当时的社会意识形态、伦理道德、价值取向、利益关系等对记忆内容进行选择。

记忆是可选择的，任何一个族群都会"出于当前的或现实各种利益诉求动力，对集体记忆进行结构性的选择和强调"④，换言之，档案记忆是对时间经验的"琢磨"，档案叙事的根本存在方式就是"在特定时空中进行的传播"⑤。也就是说，档案记忆达成族群凝聚，需要历时性传承与共时性传承的统一，前者让"根基性历史"一脉相承而愈加丰富，后者让"表述性历史"穿插叠合而更加鲜活。

其实，只有在历史与现实的联系中，档案记忆才能够获得其存在的意义和价值，因为档案记忆主体"不仅仅是一种存在于世界的种的表象，更是在种的基础上的类的历史的延续"⑥。族群成员总是在前人所留下的档案记

---

① 张洁等：《契约文书描述元数据规范设计与应用》，《图书情报工作》2017年第8期，第107页。
② 费孝通：《乡土中国（修订版）》，上海人民出版社2013年版，第9页。
③ 艾米娅·利布里奇等：《叙事研究：阅读、分析和诠释》，王红艳主译，重庆大学出版社2008年版，第7页。
④ 彭兆荣：《人类学仪式研究述评》，《民族研究》2002年第2期，第88—96页。
⑤ 卞梦薇：《论民间叙事的"无时间性"》，《民间文化论坛》2017年第1期，第64页。
⑥ 张云鹏：《文化权：自我认同与他者认同的向度》，社会科学文献出版社2007年版，第87页。

忆中前行,这种继承与发展,极好地说明了档案记忆的内涵与外延是对族群历时态和同时态的全方位填充。

档案记忆是一个动态系统,就像"人类行动"一样,是"过去的经验、当下的情境压力和预期的目标之间交互作用的产物"①,既有其意义的恒定性,也有其变动不居的一面。畲族档案记忆,是"回望畲族过去的原点、理解畲族现在的基点和走向畲族未来的起点"②;就像特纳所说的,"每种主要的象征符号都具有一个指代对象的'扇面'或'频谱'"③,从历史的、社会的、集体的任一维度来看,畲族档案记忆都沉浮于特定的语境之中,"是经由人的认知过程并通过表征的传递和变异而发生演变的"④。变动、适应、再变动、再适应,这是畲族档案记忆随着社会变迁而达成族群凝聚的演进轨迹。

第四节　文本书写与意义诠释的互融

"记忆要进入历史研究,终归需要转化为文本叙事的形式。"⑤考察一个族群在社会变迁中的发展变化,必然要关注其档案记忆中的社会事实及其社会意义。

一、文本书写中追求档案本真

徐扬杰曾经指出,维系聚族而居之家族组织的物态纽带是祠堂、家谱和

---

① 成伯清:《情感、叙事与修辞:社会理论的探索》,中国社会科学出版社 2012 年版,第 241 页。
② 余厚洪:《松阳蓝氏分关书中的畲族记忆探析》,《丽水学院学报》2017 年第 4 期,第 59 页。
③ 维克多·特纳:《象征之林:恩登布人仪式散论》,赵玉燕等译,商务印书馆 2006 年版,第 291 页。
④ 赵旭东:《文明的固化与信念的变异——围绕华北乡村庙会中龙观念转变的再思考》,《思想战线》2011 年第 4 期,第 62 页。
⑤ 彭刚:《历史记忆与历史书写——史学理论视野下的"记忆的转向"》,《史学史研究》2014 年第 2 期,第 9 页。

族田。① 在这三个纽带中，祠堂、族田属于不动产，对于迁移性较强的畲族来说，它们在族群凝聚中仅仅只是扮演辅助角色，相比较而言，族谱因为记录着整个宗族的血缘系图，是族群认同中最核心的物态纽带。当宗族由于各种原因必须分割迁徙时，能带走的只能是它，无论身处何地，认祖归宗的族群意识永远也不会在族群记忆中被抹去。据畲民回忆，当年整个家族抓阄分庄，分赴各庄时要带走的信物之一就是一套完整的族谱，以便于日后族裔联宗相认。族谱之存在，无疑在身份认同上"最直接地为宗族成员提供了物态的凭证"②。

毋庸讳言，畲族谱牒档案中存在攀附、杜撰等现象，且谱牒纂修通常"称美不称恶"。与汉族或其他许多少数民族的修谱一样，畲族将始祖及其他大量先人当作"列侯名贵"书写，究其原因，一是家谱功能以"尊祖敬宗收族"为上，二是植根于宗法社会的光宗耀祖心理和社会教化心理。照此看来，畲族档案记忆中的"名实不符"，似乎是可以理解和接受的。当然，在学术研究中，一定得格外注意，不能尽信畲族民间谱牒自标的郡望，尤其不能把各谱自标的郡望或远祖居地作为这些族姓向其他地方迁徙时的实际迁出地。

至于档案记忆的生成与建构是否真实，或许不应纠缠于档案记忆的建构本性，而应更多地关注它被应用到何处。档案作为原始记录，在记忆建构中具有其他记忆资源"不能比拟的能量"③。在文本书写中，"可能由于'非现实性'而一败涂地"④，对于畲族档案记忆，不妨以"经验性（empirical）叙事"和"虚构性（fictional）叙事"分别加以对待。经验性叙事以对现实的忠实取代对神话的忠实，带有历史性（historical）和摹仿性（mimetic）。⑤ 在畲族档案记忆中，经验性叙事首先通过其历史性构件得以体现。族源叙事看似

①　徐扬杰：《宋明家族制度史论》，中华书局 1995 年版，第 17 页。
②　张全海：《世系谱牒与族群认同》，世界图书出版上海有限公司 2010 年版，第 35 页。
③　谢文群：《论档案在国家记忆建构中正能量的释放》，《档案》2013 年第 4 期，第 14 页。
④　罗伯特·斯科尔斯等：《叙事的本质》，于雷译，南京大学出版社 2015 年版，第 6 页。
⑤　罗伯特·斯科尔斯等：《叙事的本质》，于雷译，南京大学出版社 2015 年版，第 11 页。

具有虚构性,但在离奇怪诞的情境中,它们仍与经验性叙事保持某些联系,其"文字内容未必反映真实的历史事件,却有可能反映真实的文化事件"。① 族源叙事等档案记忆是让畲民成为社会秩序中具有合法身份的成员的一种手段,在畲民心目中,盘瓠是真实的存在。

特里·库克曾形象地指出,"证据"与"记忆"是档案这枚硬币的两面。② 档案的历史证据形象与社会记忆形象,可谓一体两面。档案记忆中的"真实",所负载的信息自然是被规定的,但也是一种变量,大致可分为三个层面:历史之真(客观的历史真实)、档案之真(历史事件的真实)、记忆之真(历史记忆中的真实)。畲族档案记忆,其实已经跨越了"历史之真""档案之真"阶段,走向"记忆之真",由此呈现出来的档案记忆,应是可供人们在探寻记忆之真过程中无限逼近历史之真的。畲族档案记忆的"真实",是经验实践的相对真实。

档案记忆不是对历史的绝对客观报道,不可避免地带有主观虚构性。但是,"历史并不会脱离具体的日常生活世界而抽象地演进"③,畲民日常生活世界中的点点滴滴,虽然看似重复琐碎,但无时无刻不处在与整体社会制度、地方秩序体系与族群思想观念的互动之中,缺乏对它们的细微考察,必然不利于全面理解和把握档案记忆生成与变迁的过程及其特征,也难以从历史维度去认识记忆主体的全面发展问题。所以,从畲族档案记忆进入畲民日常生活的逻辑和场景,可以在具体的日常生活细节中探知族群发展历史。

从畲族档案记忆的客观叙事、本真回忆中不难看出,它将"现实事件所

---

① 张荣明:《历史真实与历史记忆》,《学术研究》2010 年第 10 期,第 111—112 页。

② 特里·库克:《四个范式:欧洲档案学的观念和战略的变化——1840 年以来西方档案观念与战略的变化》,李音译,《档案学研究》2011 年第 3 期,第 84 页。

③ 余新忠、郝晓丽:《在具象而个性的日常生活中发现历史——清代日常生活史研究述评》,《中国社会科学评价》2017 年第 2 期,第 82 页。

无法摆脱的具体琐碎与难以捉摸的意义概型巧妙地结合在一起"①,是名副其实的纪实文本,具有很强的原始性和可信性。也许,往日多姿多彩的畲族通俗生活已经消失,而在这些畲族档案记忆里,依旧能看到"原有的空间、原有的特性",这样一来,便容易使人们"对它们的认同有一种肯定"②。

从前面第五至八章的论述中可以清晰地看到,畲族档案记忆从日常生活本身出发,通过描写畲民的活动图式、内在结构、实践范围、运行逻辑,以及意识如何强化、利益怎么协调、冲突怎样化解、规则何以维护,将隐藏于文本之后的诸如事件时序、空间格局、关系网络等变量也呈现出来。畲族档案记忆的传播是超时空和超地域的,畲族档案记忆对于其主体——畲民而言,是经过与其他族群长时期的共同生活,各群体之间在生活和文化上相互融合、碰撞、交汇而逐渐形成的共识性记忆,"一旦形成,就成为一个群体共同遵循的行为规范,任何形式的背离都为群体所不容"③。档案叙事"本身就带有保存记忆和历史书写的功能"④,档案中的记忆一旦固定成一种表达方式,便形成了话语自身所欲持续阐明的特定内涵,体现了族群的共同意识。

二、意义诠释里呈现记忆关联

档案记忆的建构,虽然是档案记忆主体在发挥作用,但其最终效果经由档案记忆的内部力量实现。畲族档案记忆是"选择、解释与表达的统一"⑤,经过诠释,可以让它"得到有说明意义的发展"⑥。盘瓠神话是原始社会留传下来的一种图腾崇拜,其内容本身是不可信的,然而,随着档案记忆的传播,其不断地揭示族群的共同心理状态。畲族档案记忆凝聚族群的过程,实

---

① 杰里·D.穆尔:《人类学家的文化见解》,欧阳敏等译,商务印书馆2009年版,第282页。

② 诺伯舒兹:《场所精神——迈向建筑现象学》,施植明译,华中科技大学出版社2010年版,第112页。

③ 刘德增:《闯关东——2500万山东移民的历史与传说》,山东人民出版社2008年版,第215页。

④ 陈然兴:《叙事与意识形态》,人民出版社2013年版,第139页。

⑤ 丁华东:《昔日重现:论档案建构社会记忆的机制》,《档案学研究》2014年第5期,第31页。

⑥ 保罗·康纳顿:《社会如何记忆》,纳日碧力戈译,上海人民出版社2000年版,第125页。

际上就是族群成员在接受某些价值观的基础上，超越道德判断，并将之作为族群生活的根本或整个族群的精神财富。

人们考察某一事物，并非总是凭借理解，有时也需要使用一些符号。要使档案记忆具有意义，必须以某种深层次的符号矩阵为基础，这种符号矩阵以矛盾与对立这两种逻辑关系制造张力，并通过"对矛盾和对立两项的结合——制造'复合项'（complex term）——而取消这种矛盾"①。

在畲族民间，盘瓠的称谓十分多样化，"盘瓠是畲族家族传说中无法避免又相当忌讳的象征符号"②。在畲族档案记忆中，盘瓠神话等族源叙事赋予了畲民以"亲缘关系""力量交换"和"精神给予"。当然，如果不在与其他事件相关的时间序列中来研究档案记忆符号，对符号的分析就无法进行，因为符号本质上是社会过程的一部分。

一个族群的档案记忆，"不单纯是普遍接受的常识或被动的经验，而是一系列主动的介入，尤其是通过话语和表述进行的介入"③。畲族档案记忆的意义的扩大化，集中体现在畲族档案记忆的"政治象征主义"，具体表现为畲族谱牒中的"历朝封赠"。德国人类学家史图博等人在浙江丽水景宁县敕木山村搜集到的《蓝氏家谱》，在"盘瓠我祖"与"公主成亲"等记述之后，"谨具于后"的"敕赐"中罗列了"一祖盘铭金紫光禄大夫""三祖蓝玉安定太守""六祖雷万春欧州刺史""八祖钟清在朝左丞相"④等众多名人。浙江衢州龙游县横山镇余岗村《蓝氏宗谱》⑤，记载了盘铭、蓝玉、雷万春等 27 位先祖的官职。

对于畲族谱牒中这些具有高级官阶品秩的列祖列宗，曾有学者指出，

---

① 陈然兴：《叙事与意识形态》，人民出版社 2013 年版，第 168 页。

② 蓝炯熹：《畲民家族文化》，福建人民出版社 2002 年版，第 20 页。

③ 萧俊明：《文化转向的由来——关于当代西方文化概念、文化理论和文化研究的考察》，社会科学文献出版社 2004 年版，第 254 页。

④ 浙江省少数民族志编纂委员会编：《浙江省少数民族志》，方志出版社 1999 年版，第 659—660 页。

⑤ 浙江衢州龙游县横山镇余岗村《蓝氏宗谱》，清光绪二十四年(1898)。

"在史书上确有其人，但未必与畲民同宗"，"许多人物根本无法考证，也许本身就是子虚乌有"，皆因其姓氏与畲族四大姓氏相同，故而"一概伪托攀附，以增强畲民家族的政治力量"或者"妄添虚荣，借以伸张畲民家族的政治声势"。[1] 不过，也有学者认为此举"非纯属空穴来风，而是有历史根据"，表明"中央王朝曾授予畲族先民首领各种虚衔，以示恩宠"[2]。此外，还有官吏名流为续谱作序等，例如，浙江金华兰溪市诸葛镇横畈村《蓝氏宗谱》[3]中，有宋绍兴二十七年(1157)谭张邦撰《蓝氏家谱序》，宋淳熙四年(1177)朱熹撰《题蓝氏家谱序》，元至正十六年(1356)太原府尹张尉文撰《古田蓝氏辑修宗谱序》、厦门水师督抚孙丹山撰《原序》，明正统五年(1440)吏部尚书金陵陈敬宗等九位高官学士、县丞为该蓝姓家族续谱作过序，尚有其他官吏名流为之题赞，均有待考证。

畲族档案记忆中的封赠，与其说是畲民的虚构或攀附，不如说是畲民自我中心意识的突出表现。[4] 畲族谱牒历数名人之目的，就是寻找"'皇家正统'与'官宦正统'的权力相续的一致性"，从而"以政治象征主义赢得心灵的胜利和安慰"[5]，照此看来，畲族谱牒的历朝封赠对外在文化中与自身文化同质的部分作了象征主义的熔铸，对于畲族而言不啻为一剂稳定族群的妙方。

对于畲民来说，盘瓠神话不能等同于其他普通的神话故事，它是族群起源的信仰符号，具有神圣的意义，因此，畲民乐于将其载于谱牒，还通过绘制祖图、编唱《高皇歌》等形式来再现盘瓠神奇经历，歌颂始祖的辉煌功绩。对于畲民来说，正是借助这个看似荒诞的族源叙事而建构起了接续历史与现

---

①　蓝炯熹:《畲民家族文化》，福建人民出版社 2002 年版，第 329 页。

②　吴永章:《畲族与瑶苗比较研究》，福建人民出版社 2002 年版，第 47 页。

③　浙江金华兰溪市诸葛镇横畈村《蓝氏宗谱》，民国三十六年(1947)。

④　潘宏立:《畲文化自我中心意识之构成模式》，见厦门大学人类学系编:《人类学论丛(第1辑)》，厦门大学出版社 1987 年版，第 280 页。

⑤　蓝炯熹:《畲民家族文化》，福建人民出版社 2002 年版，第 332 页。

实的族群记忆,因而其间蕴含了对根基的合理诠释。

谱牒与族群认同是有关联的,"谱系学的新目标,不光是叙述祖先来源,慎终追远而已,主要是培养'认同'的思想"①。在族源叙事中,总少不了附会编造祖先来历和定居的传说,以此作为社会身份的标志和权利的证明。在社会之中,任何一个族群,都想拥有一个能被正统的主流文化所认同的族群历史,这是为了让族群成员的社会身份得以确认、社会权利的赋予名正言顺。有关族群的历史传说,不管真实与否,都可以把它看成一种群体记忆,一个"确认传统"②。畲族档案记忆中的河南传说,对于畲族来说,也是寻得正统的一种确认。

一般来说,人们不会受没有被赋予意义的习惯的制约。在任何一个族群中,所有的档案记忆背后都存在着某种社会权威,而且,相关联的档案记忆都是某种体系的一部分。叙事因果也有其特殊性,这种特殊性产生于"叙事时间的可回溯性"③。前因后果的秩序在日常时间中表现为线性流逝的状态,"后果"的产生,意味着"前因"的消亡。但是,在叙事中,"前因"在文本中被保存,甚至可以说,人们必须通过"后果"不断地重新回顾"前因",以建立合理的因果秩序。照此说来,档案记忆就是"后果性表达",这种"后果性表达"是最丰富的表达之一,"因为它某种意义上支持着叙事的'自由'……故事的整个命运将因之改变"④,这就是叙事中的因果解释机制的作用。叙事因果机制包含着一种合法化的效果,具有深刻的寓意性。换言之,畲族档案记忆其实代表着一种社会结构,成长于畲族村寨中的畲民,无时无刻不被畲族档案记忆围绕,并按照族群所框定的行为准则来生活。

各个时代的不同人群"都在组织、记录当代或历史上的重要事件与人

---

① 林天蔚:《地方文献研究与分论》,北京图书馆出版社 2006 年版,第 137 页。
② 刘志伟:《祖先谱系的重构及其意义——珠江三角洲一个宗族的个案分析》,《中国社会经济史研究》1992 年第 4 期,第 28 页。
③ 陈然兴:《叙事与意识形态》,人民出版社 2013 年版,第 152 页。
④ 罗兰·巴特:《符号学历险》,李幼蒸译,中国人民大学出版社 2008 年版,第 152 页。

物,以符合或诠释一个时代或一个人群的本质"①。畲族档案记忆随社会变迁的动态演进,其实是一代代畲民对所记忆的社会历史事实进行合情合理的诠释的结果。前面数章之所以不厌其烦地引述畲族档案记忆,旨在通过意义定位来增强对档案记忆的认识,客观地讲,在畲族发展过程中,档案记忆给畲民提供了一个思索的框架。面对畲族档案记忆,应该致力于对特定情境的详尽、全面分析,将动态演进的档案记忆视为"一个社会体系和文化情境下特定的个人和群体之间持续、动态社会关系的一个阶段"②,在象征性意义探寻中将其翻译成当下可以理解的语言,使其成为有意义的档案记忆。

诚如美国学者伯格所言,"我们必须学会如何'阅读'叙事,以分析的眼光看待叙事,看到叙事中与我们生活中诸多的类似之处……以及他们反映并影响我们关于权力、性、道德、美好生活等等的观点的方式"③。已有的畲族档案记忆文本留存了畲族的共同记忆,构成了畲族档案记忆的巨大存在。从一定意义上说,这些记忆伴随着畲民的生活不断传承、变化,成为畲民生活的重要组成部分,经年累月积淀为族群的文化传统,不断塑造着畲民的族性,畲民用属于自己族群的智慧演绎着独具特色的故事,承续着地域传统,同时又用属于自己的生活继续丰富着档案叙事的内容,创造着精妙的演述技巧,极大地提高了档案记忆的表现力。对档案记忆的意义进行诠释,其实质就是寻求"据之可以弄懂事物变化意义的合理的联系模式"④。

档案记忆是符号与意义的复合体,对畲族档案记忆的意义进行探寻,是经由档案记忆主体或档案记忆客体互构之后,在族群自我归类与他者审视

---

①　王明珂:《华夏边缘:历史记忆与族群认同》,社会科学文献出版社 2006 年版,第 48 页。

②　Marian Kempny. "History of the Manchester 'School' and the Extended-case Method", *Social Analysis*, vol. 49, no. 3, 2005, p. 158.

③　阿瑟·阿萨·伯格:《通俗文化、媒介和日常生活中的叙事》,姚媛译,南京大学出版社 2000 年版,第 193 页。

④　舒炜光、邱仁宗:《当代西方科学哲学述评》,人民出版社 1987 年版,第 192 页。

的互动之下，从档案文本书写出发，对档案记忆中的历史根基和现实逻辑等进行解码式解读。档案记忆文本的意义远非普遍、单一和稳定的，它在历史书写中形成，又在不断诠释中丰富。通过对畲族档案记忆的解读，可以在探寻其意义的过程中更好地理解畲民"为何记忆""以何记忆"及"如何记忆"。比方说，前文曾多次述及的畲族族源叙事符号，从最早创造出来的原型，到后来畲民从边缘族群融入主流社会时的异文，其所指代的意义其实在不断地变化中，在此情况下，就需要结合档案记忆形成的社会情境及档案记忆主体的情绪态度等，将"传情"与"表意"等不同层面的信息进行解码式解读，通过正本清源来寻得畲族档案记忆的精神实质。

畲族档案记忆被看作植根于地方的、现实生活情境中的文化现象，"是在多种信息交汇、新旧理念碰撞的环境下展开的"[①]，畲族档案记忆达成族群凝聚的过程，其实离不开文本书写本身，也离不开对档案记忆文本的意义诠释。档案记忆功能的体现，通常要"靠特别的阐释清晰的策略产生"[②]，因为，象征是"经过漫长时间积淀而成的一种集体表象"[③]。族籍之上附着了族群成员的信用、忠诚、荣誉、名望和尊严，因而它关系到"象征利益"[④]。在意义诠释的过程中，档案记忆因为被赋予象征意义而越发被人们铭记。对已有档案记忆加以分析性拆解，并非想要瓦解档案记忆中的知识权威，而是为了在意义诠释中赋予档案记忆以新的意义。

[①] 杨雪云、丁华东：《乡村社会记忆的功能转向及其思考——以徽州历史档案为分析对象》，《学术界》2011 年第 12 期，第 76 页。

[②] 斯图亚特·霍尔：《导言：是谁需要"身份"？》，见斯图亚特·霍尔、保罗·杜盖伊：《文化身份问题研究》，庞璃译，河南大学出版社 2010 年版，第 5 页。

[③] 刘锡诚：《象征——对一种民间文化模式的考察》，学苑出版社 2002 年版，第 8 页。

[④] 庄孔韶主编：《人类学通论》，山西教育出版社 2005 年版，第 357 页。

第五节　地方知识与文化秩序的互促

在界定族群的要素时，文化是一致认同的基本要素，其他要素则是文化的组成部分或文化的"根"[1]。毕竟，一个族群的存在和延续，就是以其族群文化作为标识的。所以，从一定程度上说，可以将族群理解为具有某种文化特性的人类群体，族群性就是这种文化特性。[2]

一、从意识到实践的地方知识

畲族档案记忆有着丰富的地方性知识，借助档案记忆文化符号的深描，可以达到"对文化实体存在之内在意义的阐释"[3]。虽然不同地方的畲族由于地方社会的发展与变迁而显示出一些差异，但综合起来看，都反映着整个畲族社会的全貌，因而，通过对不同地方的畲族档案记忆所具有的文化特殊性进行解读，可以实现对畲族档案记忆普适性意义的推演。无论是单件畲族档案记忆，还是呈现出明显归户性与地方性的整组的畲族档案记忆，都可称之为畲族的"回忆性知识"[4]。

语言族群主义者赫尔德、费希特等认为，族类共同体由语言、血缘、土地等要素构成。[5]　不难看出，"任何族群及其文化的形成和发展，都受置身于其中的地理环境的影响乃至制约，可以说是这一族群与特定地理环境相互

---

[1]　郝时远：《对西方学界有关族群（ethnic group）释义的辨析》，《广西民族学院学报（哲学社会科学版）》2002 年第 4 期，第 10—17 页。

[2]　王兴周：《族群性、都市乡民与包容性城市建设》，《民族研究》2017 年第 1 期，第 9 页。

[3]　王郆励：《"地方性知识"何以可能——对格尔茨阐释人类学之认识论的分析》，《思想战线》2008 年第 1 期，第 1 页。

[4]　丁华东：《档案与社会记忆研究》，人民出版社 2016 年版，第 51 页。

[5]　May Stephen. *Language and Minority Rights：Ethnicity，Nationalism and the Politics of Language*，London and New York：Routledge，2008，p. 29.

作用的产物"①,用地理环境的闭塞性或许可以解释畲族先民及其后裔何以能保持固有的语言和习惯。

村落是一个地缘共同体,这种地缘关系一部分来自血缘关系的投射,尤其是对于历经迁徙的畲民来说,血缘和地缘关系的稳定,能够带来生活圈的稳定。同一生活圈的人,参与彼此的生活,畲民基于熟人圈子的信任和情感纽带在生活的各个方面合作、互助,"血缘共同体作为行为的统一体发展为和分离为地缘共同体,地缘共同体直接表现为居住在一起,而地缘共同体又发展为精神共同体"②。作为不断迁徙的族群,畲民基于血缘和地缘因素生成的档案记忆,包括了对祖先谱系及祖居地的记忆以及迁徙过程的记忆。从一定程度上说,畲民的迁徙不是随机或没有方向的,迁徙是一种更具积极性的有计划的主动行为,他们为获取自己最为擅长的生存机会所做的有意识的选择,与其说是远离剥削和压迫,不如说是亲近自然和山水。畲族档案记忆中,有歌谣至今仍然传唱着祖先的系谱和迁徙的路程,祭祀经文更是要把死去亲人的灵魂按照祖先迁徙的路程反向送回祖先居住的地方,族谱修撰则是为了强固畲民"与某一社会群体其他成员间的集体记忆,以延续群体的凝聚"③。可以说,畲族档案记忆因为有塑造族群认同、促进族群凝聚的主观能动性,对畲民的实际行动就具有更强的指向性。

畲族档案记忆无疑是以所在村落的自然场域为基底,在呈现畲族历史的同时也呈现畲民活动的地方。畲族档案记忆融于畲民日常生活之中,只有借助于实际的生活场域,才能真正得以存活、延续,并实现其意义的生成和表达。畲族档案记忆并非凝固的文化事象,而是畲民日常生活世界中鲜活、生动、可感的文化实践过程。

单从一个地方来看,畲族档案记忆是具有地方性的小历史,是"日常的、

---

① 蔡驎:《流动的客家:客家的族群认同和民族认同》,上海人民出版社 2016 年版,第 66 页。
② 斐迪南·滕尼斯:《共同体与社会》,林荣远译,商务印书馆 1999 年版,第 65 页。
③ 王明珂:《华夏边缘:历史记忆与族群认同》,社会科学文献出版社 2006 年版,第 418 页。

生活经历的历史,喜怒哀乐的历史,社会惯制的历史"①。相对于大历史的宏观叙述,畲族档案记忆里小历史的书写,使畲族民间叙事逐渐与特定区域的地理、气候、风物、习俗等勾连起来,富有鲜明的地方特色,具有十分浓郁的乡土根性,在一定程度上正好起到对大历史的补充作用,也成为"地方族群认同和文化认同的重要依据"②。可以说,一个族群的地域环境对于族群成员而言,不仅具有深刻而重要的意义,而且相当于一个"地方生活指南",由此而生的档案记忆会相互叠加、不断累积,慢慢渗入族群生活。畲族档案记忆均来自畲族乡村,乡村本来有着"更多诗意与温情",它"承载着乡音、乡土、乡情以及古朴的生活、恒久的价值和传统"③。畲族档案记忆里的叙事情感,主要来自其使用的话语,这些话语来自草根阶层,因而其情感流露是素朴的、日常的。在畲族档案记忆中,我们所触及的正是人性的基本事实。

畲族档案记忆作为一种本土社区的叙事模式,生成的是植根于畲族文化、历史、生态、政治背景中的本土故事,描述、解释、比较本族群人民与制度如何在复杂的环境中相互作用是其发展动力。事实上,本地化的档案记忆更能增强族群凝聚,理由有三:第一,族群记忆不同于要求重构历史的主流文本,因此,畲族档案记忆呈现了维护多样的现实并注重叙事的本土化的政治对话;第二,畲族档案记忆关乎畲民个人或家庭和族群的"康复",即阐释本土知识与智慧以及族群记忆,这使得走出世代压迫局面与消除种族偏见成为可能;第三,畲族档案记忆中的民族抗争书写以及崇文尚礼文化对教育和政策具有强有力的影响。

概而言之,畲族档案记忆作为一种地方性知识,是对畲族文化的历史遗留和变异再生过程的重新发现和阐释,对于畲民而言,它昭示着族群的联结和统一。

① 赵世瑜:《小历史与大历史:区域社会史的理念、方法与实践》,生活·读书·新知三联书店2006年版,第10页。
② 林继富:《民间叙事传统与村落文化共同体建构》,中国社会出版社2012年版,第76页。
③ H.孟德拉斯:《农民的终结》,李培林译,中国社会科学出版社1991年版,第4—5页。

二、从自发到自觉的文化秩序

"小地方有其自身的秩序"①，畲族档案记忆对于畲民来说，无疑提供了一套行为准则，尤其在族群冲突化解或族群利益协调之时，其更是一种具有兼容性的互动机制。无论在哪个时代，畲族民间社会所呈现的生活图景均"由一套内部文化语法和外在文化行动所构成"②。畲族档案记忆中有许多地方性知识，必须"从幽微的暗示中推导出来或是从模棱的征兆中解谜出来"③，所以，畲族档案记忆能否达成族群凝聚，首先要看它是否存在"脱域"式的浪漫想象，在主体记忆的想象之下，必须回归具体的社会情境，从中寻找族群规则与地方性知识相联结的可能路径。

"理性自觉"指民族成员的主观能动性，它"以意识和意向的互动诠释了文化自信的具体"④。档案记忆，内在地包括了对事物本质的认识和对客观规律的逻辑思辨。林林总总的档案记忆，表面看起来似乎互不关联，背后却存在着逻辑上的连续性，这是档案作为文化记忆"寄身于并显现于一定的文化对象或载体的特性"⑤。在畲族档案记忆中，能够看到畲民都乐于成为彼此的"自己人"。王明珂针对族群成员间的关系提出"文化亲亲性"，认为"亲属结构中最重要的是'人们相信是什么'，而非'事实是什么'"⑥，说明了族群作为亲属体系延伸体的主观建构性，这为族源记忆建构的内部动机提供

---

① 王铭铭：《明清时期的区位、行政与地域崇拜——来自闽南的个案研究》，李放春译，见杨念群主编：《空间·记忆·社会转型："新社会史"研究论文精选集》，上海人民出版社 2001 年版，第 85 页。

② 王丹：《清江流域土家族"打喜"仪式的历史记忆与文化表述》，《民族文学研究》2017 年第 5 期，第 160 页。

③ 克利福德·格尔茨：《地方知识——阐释人类学论文集》，杨德睿译，商务印书馆 2016 年版，第 141 页。

④ 詹小美：《历史记忆固基文化自信、文化认同的逻辑延展》，《思想理论教育》2017 年第 9 期，第 28 页。

⑤ 李巍：《移民社会的文化记忆——辽宁民间社火研究》，中央民族大学博士学位论文，2010 年，第 101 页。

⑥ 王明珂：《华夏边缘：历史记忆与族群认同》，社会科学文献出版社 2006 年版，第 22 页。

了新的解释。"对历史进行理解的特殊情景,本身也构成一个开放的视域"①,畲民创造共同祖先,共享族群记忆,不只是因为有血缘联系,更是因为彼此之间存在着斩不断的文化联系,族源记忆往往反映畲民现实需要在遥远过去的投影。

"任何一个社会的记忆都是不断被重新建构的,这个重新建构的过程也就是生活文化传承的过程"②,如果把畲族档案记忆传承看作一种记忆的再生产,那么,畲民作为记忆主体对档案的生产、管理和使用,实际上是在一个无始无终的记忆之场中展开的。畲族档案记忆的生产和再生产,或出于强化族群意识的需要,或出于化解族群冲突的需要,或出于协调族群利益的需要,或出于维护族群规则的需要,不仅指向多元,而且彼此交融。

"并不是所有的价值都源于自觉的选择,因为我们的许多行动都只是习惯性的例行常规……这些习惯已经沿袭日久,足以被赋予某种权威……它会基本上基于同一模式,不断重复自身,只借重习惯的力量。"③在畲族民间,档案记忆规范和约束着人们的社会行为,维护着族群的团结和稳定,可以说是一种原始的、自发的民事制度。"从口头文化到书面文化的过渡,是从体化实践到刻写实践的过渡"④,在畲族档案记忆中,自我意识的自在自为,总是表现为"它是为另一个自在自为的自我意识而存在的"⑤,与此同时,它又是"以自觉的知识或自觉的思维方式为背景的人的自觉的存在方式或活动图式"⑥,我们不妨说这种文化自觉是档案记忆主体的精神自觉,也是一种极其深刻的文化反思。

畲族档案记忆常将族群起源、传统、风俗等内容以生动活泼的形式呈

①　韩震、孟鸣歧:《历史·理解·意义——历史诠释学》,上海译文出版社 2002 年版,第 143 页。
②　王晓葵:《记忆论与民俗学》,《民俗研究》2011 年第 2 期,第 35 页。
③　齐格蒙特·鲍曼、蒂姆·梅:《社会学之思(第二版)》,李康译,社会科学文献出版社 2010 年版,第 64 页。
④　保罗·康纳顿:《社会如何记忆》,纳日碧力戈译,上海人民出版社 2000 年版,第 94 页。
⑤　黑格尔:《精神现象学(上)》,贺麟、王玖兴译,商务印书馆 1979 年版,第 138 页。
⑥　衣俊卿:《文化哲学十五讲》,北京大学出版社 2004 年版,第 61 页。

现,便于族群成员遵照传统行事。畲族以盘瓠崇拜为中心的民间神话传说体系与盘瓠图腾信仰体系互相渗透、相得益彰,共同影响着畲民的社会生活、行为规范、道德意识、族群观念,让畲族在艰难的社会历史环境中顽强地生存和发展。

"生成于特定场域的文化资本是场域内的行动者长久互动体验、反复评价选择的结果"①,从这个意义上来说,记忆如同一种"文化规划"②,畲族档案记忆不但是畲民理解当下生活的依据,也是引领畲民未来生活的资本,让畲族在历史迷雾中辨识族群凝聚之路。记忆是一种"对过去经验的重构或者说重新编码"③。畲族档案记忆让畲民得以寻找到本族群最原始的基础文化,是形成凝聚力的根基。畲族档案记忆蕴含着畲族传统文化最深的根源,承载着畲族特定的历史记忆和文化基因,寄寓着畲民的生活情感与人生理想,成了畲族文化认同最显著的标志。面对畲族档案记忆,要着重解读畲族先民留下来的族群文化,从中了解畲族历史上有哪些最基本的意识形态和精神财富,有哪些最基本的政治制度和社会秩序。本书讨论的畲族档案记忆始终处在不断变化中,这就要求通过具体回答"什么时候有用""在哪些区域有用"等问题,才能把历史上最重要的制度和意识形态的意义揭示出来,才能真正看清畲族档案记忆之生产和再生产的面貌。

"任何文化都是根据当地人民在社会中生活所必需的条件而发生的"④,在畲族档案记忆中,可以寻找一套共同的概念。档案记忆中的叙事"是人们进行表述的形式……它给人们的生活带来了经历并跨越时间的秩

---

① 杨雪云、丁华东:《乡村社会记忆的功能转向及其思考——以徽州历史档案为分析对象》,《学术界》2011 年第 12 期,第 73 页。

② Schwartz B. "Memory as a Cultural System: Abraham Lincoln in World War II", *American Sociological Review*, vol. 61, no. 5, 1996, pp. 908-927.

③ 马翀炜、戴琳:《民族文化遗产的国家认同价值》,见黄忠彩主编:《中国人类学民族学研究会优秀论文集(第一辑)》,知识产权出版社 2016 年版,第 449 页。

④ 费孝通:《乡土中国(修订版)》,上海人民出版社 2013 年版,第 481 页。

序和意义"①。畲族身份确定后,畲民在强烈的民族认同感的驱使下,在各种场合进行畲族档案记忆的展演宣传,以进一步强化族群意识,更好地塑造族群形象。也就是说,在族群身份于档案记忆中得到确认之后,还需要在后续的档案记忆生产中对其不断加以说明和诠释。

某种东西是不是证据及用作何种证据,是由档案记忆的生成者决定的,但当他们做决定时,证据在无形之中对他们施加了压力。与此同时,一个地方社会中的规则与秩序,也是需要通过档案记忆来维持的。多方面的实际需求,是档案记忆书写的重要影响因素,这也意味着族群档案记忆首先需要为族群所在的地方服务。

形成、巩固和维持族群边界的力量,在很大程度上来自族群档案记忆中的文化表征。近些年来,畲族选择将"三月三"婚俗作为最有代表性的文化象征符号以及维持族群边界的文化表征,从而打造了"对歌""借锅""拦客""杀鸡"的奇风异俗,进行对外宣传。尤其是在文化管理部门介入后,畲族开始了对档案记忆中的传统有选择性地重构与诠释,"强调他们部分的文化特征,以设定他们与另一些人的族群边界"②,重塑了族群身份、传统仪式与文化空间。

费孝通曾指出,"生活在一定文化中的人对其文化有'自知之明',明白它的来历、形成的过程,所具有的特色和它发展的趋向"③。畲族档案记忆彰显了畲族的族群特性,加之其内蕴的文化张力与导引力,其"族群性便成为解释和引导社会秩序的关键性媒介"④,使族群凝聚不致流于空泛,而是实实在在。原先各自独立的叙事模式表现出以地域或时段为单位的分裂

---

① 奈杰尔·拉波特、乔安娜·奥弗林:《社会文化人类学的关键概念》,鲍雯妍、张亚辉译,华夏出版社 2005 年版,第 245 页。

② 王明珂:《华夏边缘:历史记忆与族群认同》,社会科学文献出版社 2006 年版,第 137 页。

③ 费孝通:《论人类学与文化自觉》,华夏出版社 2004 年版,第 194 页。

④ 约翰·卡马洛夫:《图腾与族群性:意识、实践与不平等的标记》,刘琪译,《西南民族大学学报(人文社会科学版)》2017 年第 5 期,第 21 页。

性,随着彼此的交往、交流、交融,共享的记忆渐趋增多,呈现出族群团结的气息。那些深刻的记忆必然形成长长的传统社会关联链条①,采用"一种共享的对过去事件的表述"方式来"肯定其集体性和共同性"②,同时深深地嵌入畲族村寨的秩序之中而流露出自治性。

畲族民间有着一套乡土的记忆模式,这自然是因为畲族档案记忆"更多地源于民族的文化特性或地域的文化传统,为乡民生活和地方知识作用的结果"③。把握一个族群的文化自觉追求,应当追溯至族源起始亦即付诸文化寻根的努力,也许档案记忆中的历史较之真正的历史已经发生了变异,但自有一种紧密的关系而足以让档案记忆理解和诠释历史的实在。

畲族档案记忆具有自己特定的文化内聚力,是在面对现实情境下发生的,为了恰当地处理现实问题而进行的对过去经验的集体性重构或重新编码。④ 畲族档案记忆承载着文化主体的历史记忆,它"连接历史与现实,接续起文化主体传统的根脉"⑤,是族群凝聚的重要资源。当下,更需明确而坚定地传承、诠释、展演本族群的档案记忆,彰显文化自信。

综上所述,畲族档案记忆达成族群凝聚,是"一个不断'首唱'与'唱和'的结构"⑥。在畲族发展历程中,必然要面对"社会生活具体结构形式和发展形式的整体性变迁"⑦,任何档案记忆虽然都是对过去的固化表述,实际都暗示着自身要被新的发现和表述瓦解。因此,档案记忆达成族群凝聚的

---

① 贺雪峰、仝志辉:《论村庄社会关联——兼论村庄秩序的社会基础》,《中国社会科学》2002年第3期,第126页。

② 阿兰·梅吉尔:《记忆与历史》,赵晗译,《学术研究》2005年第8期,第91页。

③ 林继富:《民间叙事传统与村落文化共同体建构》,中国社会出版社2012年版,第71页。

④ 马翀炜、戴琳:《民族文化遗产的国家认同价值》,见黄忠彩主编:《中国人类学民族学研究会优秀论文集(第一辑)》,知识产权出版社2016年版,第450页。

⑤ 桂榕、张晓燕:《最后的碉楼——东莲花回族历史文化名村的历史记忆与文化空间》,知识产权出版社2012年版,第60页。

⑥ 寺田浩明:《权利与冤抑:寺田浩明中国法史论集》,王亚新等译.清华大学出版社2012年版,第178页。

⑦ 杨建华:《日常生活:中国村落研究的一个新视角》,《浙江学刊》2002年第4期,第79页。

过程,是"一个清晰表达的过程,一个缝合的过程"①。

　　布尔迪厄的场域理论,显示了场域、资本、惯习三者的互动关系,场域背后贯穿着的是各种社会力量相互斗争的逻辑。② 由此可以推演,畲族档案记忆达成族群凝聚,必定受多重因素的制约,不同因素之间既相互牵引又相互促进。在传统与现代的交汇中,档案记忆成了"一种社会再生产的资本力量"③,是"能带来价值增量效应的文化资源"④。畲民是建构畲族档案记忆的主体,畲族档案记忆的动态发展过程其实是作为文化主体的畲民与作为世界万物的客体互动调适的过程。畲族档案记忆达成族群凝聚,说明了档案记忆不是凝固的文化符号,而是畲民在不断实践着的文化过程。

本章小结

　　对于族群来说,档案向来是族群形成认同并共享记忆的基础,因此,通过档案塑造族群记忆、凝聚族群力量,并非虚无缥缈的想象,而是客观存在的事实。畲族档案记忆的文化基因,以及由此浓缩或转化成的族群凝聚力量,反过来又丰富了畲族档案记忆的文化内涵。在畲族档案记忆达成族群凝聚的过程中,记忆主体穿越历史通道与世俗烟尘,溢出了生命的光彩,实现了从文化自觉到文化自信的转变。

　　畲族档案记忆本身并非一个静态存储体系,而是一个动态演进系统。畲族档案记忆实现族群凝聚功能,是伴随着社会变迁而演进的,其间体现过

---

① 斯图亚特·霍尔:《导言:是谁需要"身份"?》,见斯图亚特·霍尔、保罗·杜盖伊:《文化身份问题研究》,庞璃译,河南大学出版社 2010 年版,第 3 页。

② 应星:《社会支配关系与科场场域的变迁——1895—1913 年的湖南社会》,见杨念群主编:《空间·记忆·社会转型:"新社会史"研究论文精选集》,上海人民出版社 2001 年版,第 211 页。

③ 杨雪云、丁华东:《转型期档案记忆的资本化及其思考——以徽州历史档案为分析对象》,《档案学通讯》2012 年第 2 期,第 8 页。

④ 施炎平:《从文化资源到文化资本——传统文化的价值重建与再创》,《探索与争鸣》2007 年第 6 期,第 51 页。

去与当下的动态平衡。档案记忆与族群凝聚相互关联、相互作用,二者还与社会情境、文化身份等有着千丝万缕的联系。更重要的是,畲族档案记忆体现了十分鲜明的文化自觉性,既能有效化解族群文化冲突,还可有效地促成族群文化转型,使畲民摒除不合时宜的文化观念,形成、选择和实施正确的文化政策与文化发展模式。

畲族档案记忆作为集体表象和象征符号,是畲民心理认同的归宿,从中我们可以更深地体会"历史表象是融合的、选择性的、适应于现在和相对的,但它坚持历史表象所反映的经历不能被随意操纵"①这一道理。畲族档案记忆,反映了畲族发展历程中共同的知识经验和共有的文化符码,提供了社会变迁之下动态演进的意义框架。畲族档案记忆也只有在社会变迁中不断调适,与其他文化现象一样经过裂变、分离、聚合、再生,才能更好地以档案符号传递记忆的意义。在现代化的语境下,畲族档案记忆的乡土生存空间并没有完全被颠覆,畲族档案记忆也没有终止或放弃自身固有的文化调适与更新机制。

---

① 沃尔夫·坎斯特纳:《寻找记忆中的意义:对集体记忆研究一种方法论上的批评》,张智译,见李宏图、王加丰选编:《表象的叙述——新社会文化史》,上海三联书店 2003 年版,第 164 页。

结　　语

畲族档案记忆,是时间的积淀、历史的结晶,在维护族群发展和族群团结过程中成了坚强的纽带。借助畲族档案记忆,畲民在回忆族群历史时,其"心理构图"得到了保存、集结和强化,因而实现了族群凝聚。

一、内容回顾与主要结论

畲族档案记忆以符号的形式记录过往生活,使其成为一种凝固的、可供反复翻阅与回味的记忆,同时又使过往生活的丰富画面及其所蕴含的价值、情感、理念,通过具体行动得以鲜活重现。

畲族档案记忆作为由文本与仪式等组成的社会记忆系统,以各种方式渗透到畲民的思想和行为中。畲族档案记忆的族群凝聚功能,涉及意识形态和行为实践两大层面,具体体现在四个方面。

第一,畲族档案记忆强化族群意识。族源叙事是族群认同的核心构成之一,因此,畲族档案记忆中族源叙事最关键的意义,就在于通过档案记忆将族源相同的一群人凝聚在了一起。畲民在阅读和使用畲族档案记忆时所被唤起的族群历史、族群文化的归属感,实际上是被看的文本和观者的双重族群记忆、族群意识的同时唤起。

第二,畲族档案记忆协调族群利益。畲族档案记忆是多种社会关系相互博弈和规划的结果,通过权益的确保、人际的友爱、群体的交流,在现实中建立起安全、温情、平和的关系。在畲族档案记忆中,既定的档案记忆为族群利益的协调提供了依据和支撑,而在此过程中,畲民的观念结构也被真实地感知。借助畲族档案记忆协调族群利益,既能让族群成员的个体利益得到保障,又能让整个族群的集体利益得到维护。

第三,畲族档案记忆化解族群冲突。族群内部与族群之间的互动往来,绝非单一向度,常常涉及不同行动者的选择和因此生发的各种社会关系。在畲族民间社会的每一个具体行动中,畲民都有各自的目标指向,互动过程中的矛盾冲突自然是无可避免的,调适关系、化解矛盾对于畲族民间社会秩序的稳定至关重要。借助畲族档案记忆可以化解族群冲突,让族群内部和谐团结,让族际关系平等长久。

第四,畲族档案记忆维护族群规则。畲族档案记忆中的规则,对于每一个畲族成员都有着非同寻常的意义:一方面,畲民要通过规则去了解特定处境下各个行动环节的意义;另一方面,相关规则也具有导向作用,除了赋予行动以意义,还指示畲民在特定处境中如何采取恰当的或得宜的行动。可以说,畲族档案记忆如同一种文化规划,牵引着畲民的意向,设定着畲民的心性,指导着畲民的行动。畲族档案记忆以及在此基础上建构起来的价值认同、行为准则等,成了重要的族群文化资源。

对于一个族群来说,档案记忆的意义不仅体现在意识层面,更体现在行为层面,只有族群成员在意识与行为层面达成一致和协同,才能最终实现族群凝聚。在畲族档案记忆中,时间和空间,生活和文化,连同观念和行为,全部融合在一起,指引、调校着畲民的言行举止。

通过研究,本书得出了以下主要结论:

第一,畲族档案记忆在不断建构中生成族群凝聚力量。畲族族源叙事的"神异性历史记忆",在信以为真之时,嵌入了畲民的内在精神和生命本质,自带气场,不啻档案记忆的自然启蒙。畲族档案记忆是畲族在特定的社会情境下所生成的历史事实与建构的历史记忆的融合,它是畲民对族群发展中的历史事实的独特理解和合理诠释。畲族档案记忆作为集体记忆，一旦归集到族群名下，被历史不断书写，就获得了来自族群的集体感。畲族档案记忆的固化和区隔，以及与周围世界的鲜明对照，生成了畲族的凝聚力量。

第二，畲族档案记忆在不断修正中巩固族群凝聚力量。族群记忆在形成过程中，与社会主流文化或地方既有文化模式不断竞争、融合，再经过吸收、修正和消化，实现普遍化的认同。书中述及不同地方畲族档案记忆的"仿同"以及畲族档案记忆向汉族主流文化的趋近，都极好地说明了畲民与所处地方其他族群的文化认同与融合意识。

第三，畲族档案记忆在不断调适中增强族群凝聚力量。档案记忆在重现、追述过去的同时，也会筛选、增删所在情境里本应记取的信息，由此，其主体性会不断强化。从这个意义上说，畲族档案记忆是记忆主体理性选择的过程，在此过程中，通过互动与涵化，畲族档案记忆在不断调适中强化着族群凝聚。

第四，畲族档案记忆与畲族族群凝聚存在双向互动关系。畲族档案记忆以不同的形式叙述着畲族的历史，成为畲民共享、保存、展示记忆的装置，为族群提供了认同、凝聚的资源。但是，必须强调的是，档案记忆的主体并不是被动的，档案记忆与族群凝聚也不是单向的决定关系，而是双向的互动关系——档案记忆可以强化族群凝聚，族群凝聚也可以生成或重构档案记忆。

畲族档案载录着畲族关于过去的记忆，其间充溢着畲族特有的观念、心态、情感和习俗，族群成员可从档案记忆中"获得生命的养分、精神的力量、认知的方法、行为的准则"[1]等。档案记忆与族群凝聚，其最核心之关联就在于档案记忆主体对族群身份的追寻，正因如此，族群凝聚功能之强弱，与

---

[1]　任汉中:《民族记忆与档案》,《档案与建设》2004 年第 6 期,第 4 页。

族群档案记忆本身有着极其密切的联系。

二、研究的几点局限

档案记忆与族群凝聚是一组互构关系。档案记忆在完成一系列相关元素的排列组合后,即能发挥族群凝聚功能。本书研究档案记忆与族群凝聚的关系虽然形成了较多的观点和结论,但还存在一些局限。

第一,档案记忆与族群凝聚研究应凸显记忆主体的能动作用,本书较多地停留于静态文本分析。

本书在畲族档案记忆研究中,虽然通过"文献田野"看到了动态社会事实,但分析过程较多地停留于档案记忆文本本身;本书也曾试图通过"现实田野"去观察族群成员与族群集体之间的关系,对档案记忆主体比较关注,并认识到个体记忆与集体社会之间存在互构关系,但作为一个观察者,置身于"异域",有时很难做到基于当地人的经验,站在当地人的立场,深入历史情境、带入真实感情去了解畲民以及畲族的活动。毕竟,要获得畲族档案记忆的"符码意义",唯有对"象征符号的可能制造者,即作为符码发送者的当地人"①进行征询。如果能基于当地人立场来理解畲族档案记忆,剖析其记忆的生成模式,深入考察其观念体系和实践行为之间的关系,或许能够进一步揭示或多维度强化记忆主体在记忆建构中的作用。

第二,档案记忆与族群凝聚研究应注重记忆场域的客观实情,本书较多地倾向于纸上文献田野。

吴佩林在谈论地方档案整理时指出,"时下大多数档案仍'藏在深闺人未识',难以为迫切需要新材料的研究者所共享"②。笔者在对畲族档案记忆进行调研时,虽然收集到了不少档案史料,但着实难以穷尽。笔者深知

---

① 张碧:《社会文化符号学》,四川大学出版社 2014 年版,第 46 页。
② 吴佩林:《地方档案整理向何处去——基于清代地方档案整理现状的反思》,《光明日报》2016 年 4 月 9 日第 11 版。

"走进文献"与"走向田野"的密不可分,一再提醒自己在文献的田野中把畲族档案记忆激活,在回到过去感受历史氛围之时,力求在叙述历史、解释历史时接近历史的真实①,但书中可能存在对档案文本未能恰如其分进行安置的地方——尽管是借由大量档案文本来予以佐证,但其中有不少是经过笔者经验感悟之后择取的,因而对档案记忆所做的诠释也可能存在不尽合理之处。

第三,档案记忆与族群凝聚研究应强调文化认同的整体力量,本书较多地限定于档案叙事细节。

"族群认同是在具体的历史进程中通过文化构建同时又不断被重构的产物"②,把档案记忆当作文化记忆来考察,这是研究过程中的一个设想和努力方向。任何一个族群,只要其族群记忆能发挥文化认同作用,族群就能得到持续发展。畲族档案记忆反映畲族社会特征,是畲族内在精神的深度体验和特殊张扬,是族群成员世代筛选而来的心理定位,是族群意志凝聚而成的情感要求。无论是特定的文化理念、抽象的思维模式还是具象的行为规范,档案记忆往往浓缩着特定的价值要求和价值主张。在本书的分析过程中,有时着重于档案记忆主体,有时着重于档案记忆客体,未能恰如其分地以文化为线将二者巧妙糅合,在档案记忆对记忆主体的内化方面虽有涉及,但在档案记忆表征文化认同的揭示上还不够细致到位。

"意义往往被理解为诸多可能性的一种,在诠释其他可能性的同时,系统生成民族共同体群体推崇的意义指向"③,畲族档案记忆的文本在表达叙事传统时已经融入畲族的整体文化传统之中,因此,考察畲族档案记忆的表达方法离不开畲族族群文化的特殊背景和社会传统。书中论述畲族档案记

---

①　行龙:《走向田野与社会》,生活·读书·新知三联书店 2007 年版,第 7 页。

②　张海榕:《文化视野下的四川客家族群认同》,《成都大学学报(社会科学版)》2012 年第 1 期,第 81 页。

③　詹小美:《历史记忆固基文化自信、文化认同的逻辑延展》,《思想理论教育》2017 年第 9 期,第 26 页。

忆作为文化记忆的内容相对有限,更多关注畲族档案记忆的知识意义、社会学意义、历史学意义,虽有述及档案记忆丰富的符号内蕴与象征意味,以及多样化的叙事模式,但对族群文化态势的价值性揭示未作进一步延伸。

"在媒介和记忆的隐喻之间存在着紧密的相互关系"①,从文献田野的方法来看,本书还需要进一步加强文献识读和考证,更好地探知本源记忆,要学会"拒绝"被告知作为证据的事物的诱惑,在"纸田上"用力,在关键处深挖;对畲族档案记忆进行解释和诠释时,运用更精深的叙事技巧,探寻档案记忆的多重意义,尤其是要借助对畲族档案记忆之"真"的反思和档案记忆之"善"的评判来指引对民族文化之根的探寻,让畲民在认识自身族群特征与结构的基础上将文化资源转为文化资本。

在此想特别说明一下,由于本书不是建构性研究,而是分析性、阐释性研究,因而书中所作的分析和阐释还难以周全、严密,但笔者仍然希望能够为畲族及其他少数民族档案研究与发展提供思考线索和分析路径。

三、研究的后续展望

对于族群来说,档案记忆是最主要的也是最重要的文化基因代码。一个民族的档案记忆,往往"负载着一个民族的价值取向,影响着一个民族的生活方式"②。本书探寻的是档案记忆的族群凝聚功能,尽力发现并阐释畲族档案记忆丰沛的意义空间。在今后的研究中,笔者拟从以下三个方面去努力。

第一,进一步回归和综览档案记忆之历史情境,探究族群记忆本相。

历史的本相是复杂多面的,走进档案记忆的历史情境,可以有效避免将历史本相从其原先所附着的时空脉络中撕裂开来而进行选择、裁剪、压缩。

---

① 阿莱达·阿斯曼:《回忆空间:文化记忆的形式和变迁》,潘璐译,北京大学出版社 2016 年版,第 163 页。
② 宋蜀华、陈克进主编:《中国民族概论》,中央民族大学出版社 2001 年版,第 145 页。

真正有意义的档案记忆研究,务必立足于丰富而多样的档案记忆文本,在扎实研读的基础上,探寻过往历史与当下现实之间的整体关联性。无论是对档案记忆文本的识读还是走进档案记忆的现实田野,读懂这些记忆文本及其立足之基——族群所特定的文化结构,必须回到历时性研究的视域下,回归到具体的、不断变迁的历史情境中去解读不同时期的记忆底本,才能真正触摸维系族群生存和发展的文化体系。

在追寻档案记忆的历史情境时,尽管本质上就是借助档案记忆文本来阐释一个不在场的对象及其意义,但对于畲族档案记忆的主体——畲民而言,畲族档案记忆的意义就是畲民生存的本质需要,为了避免不合理的诠释,在以档案文本为依据之时,也应根据相关的历史情境去揣摩和追溯档案记忆文本生产者的意图。

第二,进一步揭示和诠释档案记忆之象征意义,助推族群文化认同。

档案记忆作为具有象征意义的文化符号,究竟在何种情况下才发挥出实际效用?对于一个族群来说,要让档案记忆成为族群成员喜闻乐见的文化符号,首先必须使档案记忆获得所在族群的认可和理解。

"符号并非孤立出现,某个符号总是体现为一组对比性符号的成分,这组对比性符号,在特殊的文化背景之中,行使其功能。"①档案记忆发挥功能,一方面需要档案记忆与其所处的文化背景相吻合,另一方面需要在同一文化背景中让某一种档案记忆与另一种或另几种档案记忆之间构成聚合关系,最终使其形成一个全面而完整的表意系统。

不可否认,档案记忆逐渐成为一个"符号源",并成为一个有着丰富意义的系统,其间蕴藏的伦理道德及审美力量,深深地影响和规范着族群成员的行为与观念。每个族群的档案记忆都有一套内在而深刻的意义系统,对档案记忆意义的探寻,除了走进历史情境寻找其由来或起源,更重要的是从中

---

① 埃德蒙·利奇:《文化与交流》,卢德平译,华夏出版社1991年版,第16页。

寻找到它特定的含义。档案记忆研究"不仅需要关注档案记忆的文本层面和内容层面,还应纵深指向其后的意义层面,更加关注其运作逻辑与过程机制"①。从文化记忆视角来看,要理解任何一个档案记忆文本,就意味着要把它"与文化的符号连续体连接,与解释链连接"②。在对档案记忆的象征意义进行揭示和诠释之时,不仅要关注档案文本的意义,更要看到符号背后的编码过程及其深层意义。在今后的研究中,笔者将着力处理好解释合理性与视角多样性之间的关系。

第三,进一步提炼和呈现档案记忆之族群特性,促进民族文化传承。

一个民族的文化,是各种文本的集合。一切文化的基本结构,都是为了以一定的象征性符号表达其中的意义。

"档案文化对社会最大的贡献并不完全在于使广大民众明辨档案的概念,而是使他们接受由档案文化所倡导的理念和所推行的模式。"③畲族档案记忆,呈现了一个族群从历史走来而又被历史导向的过程。作为一种文化,档案记忆是"运用信息进行秩序创造并共享其意义的具有动态再生产性的编码系统"④,是用于组织社会及心理过程的模板,对族群中人的思想、情感和行为均起着制度化的作用。对于一个族群来说,档案记忆不只是过往留下的心理图像,还会"转化为活的文化基因"⑤,悄然渗入精神世界、融入文化传统。畲族档案记忆之于族群凝聚,被叙述的人物和事件尽管都"落"在过去,但族群凝聚丰富了档案记忆的意义。归根究底,这些档案文化已经深深沉淀在畲族族群的思想意识和行为规范中,并且内化为畲民的民族心

---

① 丁华东、张燕:《探寻意义:档案记忆观的学术脉络与研究图景》,《档案学研究》2018 年第 1 期,第 26 页。

② 赵毅衡:《符号学原理与推演》,南京大学出版社 2011 年版,第 153 页。

③ 胡鸿杰:《档案与文化》,《档案学通讯》2004 年第 5 期,第 14 页。

④ 张小军、木合塔尔·阿皮孜:《走向"文化志"的人类学:传统"民族志"概念反思》,《民族研究》2014 年第 4 期,第 52 页。

⑤ 冯惠玲:《档案记忆观、资源观与"中国记忆"数字资源建设》,《档案学通讯》2012 年第 3 期,第 4 页。

理和民族性格。

有学者提出了档案记忆资本化①的话题。档案记忆资本化是社会记忆的消费过程,也是社会记忆的再生产过程,旨在使沉潜的记忆转化成显现的记忆,使其在大众消费的过程产生新的价值和意义。在今后,笔者拟对档案记忆再生产的复杂过程及其与场域的关系做一些探索,在注重文化本质的基础上探讨档案记忆资本化。

档案记忆与族群凝聚,体现出少数民族族群共同体内部的多元化特征以及族群形成和发展进程的复杂性。把握时机挖掘畲族档案记忆在自我建构过程中产生的积极作用,去粗存精,将畲族的文化传统体系从内而外系统化、完善化,创造一条畲族族群认同与凝聚的新路径,这是研究工作的重中之重。

对畲族档案记忆的开发,笔者有两个愿景:一是对残存或破旧的档案记忆加强保护和修复;二是注重档案记忆中优秀文化的传承和弘扬,采取能动的方式,将档案馆式的保护引向生活化和社会化的保护,在档案记忆的变化发展中维护其本真价值和意义,不断激活档案记忆中的文化基因,使之得以世代流传并持续创新。

---

① 杨雪云、丁华东:《转型期档案记忆的资本化及其思考——以徽州历史档案为分析对象》,《档案学通讯》2012年第2期,第8—11页。

参考文献

中文文献

[1] 阿莱达·阿斯曼:《回忆空间:文化记忆的形式和变迁》,潘璐译,北京大学出版社2016年版。

[2] 阿莱达·阿斯曼:《历史、记忆与见证的类型》,陈国战译,《首都师范大学学报(社会科学版)》2017年第5期。

[3] 阿龙·康菲诺:《历史与记忆》,付有强、张旭鹏译,《天津社会科学》2014年第6期。

[4] 阿维夏伊·玛格利特:《记忆的伦理》,贺海仁译,清华大学出版社2015年版。

[5] 爱德华·汤普森:《共有的习惯》,沈汉、王加丰译,上海人民出版社2002年版。

[6] 保罗·康纳顿:《社会如何记忆》,纳日碧力戈译,上海人民出版社2000年版。

[7] 保罗·利科等:《过去之谜》,綦甲福等译,山东大学出版社2009年版。

[8] 本尼迪肯特·安德森:《想象的共同体——民族主义的起源与散布(增订版)》,吴叡人译,上海人民出版社2011年版。

[9] 卞梦薇:《论民间叙事的"无时间性"》,《民间文化论坛》2017年第

294

1 期。

[10] 布莱恩·S.特纳、克里斯·瑞杰克:《社会与文化:稀缺和团结的原则》,吴凯译,北京大学出版社 2009 年版。

[11] 陈春声:《走向历史现场》,《读书》2006 年第 9 期。

[12] 陈然兴:《叙事与意识形态》,人民出版社 2013 年版。

[13] 陈蕴茜:《纪念空间与社会记忆》,《学术月刊》2012 年第 7 期。

[14] 崔明:《历史记忆与族群重构研究——以"唐汪人"为例》,兰州大学博士学位论文,2016 年。

[15] 丁华东、张燕:《探寻意义:档案记忆观的学术脉络与研究图景》,《档案学研究》2018 年第 1 期。

[16] 丁华东:《档案记忆观的兴起及其理论影响》,《档案管理》2009 年第 1 期。

[17] 丁华东:《档案记忆能量探论》,《浙江档案》2011 年第 12 期。

[18] 丁华东:《档案记忆研究的思想资源发掘》,《档案学研究》2013 年第 5 期。

[19] 丁华东:《档案与社会记忆研究》,人民出版社 2016 年版。

[20] 丁华东:《范式转型与社会变迁——关于档案学理论发展的科学社会学分析》,上海大学博士学位论文,2008 年。

[21] 丁华东:《论档案记忆研究的学术坐标》,《档案管理》2011 年第 2 期。

[22] 丁华东:《论档案与社会记忆控制》,《档案学通讯》2011 年第 3 期。

[23] 丁华东:《昔日重现:论档案建构社会记忆的机制》,《档案学研究》2014 年第 5 期。

[24] 丁华东:《在社会记忆中思考档案——档案学界之外有关档案与社会记忆关系的学术考察》,《浙江档案》2010 年第 3 期。

[25] 樊莹:《族群如何记忆——六盘山泾河上游"陕回"族群的民族学

研究》,兰州大学博士学位论文,2014年。

[26] 菲利普·J.埃辛顿:《安置过去:历史空间理论的基础》,杨莉译,《江西社会科学》2008年第9期。

[27] 费孝通:《乡土中国(修订版)》,上海人民出版社2013年版。

[28] 冯惠玲:《档案记忆观、资源观与"中国记忆"数字资源建设》,《档案学通讯》2012年第3期。

[29] 冯学伟:《明清契约的结构、功能及意义》,法律出版社2015年版。

[30] 冯亚琳、阿斯特莉特·埃尔主编:《文化记忆理论读本》,余传玲等译,北京大学出版社2012年版。

[31] 葛兆光:《历史记忆、思想资源与重新诠释——关于思想史写法的思考之一》,《中国哲学史》2001年第1期。

[32] 哈拉尔德·韦尔策编:《社会记忆:历史、回忆、传承》,季斌等译,北京大学出版社2007年版。

[33] 韩震、孟鸣歧:《历史·理解·意义——历史诠释学》,上海译文出版社2002年版。

[34] 胡琳玉:《畲族家风的传承及其现实意义》,浙江财经大学硕士学位论文,2016年。

[35] 户华为:《虚构与真实——民间传说、历史记忆与社会史"知识考古"》,《江苏社会科学》2004年第6期。

[36] 黄彩文、子志月:《历史记忆、祖源叙事与文化重构:永胜彝族他留人的族群认同》,《西南民族大学学报(人文社会科学版)》2017年第3期。

[37] 黄向春:《"畲/汉"边界的流动与历史记忆的重构——以东南地方文献中的"蛮獠—畲"叙事为例》,《学术月刊》2009年第6期。

[38] 江杰英:《论历史记忆与族群认同》,《广州大学学报(社会科学版)》2012年第4期。

[39] 蒋炳钊:《畲族史稿》,厦门大学出版社 1988 年版。

[40] 蒋卉:《畲族契约文书的伦理思想分析》,浙江财经学院硕士学位论文,2012 年。

[41] 蒋原伦:《传统的界限:符号、话语与民族文化》,北京师范大学出版社 1998 年版。

[42] 克利福德·格尔茨:《文化的解释》,韩莉译,译林出版社 2014 年版。

[43] 克斯汀·海斯翠普编:《他者的历史——社会人类学与历史制作》,贾士蘅译,中国人民大学出版社 2010 年版。

[44] 蓝炯熹:《畲民家族文化》,福建人民出版社 2002 年版。

[45] 雷弯山:《畲族源流研究》,中共中央党校出版社 2016 年版。

[46] 雷伟红、陈寿灿:《畲族伦理的镜像与史话》,浙江工商大学出版社 2015 年版。

[47] 李宏图、王加丰选编:《表象的叙述——新社会文化史》,上海三联书店 2003 年版。

[48] 李军:《论档案在证据·记忆·认同范式中的连续意义》,《档案学通讯》2016 年第 5 期。

[49] 李梦飞:《档案与历史的关系研究——从历史的角度看档案与档案工作》,天津师范大学硕士学位论文,2015 年。

[50] 李咏吟:《形象叙述学》,浙江大学出版社 2009 年版。

[51] 梁聪:《清代清水江下游村寨社会的契约规范与秩序——以锦屏文斗苗寨契约文书为中心的研究》,西南政法大学博士学位论文,2007 年。

[52] 林继富:《民间叙事传统与村落文化共同体建构》,中国社会出版社 2012 年版。

[53] 刘道胜:《明清徽州宗族关系文书研究》,安徽大学博士学位论文,

2006 年。

[54] 刘楠楠:《民间契约文书与日常生活——对河南 L 村刘氏家族的考察》,辽宁大学硕士学位论文,2013 年。

[55] 刘亚秋:《从集体记忆到个体记忆——对社会记忆研究的一个反思》,《中国社会科学》2010 年第 5 期。

[56] 刘言:《从证据到记忆——档案学之逻辑起点与学科范式嬗变》,苏州大学硕士学位论文,2013 年。

[57] 龙迪勇:《空间叙事学》,生活·读书·新知三联书店 2015 年版。

[58] 罗伯特·斯科尔斯等:《叙事的本质》,于雷译,南京大学出版社2015 年版。

[59] 罗彩娟:《社会记忆与历史表述——一个云南壮族社区中的"侬智高"》,中央民族大学博士学位论文,2008 年。

[60] 吕立汉主编:《浙江畲族民间文献资料总目提要》,民族出版社2012 年版。

[61] 马云娜:《口述档案对于社会记忆建构的价值及实现过程》,东北师范大学硕士学位论文,2014 年。

[62] 毛巧晖:《社会秩序与政治关系的言说:基于过山瑶盘瓠神话的考察》,《民间文化论坛》2017 年第 3 期。

[63] 米歇尔·福柯:《词与物:人文科学考古学》,莫伟民译,上海三联书店 2001 年版。

[64] 莫里斯·哈布瓦赫:《论集体记忆》,毕然、郭金华译,上海人民出版社 2002 年版。

[65] 纳日碧力戈:《现代背景下的族群建构》,云南教育出版社 2000 年版。

[66] 纳日碧力戈:《作为操演的民间口述和作为行动的社会记忆》,《广西民族大学学报(哲学社会科学版)》2003 年第 3 期。

［67］彭刚：《历史记忆与历史书写——史学理论视野下的"记忆的转向"》，《史学史研究》2014 年第 2 期。

［68］皮埃尔·诺拉主编：《记忆之场——法国国民意识的文化社会史》，黄艳红等译，南京大学出版社 2015 年版。

［69］齐格蒙特·鲍曼：《作为实践的文化》，郑莉译，北京大学出版社 2009 年版。

［70］邱国珍：《浙江畲族史》，杭州出版社 2010 年版。

［71］《畲族简史》编写组编：《畲族简史（修订本）》，民族出版社 2008 年版。

［72］史图博、李化民：《浙江景宁敕木山畲民调查记》，中南民族学院民族研究所编印，1984 年。

［73］斯图亚特·霍尔、保罗·杜盖伊：《文化身份问题研究》，庞璃译，河南大学出版社 2010 年版。

［74］孙九霞：《试论族群与族群认同》，《中山大学学报（社会科学版）》1998 年第 2 期。

［75］覃兆刿：《档案文化建设是一项"社会健脑工程"——记忆·档案·文化研究的关系视角》，《浙江档案》2011 年第 1 期。

［76］T. 库克：《铭记未来——档案在建构社会记忆中的作用》，李音编译，《档案学通讯》2002 年第 2 期。

［77］唐红林：《中国传统民事契约格式研究》，华东政法大学博士学位论文，2008 年。

［78］滕春娥：《档案记忆观视角下的档案与非物质文化遗产功能互动研究》，《档案管理》2017 年第 1 期。

［79］万建中：《传说记忆与族群认同——以盘瓠传说为考察对象》，《广西民族学院学报（哲学社会科学版）》2004 年第 1 期。

［80］万启存等：《历史的遗忘与记取——探析档案与社会记忆的关

系》,《档案学研究》2015年第2期。

[81] 王德福:《做人之道:熟人社会中的自我实现》,华中科技大学博士学位论文,2013年。

[82] 王明珂:《华夏边缘:历史记忆与族群认同》,社会科学文献出版社2006年版。

[83] 王明珂:《历史事实、历史记忆与历史心性》,《历史研究》2001年第5期。

[84] 王明珂:《田野、文本与历史记忆——以滇西为例》,《思想战线》2017年第1期。

[85] 王宪昭:《盘瓠神话母题数据的资料学研究》,《民间文化论坛》2018年第3期。

[86] 王小甫:《中国中古的族群凝聚》,中华书局2012年版。

[87] 王旭:《契纸千年:中国传统契约的形式与演变》,北京大学出版社2013年版。

[88] 吴亚东:《明清时期徽州历史档案研究》,安徽大学博士学位论文,2013年。

[89] 吴永章:《畲族与瑶苗比较研究》,福建人民出版社2002年版。

[90] 谢雨菲:《民间档案的社会记忆构建研究》,南昌大学硕士学位论文,2016年。

[91] 谢重光:《畲族与客家福佬关系史略》,福建人民出版社2002年版。

[92] 徐舜杰主编:《族群与族群文化》,黑龙江人民出版社2006年版。

[93] 雅克·勒高夫:《历史与记忆》,方仁杰、倪复生译,中国人民大学出版社2010年版。

[94] 亚历山大·L.尼基福罗夫:《历史记忆:意识的建构》,冯红编译,《国外理论动态》2017年第12期。

［95］扬·阿斯曼:《文化记忆:早期高级文化中的文字、回忆和政治身份》,金寿福、黄晓晨译,北京大学出版社2015年版。

［96］杨毅、张会超:《记录田野:民族档案重构的实现与突破》,《思想战线》2012年第6期。

［97］衣俊卿:《现代化与日常生活批判:人自身现代化的文化透视》,人民出版社2005年版。

［98］约翰·卡马洛夫:《图腾与族群性:意识、实践与不平等的标记》,刘琪译,《西南民族大学学报(人文社会科学版)》2017年第5期。

［99］曾澜:《地方记忆与身份呈现——江西傩艺人身份问题的艺术人类学考察》,复旦大学博士学位论文,2012年。

［100］詹小美:《历史记忆固基文化自信、文化认同的逻辑延展》,《思想理论教育》2017年第9期。

［101］张宝成:《民族认同与国家认同》,人民出版社2012年版。

［102］张芳霖、唐霜:《社会记忆视域下的地域性档案资源生态研究》,《档案学通讯》2015年第3期。

［103］张公瑾主编:《中国少数民族古籍总目提要·畲族卷》,中国大百科全书出版社2013年版。

［104］张杰:《"盘瓠禁忌"在畲族图腾文化现代重构中的困境与传承》,《民族论坛》2019年第1期。

［105］张静秋:《档案与少数民族记忆的建构和传承》,云南大学硕士学位论文,2014年。

［106］张全海:《世系谱牒与族群认同》,上海世界图书出版公司2010年版。

［107］张荣明:《历史真实与历史记忆》,《学术研究》2010年第10期。

［108］张姗姗:《古代中国的"契约自由":文本与实践的考察》,吉林大学博士学位论文,2009年。

[109] 张帅：《老人群体与地方社会的历史记忆》，山东大学博士学位论文，2017 年。

[110] 赵传海：《文化基因与社会变迁：中国社会主义路径走向的民族文化解析》，河南大学出版社 2010 年版。

[111] 赵世瑜：《传说、历史、历史记忆——从 20 世纪的新史学到后现代史学》，《中国社会科学》2003 年第 2 期。

[112] 赵世瑜：《小历史与大历史：区域社会史的理念方法与实践》，生活·读书·新知三联书店 2006 年版。

[113] 赵一强：《契约的伦理精神》，东南大学博士学位论文，2010 年。

[114] 赵一强：《中国契约伦理样态与实践》，上海人民出版社 2013 年版。

[115] 浙江省丽水地区《畲族志》编纂委员会、中共浙江省丽水地委统战部、浙江省丽水地区行署民族事务处编：《丽水地区畲族志》，电子工业出版社 1992 年版。

[116] 浙江省少数民族志编纂委员会编：《浙江省少数民族志》，方志出版社 1999 年版。

[117]《中国民族文化大观·畲族编》编委会编：《中国民族文化大观·畲族编》，民族出版社 1999 年版。

[118]《中国少数民族社会历史调查资料丛刊》福建省编辑组编：《畲族社会历史调查》，福建人民出版社 1986 年版。

[119] 周翔：《叙事情节与社会功能：盘瓠神话流传与变异辨析》，《民间文化论坛》2018 年第 3 期。

[120] 朱忠飞：《畲族契约文书现存状况及其研究路径》，《贵州民族研究》2015 年第 8 期。

[121] 左玉河：《历史记忆、历史叙述与口述历史的真实性》，《史学史研究》2014 年第 4 期。

英文文献

［1］Aleida Assmann. "Transformation Between History and Memo-ry", *Social Research*, vol. 75, no. 1, 2008, pp. 49-72.

［2］Allan Megill. *Historical Knowledge, Historical Error: A Con-temporary Guide to Practice*, Chicago: University of Chicago Press, 2007.

［3］Andreas Wimmer. "The Making and Unmaking of Ethnic Bound-aries", *American Journal of Sociology*, vol. 113, no. 4, 2008, pp. 970-1022.

［4］Barth Fredrik. "Overview: Sixty Years in Anthropology", *Annu-al Review of Anthropology*, vol. 36, no. 2, 2007, pp. 1-16.

［5］Brubaker Rogers. "Ethnicity, Race, and Nationalism", *Annual Review of Sociology*, vol. 35, no. 1, 2009, pp. 21-42.

［6］Charles Maier. "A Surfeit of Memory? Reflections on History, Melancholy and Denial", *History and Memory*, vol. 5, no. 2, 1993, pp. 136-152.

［7］Edward Casey. *Remembering: A Phenomenological Study, Studies in Continental Thought*, 2nd edtion, Bloomington: Indi-ana University Press, 2000.

［8］Harris Verne. "Jacques Derrida Meets Nelson Mandela: Archival Ethics at the Endgame", *Archival Science*, vol. 11, no. 1, 2011, pp. 113-124.

［9］James Fearon, David Laitin. *Ordinary Language and External Validity: Specifying Concepts in the Study of Ethnicity*, Presented at the LiCEP Meetings, Oct. 20-22, University of Pennsylvania, 2000.

［10］James Fearon. "Ethnic Structure and Cultural Diversity by Country", *Journal Economic Growth*, vol. 8, no. 2, 2003, pp. 195-222.

［11］Joan M. Schwartz, Terry Cook. "Archives, Records, and Power: The Making of Modern Memory", *Archival Science*, vol. 2, no. 1-2, 2002, pp. 1-19.

［12］Marian Kempny. "History of the Manchester 'School' and the Extended-case Method", *Social Analysis*, vol. 49, no. 3, 2005. pp. 144-165.

［13］Randall C. Jimerson. "Archives for All: Professional Responsibility and Social Justice", *American Archivist*, vol. 70, no. 2, 2007, pp. 252-281.

［14］Stuart Kaufman. *Modern Hatreds: The Symbolic Politics of Ethnic Wars*, New York: Cornell University Press, 2001.

［15］William Hirst, Gerald Echterhoff, "Creating Shared Memories in Conversation: Toward a Psychology of Collective Memory", *Social Research*, vol. 75, no. 1, 2008, pp. 183-216.

［16］Wulf Kansteiner. "Finding Meaning in Memory: A Methodological Critique of Collective Memory Studies", *History and Theory*, vol. 41, no. 2, 2002, pp. 179-197.

附录一　畲族档案记忆访谈提纲

1. 请问你们村庄最初形成于什么时间？能简要介绍一下村庄始迁祖的有关情况吗？

2. 你们村里人是从哪儿迁过来的？大概是什么时间迁来的？

3. 请问您家里有保存过去留下来的畲族档案资料吗？

4. 您保存的畲族档案大概有哪些类型？具体形成于哪些时间段？

5. 您家里是如何保管畲族档案资料的？您会让后代继续保存这些档案吗？

6. 关于畲族档案资料的形成和保管，是否有难忘或特别的故事？

7. 您认为档案的作用体现在哪些方面？最主要的作用是什么？

8. 畲族族谱的主要内容有哪些？您认为族谱中所记载的最重要的内容是什么？

9. 您村里有祖图吗？祖图描绘了什么内容？

10. 村里近些年有续修族谱吗？大家参与续修族谱的积极性高吗？

11. 您村里（家里）的畲族契约文书数量大概有多少？形成契约文书的主要原因有哪些？

12. 畲族契约文书涉及哪些方面的内容？

13. 畲族契约文书的主要作用有哪些？

14. 畲族科仪活动的主要目的是什么？一次科仪活动大概要举办多长

时间？

15.畲族经常使用的科仪文书有哪些？这次科仪活动主要依据哪些档案文本？在唱念诵读过程中大概包含多少信息量（如使用了多少文字）？

16.畲民日常生活中使用的还有哪些文书？分别有哪些用途？

17.作为畲族民间文化的传承者，您觉得应该肩负哪些使命和责任？

18.您认为畲族历史档案对于现代社会来说是否仍然有意义？您觉得它的价值主要体现在哪些方面？

19.家训族规的执行情况如何？

20.你们村中的邻里关系如何？你们认为应该如何保持彼此之间的和谐关系？有受到先人的教导或者档案所记内容的指引吗？

附录二　畲族历史档案照片精选

浙江宣平《畲族祖图》局部,光绪十六年(1890)
(丽水学院中国畲族文献资料中心)

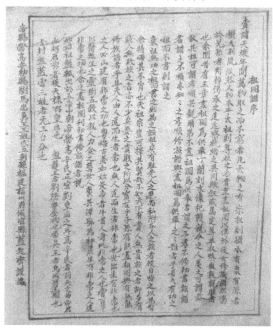

《祖图谱序》,康熙三十六年(1697)
(丽水学院中国畲族文献资料中心)

畲族祖图（局部）
（浙江丽水龙泉市竹垟乡罗墩村）

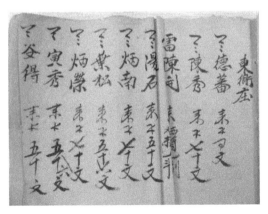

蓝日金修办《功德出白行丧科文》内页，光绪三十年（1904）
（浙江丽水市档案馆）

《雷百十四娘送西资簿》内页，宣统元年（1909）
（浙江丽水市档案馆）

《蓝吉连立承书》，民国十年（1921）
（浙江丽水市档案馆）

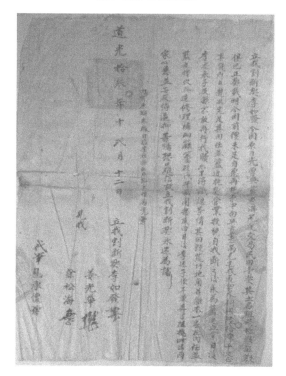

《李如发卖田找割断契》，道光十三年（1833）
（浙江丽水松阳县象溪镇村头村）

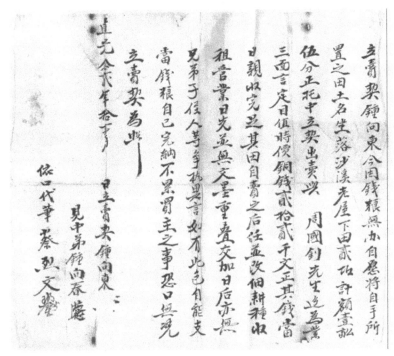

《钟向东卖田契》，道光二十二年（1842）
（浙江丽水莲都区老竹镇沙溪村）

《王世作同弟卖田找契》，光绪三十二年（1906）
（浙江温州文成县黄坦镇底庄村）

《雷令申讨田札》,光绪十一年(1885)
（浙江丽水莲都区南明山街道山根村）

《蓝汤丐、蓝培荣办用杂字本》,民国十九年(1930)
（浙江丽水市档案馆）

后　记

　　"文献＋田野"的生活给我磨砺,亦催我奋进。追赶岁月向前的点点滴滴,一一存入我的记忆。

　　本书之写作,始于多年前去畲族乡村的一次调研。当我看到畲民惜如珍宝的档案时,便萌发了为畲族档案写一本书的冲动。从念想变成事实,是在上海大学读博期间。这次学习深造,让我的研究视野拓展到一个自己先前根本不敢想象的范围。要对畲族档案作更加细致的分析,必须占有更多档案文本,于是我进行了一次又一次近乎疯狂的寻找。从历史文献到现实田野,从参与式观察到口述访谈,从文字记录到影像分析,我乐此不疲地穿梭其间。

　　本书是在我的博士学位论文基础上几经修改和补充完善而成。当初撰写博士学位论文时,无论是选题确定、框架设计,还是行文规范、字句斟酌,都得到了恩师丁华东教授的悉心指点和无私帮助。恩师学识渊博、思想敏锐、治学严谨、为人达观,对我影响至深。在写作过程中,还有幸得到了上海大学金波教授、吕斌教授、于英香教授、连志英教授、潘玉民教授、周林兴教授,国防大学政治学院薛匡勇教授,上海市图书馆刘炜研究员等的指点,老师们给出了许多宝贵的意见和建议,让我得以更好地完善本书。老师们的真知灼见,仍然萦绕于本书的字里行间。

　　先前在博士学位论文写作中为了求全而将浙江、福建、广东、江西、安徽等省的畲族档案一并作为分析对象,而本书意在求深,着力于对浙江畲族档案作细致考察,并将文本分析与田野调查有机结合。书中所运用的研究方法,还曾受到中国社会科学院民族学与人类学研究所王希恩教授、华东师范大学冯筱才教授、浙江师范大学王逍教授、三峡大学曹大明教授等的启发,让我得以在跨学科研究之路上坚定地走下去。

在本书写作素材收集过程中,浙江省境内众多畲族村寨和畲族研究会给予了热情襄助。感谢丽水市档案馆周率、景宁县档案馆潘文清、莲都区畲族文化研究会蓝玉奇、松阳县史志办洪关旺、景宁县发改局刘奕春、遂昌中学吕勇军、遂昌县统战部蓝水林、遂昌县畲族研究会雷招珠、苍南县矾山二中黄宗双、浙江师范大学契约文书博物馆鲍宗伟、武义县畲族研究会钟发品等提供的档案素材和调研线索。感谢访谈对象蓝水根、蓝樟兴、雷红梅、蓝梅红、钟银英、蓝金龙等提供的帮助。在此,向他们致以深深的谢意和祝福!

本书写作与修改期间,同学和朋友给予我很多鼓励和帮助,也得到了单位领导的深切关怀和同事的大力支持,在此深表谢意;还有调研中许多仅有一面之缘的人,无法一一罗列姓名,但我都默记于心。

本书的出版得到了浙江省哲学社会科学规划办的资助,在交付出版时,又得到了浙江大学出版社编辑杨利军、陈翩的热情帮助,在此一并致谢。

当然,我还必须感谢我亲爱的妻子和女儿。在前行路上,有心爱的人相伴,自有无限甜蜜与幸福。本书的出版,也算是送给家人的一份礼物。

人生的意义在于不停地追寻。完成此书,终于在忐忑当中有了几分释然。书中仍有许多不尽如人意之处,恳请方家批评指正。

余厚洪

2020 年 8 月 22 日书于水梦庭苑